Peter Widmer
Metamorphosen des Signifikanten

Peter Widmer (Dr. phil.), Psychoanalytiker in Zürich, hat Gastprofessuren an der Universität Kyoto und an der Columbia University New York, Lehraufträge an den Universitäten Zürich und Innsbruck sowie an der Pädagogischen Hochschule Aarau. Publikationen zur lacanianischen Psychoanalyse.

Peter Widmer

Metamorphosen des Signifikanten. Zur Bedeutung des Körperbilds für die Realität des Subjekts

[transcript]

Bibliografische Information der Deutschen Bibliothek
Die Deutsche Bibliothek verzeichnet diese Publikation in der Deutschen Nationalbibliografie; detaillierte bibliografische Daten sind im Internet über http://dnb.ddb.de abrufbar.

Umschlaggestaltung und Innenlayout:
Kordula Röckenhaus, Bielefeld
Lektorat: Peter Widmer
Satz: Alexander Masch, Bielefeld
Druck: Majuskel Medienproduktion GmbH, Wetzlar
ISBN 3-89942-467-0

Gedruckt auf alterungsbeständigem Papier mit chlorfrei gebleichtem Zellstoff.

Besuchen Sie uns im Internet:
http://www.transcript-verlag.de

Bitte fordern Sie unser Gesamtverzeichnis und andere Broschüren an unter:
info@transcript-verlag.de

Inhalt

EINLEITUNG

Das vorliegende Buch knüpft zumindest formal an dasjenige über Angst an, das 2004 ebenfalls im transcript Verlag erschienen ist. Auch dieser Text ist in Kyoto entstanden, wo ich drei Jahre nach dem ersten Aufenthalt (Winter 2001/02) erneut Gelegenheit hatte, an der dortigen Universität ein Seminar über lacanianische Psychoanalyse zu halten. Die Unterschiede betreffen den Inhalt und die Art und Weise des Bezugs auf Lacans Werk. Diesmal steht das Körperbild im Zentrum der Darstellungen; dabei dient nicht ein einzelnes Seminar Lacans als Leitfaden, wie drei Jahre zuvor, sondern die Verwendung des lacanschen Corpus war eine freiere. Zudem stößt der Inhalt auf Felder vor, die meines Wissens bisher von keiner Theorie bearbeitet worden sind; das betrifft die teilweise erst angedeuteten Bezüge auf die kantsche Erkenntnistheorie sowie auf die Zeichen der sino-japanischen Schrift, die als Körperbilder aufgefasst werden.

Obwohl das Körperbild im Zentrum der folgenden Ausführungen steht, kommt dieser Ausdruck erst im Untertitel dieses Bandes vor. Das hängt damit zusammen, dass seine Privilegierung als Titelwort leicht zu Missverständnissen führen würde, nämlich zur irrigen Auffassung, es gehe dabei um etwas rein Visuelles, das sich direkt auf den Körper beziehe. Es trifft zwar zu, dass das Wort „Körperbild" selber eine solche Lesart nahelegt; erst eine Untersuchung zeigt die Voraussetzungen, die Vermitteltheit des Körperbildes. Vermittelnde Instanz ist die Sprache, die von Lacan in Signifikanten und Signifikate unterteilt wird, wobei er dem Signifikanten die Priorität einräumt. In einer ersten Annäherung lassen sich die Signifikanten mit dem materiellen Teil der Sprache gleichsetzen, wobei man nicht vergessen darf, dass auch andere Elemente, wie z.B. Gegenstände, Körper und vor allem Bilder als Signifikanten fungieren können; es geht dabei um die Dimension des Anderen, um ein Zeichensystem also, das sich keiner biologischen Gegebenheit verdankt. Sie reißen eine Distanz zum Realen auf, an dessen Platz das Körperbild kommt. Als visuell erscheinendes, und erst recht als transformiertes, ist es keine voraussetzungslose Instanz; es bedarf des *sprachlichen Anderen, damit es konstituiert wird, und es bedarf der sprachlichen Benennung, damit es erkannt werden kann. Somit gehört das Körperbild zunächst auf die Seite der Signifikate, die benennbar sind.*

Die Thematik des Körperbildes lässt sich nicht nur von den Voraussetzungen her befragen, sondern auch von den Verwendungen. Zwar kommt dem visuellen Körperbild eine privilegierte Funktion zu, was im so genannten Spiegelstadium deutlich wird, das bereits im Angst-Seminar als Referenz diente. Darüber hinaus lässt es sich verwandeln in andere Bereiche – daher der Titel „Metamorphosen des Signifikanten". Die Wahrnehmung des menschlichen Körpers dient dabei als Schablone, die transformiert wird auf andere Gegenstände der Perzeption. Das führt dazu, dass wir sogar symbolische Gebilde, wie z.B. Gesetze, als Körper (Corpus) auffassen, die sich verbildlichen lassen. Das Zusammenwirken von Verkörperung und Verbildlichung macht selbst vor dem akustischen Bereich nicht Halt: Auch Klänge bilden Körper, die als vergegenwärtigte zu Klangbildern werden und sich außerdem als Noten verkörpern lassen. Noten ließen sich im genauen Sinne als Klangkörperbilder definieren.

Die Ausrichtung der Wahrnehmung auf äußere Körperbilder führt leicht dazu, die Bedeutung des eigenen Körperbildes zu ignorieren. Als vermittelnde Instanz strukturiert es unsere Wahrnehmungen mit – was hat nicht alles Köpfe, Füße, Augen, Hände in unserem Alltag. Selbst ein Text hat eine Kopfzeile und Fußnoten; außerdem lässt sich ein Satz als Körper auffassen: Er ist gegliedert, hat ein Subjekt und ein Objekt, er repräsentiert etwas aus der Realität, die von Sprache mitkonstituiert wird. Gewiss sind solche Wahrnehmungen nicht das Resultat direkter Anwendung des je eigenen Körperbildes auf die gegenständliche Welt; als Ausdrücke liegen Körpermetaphern vor, gehen jedem Subjekt voraus. Es kann sie jedoch erst dann verwenden, wenn es sein Spiegelbild zu reflektieren vermag, wenn sich die objektiven Gegebenheiten der Sprache subjektivieren lassen.

Das Körperbild aus seiner Enge zu befreien, ist ein erstes Anliegen dieses Buches; es möchte zeigen, wie die Ebene der Signifikanten, die das Subjekt repräsentieren, es mit dem Nicht-Sein, mit der Leere konfrontiert, dabei die Notwendigkeit für Körperbilder schafft, die sich in kreativen Akten verwandeln lassen und eine Ebene von kulturellem Sein einrichten, die in ihrem Grunde phantasmatisch ist. Im Primat der Signifikanten liegt die traumatische Verfasstheit des Subjekts begründet, von der die lacansche Psychoanalyse spricht. Das Trauma wird dabei existenziell aufgefasst, als Wirkung des Anderen, der Signifikanten, die dem Subjekt zwar eine Offenheit vermitteln, jedoch um den Preis einer fehlenden Substanz, einer Verankerung im Sein, wie wir eine solche bei Tieren annehmen. Angesichts der traumatischen Wirkung des Anderen kommt den Körperbildern eine Notwendigkeit zu, denn sie verschaffen vom Spiegelstadium an – über viele Stufen von Illusionen und Irrtümern – dem Subjekt Orientierungen, die unabdingbar sind für den Eintritt in die menschliche Kultur und für ihre Teilnahme. Dieser Weg beginnt mit der ganzheitlichen Wahrnehmung des Körperbildes, das weder als eigenes erkannt noch als Bild identifiziert werden kann; er führt weiter über die vermeintliche Entdeckung seiner selbst im andern bis zur Reflexion des Subjekts diesseits des Spiegels, das sich von seinem Bild unterscheiden lernt und vor der Notwendigkeit steht, sein unsichtbares Sein und sein körperliches Sein in Körperbildern höheren Grades darzustellen. Dieser Weg voller illusionärer Stationen lässt sich vergleichen mit demjenigen, den Hegel in der *Phänomenologie des Geistes* beschrieben hat.

Ein zweites Anliegen knüpft sich an das erste, das die Transformationen des ursprünglichen Körperbildes nachzeichnen will; es gilt der psychoanalytischen Wahrnehmungslehre. Ihre Ausarbeitung zeigt, welch grundlegende Rolle dem Anthropomorphismus zukommt, in dem sich das eigene Körperbild mit dem wahrgenommenen Gegenstand, dem Nicht-Ich, vermischt; sie kann auch zeigen, wie weit eine Überwindung dieser Beschränkung, ohne die keine Erkenntnisleistungen möglich sind, gelingen kann. Gegenspieler des Anthropomorphismus ist die Reflexion, die analysiert, wie und wo Körperbildhaftes in die gegenständliche Wahrnehmung einfließt. Am Horizont steht die Frage, wie weit es möglich ist, den Anthropomorphismus zu überwinden.

Ein drittes Anliegen geht ebenfalls aus dem Vorrang der Signifikanten hervor. Wenn ein Subjekt das Spiegelbild erreicht, wenn es sein eigenes Bild im Spiegel entdeckt, vermag es diese Erkenntnis zu reflektieren. Damit werden die Signifikanten zum Instrument der Vernunft, die eine Distanz des Subjekts zu sich selber – wie auch zu andern – ermöglichen. Wird dieser Schritt der Reflexion thematisiert, gerät man auf das Feld der kantschen Philosophie. Was Kant Vernunft nennt, erscheint hier als durch Signifikanten konstituierte Reflexion, die dazu tendiert, Körperbilder aufzulösen und das Vermögen der Erkenntnisse zu befragen. Dabei stellt sich die Frage, ob sich die Vernunft gänzlich der Körperbilder entschlagen kann oder nicht.

Ein viertes Anliegen gilt der Psychopathologie des Körperbildes, ausgehend von der Frage, was geschieht, wenn das Körperbild nicht erkannt wird, wenn es zerfällt oder nie erkannt worden ist. Die Psychosen rücken damit ins Zentrum der Betrachtung, die sich als Zerfall oder als Fehlen des Körperbildes auffassen lassen. Das gilt auch für die wahnhaften Formen, in denen zwar die archaische Fragmentierung des Körperbildes überwunden ist, die sich jedoch über die Schranken des Geschlechts und der Generationen hinwegsetzen. Von diesem Anliegen aus geht das Seminar in seinen letzten Sitzungen der Frage nach, was getan werden kann in der Psychotherapie mit Psychotikern.

Die Frage nach der Pathologie steht somit am Ende; in Wirklichkeit geht sie der Thematik des Körperbildes voraus, denn erst der Ausfall des Körperbildes gibt den Fragen der Wahrnehmung bei Nicht-Psychotikern ihre Brisanz.

Die skizzenhafte Übersicht zeigt, dass die folgenden Ausführungen von einem epistemologischen Interesse geleitet sind. Der Bezug zu Fragen, wie wir erkennen, ist ein doppelter: Einmal geht es darum, die Stufen des Erkennens nachzuzeichnen, die Vermitteltheit der menschlichen Wahrnehmung mit dem Körperbild aufzuweisen. Darüber hinaus ist jedoch für jedes Subjekt der erkenntnismässige Bezug zu den andern, zur Welt, grundlegend, d.h. jedes Subjekt hat implizit oder explizit eine Wahrnehmungstheorie. Gerade die wahnhafte Restitution, die eintritt, wenn elementare Strukturen ausfallen, zeigt die hohe Relevanz des Erkennens für das menschliche Leben. Der Versuch einer Theoriebildung kann deshalb nicht etwas Totes, Unveränderliches beschreiben, sondern muss sich orientieren am Werdegang der Wahrnehmung. Es geht darum, die Etappen des Erkennens nachzuzeichnen, die Widersprüche aufzudecken, die das Subjekt mit der Notwendigkeit neuer Strukturen konfrontieren. Die Ebene der Signifikanten gibt den Leitfaden der Reflexion, der nach vielen Umwegen eingeholt wird als Begegnung mit der Leere, mit der Sinnfrage, mit der Frage nach einer tragbaren Ethik. Das Körperbild verwandelt sich unter der auflösenden Kraft der Reflexion, die Schein und Sein, Sichtbares und Unsichtbares, Reales und Imaginäres trennt, wobei es sich in immer neuen Formen sedimentiert, die zur kulturellen Substanz gehören: als Sprache, als Kunst, als Schrift, als Produktion. Mittels ihrer hält sich die Kultur aufrecht, die stets bedroht wird von totalitären Ansprüchen, das Ganze einzuholen. Von hier aus wird spürbar, dass auch Angst, ja sogar Handeln, einen epistemologischen

Bezug haben. Die traumatische Verfasstheit der menschlichen Existenz ist nicht erfahrbar ohne Angst, die nichts Pathologisches hat, und nicht ohne Einsicht in die menschliche Bedürftigkeit. Das Körperbild läuft dabei den auflösenden Tendenzen entgegen, in dem es dem Auflösenden und Nicht-Sinnlichen der Signifikanten das Zusammengehörige und den Sinn gegenüberstellt, der auf den Körper und seine Sinnesorgane verweist. Noch in jedem Satz ist das Körperbild anwesend und hält die Teile zusammen; selbst die Reflexion ist auf es angewiesen.

Mein Dank geht zunächst nach Kyoto zu Professor Toshio Kawai, der dieses Seminar wiederum ermöglicht und konsekutiv vom Deutschen ins Japanische übersetzt hat. Sodann danke ich meiner Frau Elisabeth, die nicht nur die Transkription besorgte, sondern der ich durch viele Gespräche mit ihr, vor und nach den Seminarsitzungen, Einsichten verdanke, die ich sonst nicht zu Papier gebracht hätte. Weiterhin danke ich Frau Y. Kurokawa für die ausgezeichnete Betreuung des Seminars, wie auch Frau H. Toiyama für technische Hilfe bei der Transkription. Nicht zuletzt danke ich den Studierenden der „Graduate School", die an diesem Seminar teilgenommen und mitgearbeitet haben; die von jeder Sitzung verfassten Protokolle wie auch die zahlreichen Fragen belegen das Interesse, das sie dem Seminar entgegengebracht haben.

I.
Repräsentation und Körperbild

Was ist das Körperbild? | Außen und Innen, Sichtbares und Unsichtbares | Die drei Register Symbolisches, Reales, Imaginäres | Offenheit der menschlichen Natur | Spiegelstadium und Anthropomorphisierung der Realität

Die erneute Einladung zu einem Seminar erfüllt mich mit großer Freude. Das letzte Mal hieß das Thema „Angst"; dabei hatte ich mich an Lacans Seminar X orientiert. Diesmal werden wir uns mit dem Körperbild beschäftigen, das in der psychoanalytischen Theorie wie auch in der Praxis von großer Bedeutung ist. Im Unterschied zum Kurs vor drei Jahren orientiere ich mich diesmal nicht an einem bestimmten Seminar Lacans, am ehesten nehme ich auf das zweite Bezug, das übrigens ins Japanische übersetzt worden ist. Ich werde jedoch meine Gedanken freier entwickeln. Außerdem werde ich mich möglichst oft auf Fragen der Pathologie beziehen. Dennoch wird nicht alles anders sein in diesem Seminar: Auch diesmal möchte ich Ihnen Zeit für Fragen, Diskussionen und Einwände geben – Sie können mich jederzeit unterbrechen. Das Seminar ist für mich eine Art Werkstatt, nicht die Ausbreitung einer abgeschlossenen Lehre.

Es scheint so, als ob das Thema sehr eng gesteckt wäre. Wenn man sich aber etwas in es hineindenkt, sieht man, wie viele Dimensionen es hat. Wenn man zum Wort Körperbild assoziiert, kommen einem verschiedene Wörter in den Sinn. Man könnte an eine Photographie denken; in der Tat gibt eine Photographie das Bild eines Körpers wieder. Oder, man könnte an die Vorstellungen denken, die man von seinem eigenen Körper – oder von dem eines andern Menschen hat. Auch wenn man den eigenen Körper dem Blick anderer Menschen aussetzt, ist das Körperbild mit im Spiel, wenn man sich fragt, wie die andern einen sehen. Schließlich sind auch Bezüge von Körperbild und Psychosomatik denkbar.

Alle diese Assoziationen sind irgendwo mitgemeint im Thema, aber sie treffen es nur am Rande. Es geht um Grundsätzlicheres. Es gibt verschiedene Ausdrücke, die sehr ähnlich sind wie das, was ich mit Körperbild meine, z.B. das Körperschema. Wie ließe sich das Körperschema vom Körperbild unterscheiden? Einige Autoren sprechen vom Körperselbst, andere sagen, das Körperbild sei nichts anderes als das Ich. Wobei man hier anfügen muss, dass das Ich verschiedene Dimensionen hat: Es gibt die sprachliche Dimension des Ichs, also das Ich, das spricht; es gibt die bildliche Dimension des Ichs, die man im Französischen *moi* nennt. Im Französischen ist das sprechende Ich das *je*. Es ist interessant zu sehen, dass nicht alle Sprachen, nicht einmal alle westeuropäischen Sprachen, diese Unterscheidung kennen.

Das Körperbild hat zu tun mit dem Imaginären. Nun kann man sich fragen, warum sich die an Freud und Lacan orientierte Psychoanalyse ausgerechnet mit einem Bild beschäftigt? Geht es in der Psychoanalyse nicht eher um das Sprechen? Geht es nicht vielmehr um die Auflösung der Bilder? Wenn man so denkt, macht man einen undialektischen Gegensatz von Sprechen und Bild. Auch das Bild kann sprechen. Das Sprechen erzeugt wiederum Bilder. Man muss davon Abstand nehmen, die beiden als Alternativen, als Entweder Oder zu denken. Gewiss gibt es Differenzen zwischen Bild und Sprechen. Aber ebenso wichtig sind die Zusammenhänge zwischen beiden.

Worin liegt nun die Bedeutsamkeit des Körperbildes? Wir nähern uns einer ersten Antwort über den Dualismus von Außen und Innen, die – wie Bild und Sprechen – miteinander verknüpft sind. In der Psychoanalyse denkt man oft das Außen nur als Projektion des Innen. Das Innen ist jedoch auch ein Effekt des Außen. Bemerkenswert ist vor allem, dass das Subjekt sich zuerst im Außen erfährt. Noch bevor es von sich selber weiß, erfährt es sich im Außen.

Das Außen ist auch sonst von großer Bedeutung: Wenn wir mit etwas Innerem, Unsichtbarem zu tun haben, möchten wir es sichtbar machen. Das Unsichtbare ertragen wir nicht so gut wie das Sichtbare. Der Grund liegt darin, dass das Außen, das Sichtbare eher beherrschbar ist. Denken wir nochmals an die Angst. Wenn wir nicht wissen, was uns Angst macht, haben wir den Wunsch, der Angst ein Objekt zu geben. In der Phobie zum Beispiel ist das Objekt ziemlich beliebig. Es ist so, als ob der Phobiker sagen würde: „Es ist besser, sich vor etwas Bestimmtem zu ängstigen, als vor etwas Unbestimmtem.“ Man kann das als eine Art Politik der Angst bezeichnen. Wenn ein Land oder eine Gesellschaft in Unordnung oder in Gefahr ist, dann werden auch irgendwelche Objekte genannt, die als Ursache für die Unruhe genannt werden. Das Innen ist zwar unsichtbar, aber es ist spürbar. Das Spürbare wiederum hat einen Bezug zum Sprechen.

Aber manchmal ist es schwieriger, über das zu sprechen, was man spürt, als über das, was man sieht.

Wir werden in der Folge immer wieder drei Begriffe antreffen, die das lacansche Werk strukturieren. Das sind das Reale, das Symbolische und das Imaginäre. Diese drei Konzepte, oder diese drei Kategorien, oder diese drei Register – Lacan spricht vor allem von Registern – sind miteinander verwoben. Es ist – wie beim Sprechen und dem Bild, beim Innen und dem Außen – so, dass wir die drei Register nicht scharf voneinander trennen können. Der späte Lacan hat diese drei Register in einer Topologie dargestellt, im Borromäischen Knoten. Die drei Register werden als Ringe, Kreise gezeichnet, die so miteinander verflochten sind, dass das Herauslösen des einen die Vereinzelung der beiden anderen zur Folge hat. Es ist nicht so, dass zunächst zwei miteinander verknüpft sind, und dann kommt der dritte dazu, sondern einer ist über den anderen gelegt, und ein Dritter verbindet sie so, dass wenn man einen der drei wegnimmt, jeder von ihnen frei wird. Das klingt sehr theoretisch, aber es wird sofort anschaulich, wenn wir an irgendeine Aussage denken. In jeder Aussage sind nämlich diese drei Register enthalten: Beginnen wir mit der Ebene der *énonciation*, des Aktes des Aussprechens. Dieses Register des Symbolischen wird für mich erfahrbar, wenn ich höre, dass der andere spricht und wie der andere spricht; was er sagt, wird dagegen vernachlässigt, gleichsam überhört. Das zweite Register, das Imaginäre – die Reihenfolge ist beliebig – beinhaltet eine Vorstellung, ein inneres Bild, das ich von einer Sache habe. Um dieses Register erfahrbar zu machen, höre ich nicht auf die Stimme, wie jemand etwas sagt, sondern was er damit sagt. Das dritte Register wird als das Reale bezeichnet. Es ist das, worauf sich das Sprechen und der Inhalt des Sprechens beziehen. In der Linguistik spricht man von der Referenz.

Linguistisch ausgedrückt entsprechen das Symbolische, das Imaginäre und das Reale dem Signifikant, dem Signifikat und der Referenz. Aus dem Zusammenwirken von Signifikant und Signifikat resultiert für uns eine Vorstellung. Ich kann keine Vorstellung haben, die nicht irgendwie mit dem Sprechen verknüpft ist. Sie können mir sagen: „Ich kann doch etwas zeichnen, dann muss ich nicht sprechen." Dazu ist zu sagen, dass in das Zeichnen die Voraussetzung des Sprechens miteinfließt. Damit ein Kind zeichnen kann, muss es schon sprechen können. Jetzt kann man erneut einwenden, dass es Kinder gibt, die nicht sprechen können und doch zeichnen. Das trifft zwar zu; gleichwohl sind diese Kinder in einem Zeichensystem drin, das sich nicht dem Realen verdankt, sondern autonom ist. Das zeigt sich darin, dass ein Wort – oder eben ein Zeichen – für eine Sache austauschbar ist. Ich kann mich in einer anderen Sprache ausdrücken und damit andere Wörter verwenden, aber auch irgendein Zeichen machen, z.B. mit einer Hand. Die Taubstummensprache funktioniert so, dass sie mit Gestik operiert. Es gibt keine notwendige Verknüpfung zwischen einem Zeichen und der Sache. Oder anders gesagt: die Verknüpfung ist konventionell. Damit man sich in einer Gemeinschaft verständigen kann, braucht es eine Konvention. Wenn sie einmal festgelegt ist, kann man nicht mehr aus ihr austreten, es sei denn, man wäre nicht mehr verständlich. Es gibt eine Kindergeschichte von einem Schweizer Autor namens Peter Bichsel,[1] der einen Mann beschreibt, der auf die Idee kam, die Verknüpfungen zwischen Wörtern und Sachen zu ändern. Er sagte seinem Bett Bild, den Stuhl nannte er Wecker, den Tisch Teppich, die Zeitung Bett und so fort. So lange er alles in die konventionelle Sprache zurückübersetzen konnte, ging es gut. Aber der Mann machte so viele Verknüpfungen, dass er am Ende die Zuordnungen innerhalb der konventionellen Sprache vergaß. Von dem Moment an konnte er sich nicht mehr verständlich machen. Das zeigt die Bedeutung der Konvention. Jede Sprachgemeinschaft braucht sie. An den Rändern dieser Konvention kann man Spiele machen; der Witz lebt davon, auch Träume und Fehlleistungen.

Sprechen wir vom Imaginären. Wir können uns alles Mögliche vorstellen, solches, das es in der Realität gibt und solches, das wir überhaupt nie gesehen oder gehört haben. Deshalb ist das Imaginäre auch der Bereich der Phantasie. Das Körperbild gehört sehr wohl auch zum Imaginären. Wenn Sie an die Verknüpfung mit dem Sprechen denken, so sehen Sie, dass damit nicht bloß das Visuelle gemeint ist; das Bildhafte kann auch ins Sprechen übergehen.

Nun zum Realen. Das Reale wäre in einer ersten Annäherung der Bezugspunkt, worauf sich das Sprechen mit der Vorstellung bezieht. In diesem Sinne lässt sich das Reale auch wiederum versprachlichen. Ich kann etwas, das noch nicht ein sprachliches Gewand hat, in eine Sprache einkleiden. Unsere Körper werden in ihren Teilen benannt; es gibt das Geschlecht, die Größe, die Statur, u.s.w. Das ist noch nicht die brisante Dimension des Realen. Ich begegne ihr auch nicht, wenn ich mit dem Kopf gegen eine Wand anrenne und auf diese Art die Widerständigkeit des Realen erfahre. Dann merke ich zwar, dass die Wand nicht bloß vorgestellt wird, sondern etwas Wirkliches ist,

1 Vgl. dazu Peter Bichsel, „Ein Tisch ist ein Tisch“. In: *Kindergeschichten*. Darmstadt und Neuwied: Luchterhand 1977, S. 18-27

aber das ist wenig aufregend. Das Reale, das in der lacanschen Psychoanalyse immer wieder Thema ist, ist das, was vom Symbolischen nicht erreicht wird, was sich ihm entzieht.

Wir müssen also davon ausgehen, dass das Sprachliche, das man in einer ersten Annäherung das Symbolische nennen kann, Grenzen hat. Wir begegnen hier dem Nicht-Alles, es gibt einen Rest. Er spielt z.B. in der Kunst eine Rolle, etwa wenn ein Künstler versucht, etwas von diesem nicht zu Versprachlichenden wiederzugeben. In der Psychoanalyse ist dieses Reale von sehr großer Bedeutung. Ich erfahre es z.B. als Analysant, wenn ich spreche. Dann habe ich das Gefühl, ich könne alles sagen, aber etwas entzieht sich immer wieder meinem Sprechen. Das hatte Freud entdeckt, er sprach in diesem Zusammenhang vom Urverdrängten.[2] Man kann es eigentlich nur von der Sprache her denken, obwohl es genau das ist, was von ihr nicht aufgenommen sondern ausgeschlossen wird. Gleichwohl wirkt es als dynamisches Moment in der Sprache. Es ist wie ein Kern, von dem her es spricht. Wenn ich sage „es spricht", so ist dieses Es nicht nur grammatisch, Freud hat daraus eine Instanz gemacht.[3] Lacan hat in diesem Zusammenhang eher vom Anderen gesprochen, wobei dieses Andere mehrere Dimensionen hat. Einerseits ist auch die Sprache das Andere, weil die Sprache von außen kommt, sich nicht biologischen Gegebenheiten verdankt. Andererseits ist aber auch dieses Urverdrängte das Andere, man könnte sagen, das reale Andere.

In Bezug auf die Nicht-Erreichbarkeit des Anderen erscheint die Ebene des Sprechens als diejenige der Repräsentation. D.h. es gibt keinen unmittelbaren, wissbaren Bezug zwischen dem Realen und der Ebene des Sprechens. Wir können diese Aussage anwenden auf den Trieb. Der Trieb ist etwas, das immer wieder insistiert, d.h. im Kern gehört er zum Realen. Er heftet sich an Vorstellungen. Freud sagte, dass der Trieb nie Objekt des Bewusstseins werden könne, nur die Vorstellungen, die ihn repräsentierten.[4] Geben wir ein einfaches Beispiel dazu: Was wir als Nahrung zu uns nehmen, hat mit dem oralen Trieb zu tun. Ihn können wir nie ganz befriedigen. Statt dessen haben wir die Möglichkeit, tausend verschiedene Nahrungsmittel zu uns zu nehmen. Sie entsprechen der sprachlichen Repräsentation. Das zeigt sich z.B. beim Anblick einer Menukarte. Wir haben ein paar schwarze Zeichen vor uns, lesen sie und stellen uns vieles vor, was wir jetzt essen könnten. Wenn das Essen gut war, sind wir nach-

2 Vgl. dazu Sigmund Freud, „Die Verdrängung". G.W. X, S. 250.
3 Vgl. dazu S. Freud, „Das Ich und das Es". G.W. XIII, S. 251 ff.
4 Vgl. dazu S. Freud, „Das Unbewusste". G.W. X, S. 275

her zufrieden mit dem, was wir gegessen haben, aber ganz gesättigt sind wir nicht.

Man könnte hier zur Bulimie bemerken, dass sie einem Versuch gleichkommt, das was sich entzieht, oral zu erfüllen. Man kann auch an den Drogenkonsum denken. Die Suche nach der totalen Befriedigung scheint demzufolge ein Übel zu sein. So kommt man dazu, zu sagen, dass die unvollständige Befriedigung die viel bessere Befriedigung ist. Sie sehen, dass es wichtig ist, dem Realen einen Platz zu geben. Aber es hat ein Janusgesicht: Einerseits setzt es meinem Wissen, meinen Fähigkeiten, meiner Befriedigung, meiner Kontrolle immer wieder Grenzen. Andererseits hält es das Begehren aufrecht. Ich habe jetzt vom Begehren gesprochen, nicht vom Wunsch. Mit Begehren ist gemeint, dass eben dieser Entzug des Realen stets irgendwo mitanwesend ist; das Begehren hat kein eigentliches Objekt. Es ist vom Bedürfnis und vom Verlangen zu unterscheiden. Das Bedürfnis wäre etwas, was von der Natur gegeben wäre. Wie steht es denn mit der Natur des Menschen? Dadurch, dass wir sprechende Wesen sind, ist uns die ursprüngliche Natur weitgehend, nicht ganz verloren gegangen. Man kann also sagen, die Natur wäre das Reale – sie fehlt weitgehend. Es gibt zwar noch gewisse Instinkte, aber der Trieb ist etwas ganz anderes. Wir haben gesehen, dass im Trieb die industrielle Produktion, eine Menge von Wissen mit im Spiel sind, wenn z.B. die Nahrungsmittel hergestellt werden. Oder wir könnten an den Schautrieb denken und auch da sehen, dass die Objekte industriell hergestellt sind. Da die menschliche Natur ein X ist, weitgehend fehlt, wird sich der Mensch selber zur Frage. Sie ist unabschließbar, wegen des sprachlich uneinholbaren Realen.

Nun möchte ich etwas nachtragen, was mit der Bitte zu tun hat, die sich vom Bedürfnis unterscheidet. Die Bitte – das französische Wort dafür heißt *demande*, was sich auch mit „Verlangen" oder „Anspruch" übersetzen lässt – ist geleitet von der Vorstellung einer vollen Erfüllung. Vor allem kommt hier die Liebe mit ins Spiel. Dass der eine ganz für den andern da sein soll, ist Ausdruck einer Bitte. In jeder Beziehung ist diese Dimension der Bitte anwesend. Sowohl das Bedürfnis wie die Bitte werden als artikulierte immer wieder durchquert von der Ebene der Repräsentation, so dass das Begehren die eigentliche Dimension des Wunsches ist. Das Verlangen, die Bitte, ist ein Versuch, dem Begehren einen Halt, eine Verankerung zu geben. Die Offenheit des Begehrens zeigt sich schon beim kleinen Kind. Das Bild, das visuelle Bild, erscheint wie eine vorzeitige Erfüllung der Frage nach sich selbst. Wenn wir Eltern mit ihren kleinen

Kindern beobachten, so zeigen sie auf das Spiegelbild, in dem das Kind erscheint, und sagen: „Dort bist du". Die Freude, die das Kind empfindet, drückt so etwas aus wie: Jetzt weiß ich, wer ich bin, oder ich habe mich entdeckt. Es ist vergleichbar mit dem, was der Dichter Ovid mit der Figur des Narcissus beschrieben hat.[5] Narcissus entdeckte sein Spiegelbild auf der Oberfläche eines Teichs, ohne zunächst zu wissen, dass er sein eigenes Bild sah. Erst auf Grund der Bewegungen, die er machte – er wollte das Bild ergreifen – entdeckte er, dass es sein Bild war.

Dieses Heranholen-Wollen weist auf einen Verlust hin, den jeder Mensch erfährt. Das Spiegelbild ist Ausdruck eines ursprünglichen Verlustes, den der Mensch erfahren hat. Es ist eine Entzweiung, und es gibt von da an immer wieder das Begehren nach dem Eins-Werden. Solange aber die Ebene des Sprechens da ist, ist dieses Eins-Werden unmöglich. Es wäre ja auch verhängnisvoll, wenn dieses Eins-Werden möglich wäre. Das käme dem Verlust des Subjekts gleich.

Machen wir nun einen Sprung und sprechen wir von Kinderzeichnungen. Wie zeichnen Kinder die Sonne? Sie zeichnen sie regelmäßig mit einem Gesicht. Weshalb ist das so? Offenbar besteht ein Zusammenhang mit dem Innen-Außen-Bezug. Wir sehen unser eigenes Gesicht nicht, hingegen sehen die andern unser Gesicht; aber im Spiegel sehen wir das eigene Gesicht. Das Eigene sehen wir zuerst außen, und wir übertragen es nachher auf andere Figuren.

Ein zweites Beispiel kommt aus Freuds Fallgeschichte des „Kleinen Hans"[6]. Eines Tages sieht der vier- oder fünfjährige Junge eine Lokomotive. Sie müssen sich vorstellen, dass es damals noch keine elektrischen Eisenbahnen gab, sondern Dampflokomotiven. Das sind diese eindrucksvollen großen Ungetüme, aus denen Dampf herauszischt. Als der kleine Hans diesen Dampf herauszischen sah, fragte er: „Hat die Lokomotive auch einen Wiwimacher?" Die Frage setzte voraus, dass er schon um sein Geschlecht wusste, jedoch nicht, ob auch die Lokomotive eines hatte. Er setzte seine Körperform in Beziehung zur Lokomotive. Ist das eine Phantasie dieses Kindes? Ich würde behaupten, es ist regelmäßig so, dass die eigene Körperform in

5 Vgl. dazu Ovid, *Metamorphosen*. München: Goldmann, 3. Buch, S. 68-72.

6 Vgl. dazu S. Freud, „Analyse der Phobie eines fünfjährigen Knaben". G.W. VII, S. 246 f.

einen Bezug zu äußeren Figuren gesetzt wird. In der Philosophie spricht man dabei von Anthropomorphisierung.

Ein drittes Beispiel kommt aus einem Traum: Jemand träumt von einem Schmetterling. Nun scheinen wir mit unserer Erklärung auf eine Schwierigkeit zu stoßen, denn wie kann man einen Schmetterling mit der Körperform in Beziehung setzen? Der Schmetterling hat doch zwei Flügel, der Träumer hat keine. Gleichwohl hat diese Figur des Schmetterlings etwas mit dem Träumer zu tun, oder auch der Träumer mit dem Schmetterling. Wir berühren hier eine andere, viel weitere Dimension des Körperbildes: diejenige der Metaphorik. Ein Schmetterling geht von Blume zu Blume. Wenn uns jemand so etwas erzählt, hören wir als Analytiker diese Aussage nicht in einem wörtlichen Sinne, vielmehr weckt sie in uns ein Bild des Träumenden, das mit seinen Wünschen zu tun hat. Wir haben also hier wieder ein Bild und das Sprechen, aber auch die Metaphorik. Dies erlaubt, zumindest zwei verschiedene Dimensionen des Körperbildes zu unterscheiden: Die erste beinhaltet das Körperbild als Form, die zweite das Körperbild als Inhalt. Ich gebe Ihnen dazu ein Schema:

Abbildung 1

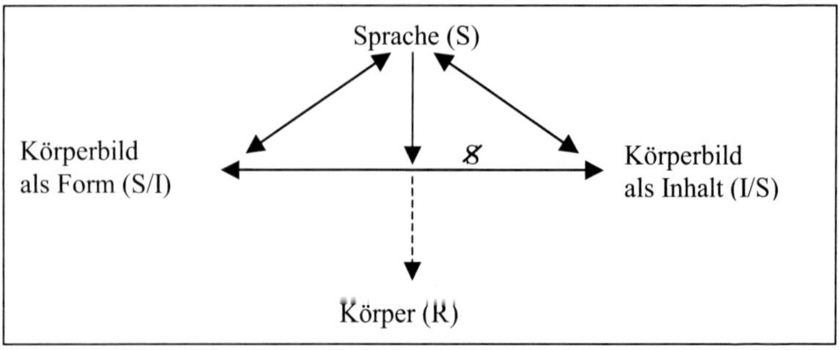

Wir können auch sagen, das Körperbild als Form meint das Symbolische des Imaginären. Sie sehen im Schema an der Tafel die linke Seite: Körperbild als Form, S von I. Damit wird das Zusammenwirken des Symbolischen mit dem Imaginären bezeichnet. Die Referenz ist der Körper. Warum das Körperbild als das Symbolische des Imaginären bezeichnen? Es gibt eine einleuchtende Definition eines französischen Autors namens J.C. Milner, der die drei Register folgendermaßen definiert hat: Das Symbolische ist das, was trennt; das Imaginäre ist das, was verbindet; das Reale ist das, was persistiert.[7] Das Spiegelbild kommt zuerst einer Trennung des Subjekts gleich, auch wenn es dies noch nicht weiß, das Kind sich im Gegenüber des Spiegels sieht und sich dabei – als abgebildetes – gleichsam vergisst. Für den Außenstehenden erscheint es sich selber außen. Mit diesem Verlust wird das – trennende – Moment des Symbolischen bezeichnet. Das visuelle Bild gehört zum Imaginären, ein Ausdruck, der ja von *imago*/Bild kommt. Demzufolge lässt sich die Entdeckung des Spiegelbildes als das Symbolische des Imaginären auffassen.

Am Beispiel des Schmetterlings haben wir eine andere Dimension gesehen: das Körperbild als Inhalt, was sich als das Imaginäre des Symbolischen definieren lässt. Der Schmetterling stellt Züge dar, die der Träumende in einem Traumbild darstellt. Anders gesagt: Im Symbolischen ist sein Begehren enthalten; es verkörpert sich in einem Traumbild. In einer Psychotherapie wäre es auch möglich, eine Figur zu formen oder ein szenisches Arrangement darzustellen. Das weist auf die Notwendigkeit hin, S von I und I von S zu unterscheiden.

Im Schema an der Tafel sehen wir des weiteren in der Vertikalen die beiden anderen Elemente, zunächst die Sprache (*langage*), die man annäherungsweise mit dem Symbolischen gleichsetzen kann. Damit ist auch die Ebene der Repräsentation gemeint. Außerdem wird im Schema der Körper als das Reale bezeichnet. Ich habe die Linie in der Vertikalen nicht durchgezogen, sondern gestrichelt, weil es keine direkte Verbindung zwischen der Sprache und dem Körper gibt. Die Verbindung läuft über das Imaginäre. Wenn z.B. eine Mutter die Körperteile ihres Kindes benennt, sind Vorstellungen mit im Spiel – das ist der Daumen, der schüttelt Pflaumen, usf. Sie wissen, dass kleine Kinder die Hände zuerst als Fäuste zeichnen. Es ist schon ein Fortschritt, wenn sie Finger zeichnen können. Denken Sie an die Wörter, die es für die Bezeichnung der Geschlechter gibt. Der Körper insgesamt ist besetzt mit vielen Vorstellungen. Es gibt Geschichten, die das gerade darum veranschaulichen, weil Wörter fehlen, weil niemand da ist, der mit den Kindern spricht. Ich denke an zwei Filme, „Das Wolfskind" oder „Kaspar Hauser", die deutlich zeigen, was passiert, wenn niemand da ist, der mit dem Kind spricht, wenn niemand den Körper symbolisiert.

7 Vgl. dazu Jean-Claude Milner, *Les noms indistincts.* Paris: Ed. du Seuil 1983, S. 7

Ich habe im Schema noch etwas Rätselhaftes gezeichnet: das schräg gestrichene Subjekt. Das Subjekt muss ja irgendwo einen Platz haben, sonst gäbe es bloß die Einwirkung der Sprache auf den Körper, jedoch für niemanden. Vielleicht ließe sich die Psychosomatik so charakterisieren, dass das Subjekt fehlt und alle Vorgänge gleichsam ohne Beteiligung eines Subjekts, maschinenhaft ablaufen. Normalerweise ist das Subjekt jedoch dort im Schnittpunkt, wo sich die beiden Achsen treffen. Der Schrägstrich durch den Buchstaben S bedeutet: Das rohe, mythische Subjekt wird durchquert von der Ebene des sprachlichen Anderen, die bewirkt, dass das Subjekt nicht in der Unmittelbarkeit verharrt, sondern in die Mittelbarkeit eingeführt wird. Dieser Vorgang impliziert, dass das Reale ausgeschlossen wird. Das ist die Einstiegspforte in die Thematik des Körperbildes.

Für mich wäre es wichtig zu erfahren, ob die Ausführungen verständlich waren oder zu schwierig.

Frage eines Studenten: „Die Ausführungen waren insgesamt verständlich, ich möchte aber zu zwei Punkten etwas fragen: Was versteht man unter dem Realen? Was ist mit dem Kern des Sprechens und dem Übergang zum Anderen gemeint?“

Antwort: Zunächst etwas über die Beziehung des Sprechens und des Anderen. Wenn wir denken und sprechen, haben wir den Eindruck, dass wir über die Sprache verfügen. Er ist das Resultat eines langen Prozesses. Die Sprache ist uns nicht angeboren. Wir sprechen in der Muttersprache; die Mutter ist erster Repräsentant des Anderen. Hätte sie uns nicht eingeführt in ihre Sprache, hätten wir keinen Bezug zu uns selber. Nun hat diese Ebene des Anderen die Eigenheit – ich habe von Konvention gesprochen –, dass sie innerhalb einer Sprachgemeinschaft allen gemeinsam ist. Wenn ich mich ausdrücke, wenn ich über andere oder mich spreche, so brauche ich Zeichen, die die andern auch brauchen. Wie kann ich aber meine Subjektivität im Sinne meiner Singularität ausdrücken? Ich habe ja bloß die Zeichen zur Verfügung, die andere auch verwenden. Zweifellos bin ich in vielem gleich wie die andern, aber die Frage nach mir selbst gilt vor allem dem, was unverwechselbar an mir selber ist. Man kann Ihre Frage also wohl so präzisieren, dass sie die nach der Singularität mitenthält. Diese Singularität erscheint stets als repräsentierte, in Zeichenkombinationen, die allen zur Verfügung stehen. Von da her stellt sich unabweisbar die Frage nach dem eigenen Sein. Ich kenne mich selber nicht.

Vielleicht kann ich in diesem Zusammenhang die Frage nach dem Sinn einer Therapie anfügen. Liegt er darin, sich selber kennenzulernen, oder gerade im Gegenteil, die Bilder von sich selber zu analysieren, im Sinne von sie aufzulösen? Bilder, die man von sich selbst hat, geben eine Orientierung. Ist das aber nicht eine Lüge? Andererseits: Wenn ich keine Bilder habe, bin ich frei. Diese Freiheit hat etwas Beängstigendes.

Man kann an dieser Stelle die Singularität mit dem Realen in Verbindung bringen. Ich habe vorher immer wieder das Imaginäre mit dem Symbolischen in einen Zusammenhang gebracht. Das Entsprechende gilt für den Bezug zum Realen. Das Reale des Symbolischen ist das, was sich als gleichbleibend im Symbolischen behauptet. Es gibt eine interessante topologische Figur von Lacan, die diesen Sachverhalt beleuchtet: Stellen Sie sich vor, das Sprechen wäre eine Art Kreisbewegung, aus dem sich allmählich ein Kranz bildet. Die Mitte bleibt leer; sie ist einerseits das Resultat des Sprechens – sie gibt Anlass, sie mit Sinn zu füllen, so dass etwas entsteht, was nicht in den ausgesprochenen Worten enthalten ist – andererseits wirkt dieser Ort des Sinns auch als Agens des Sprechens.[8] Man könnte hier an die Metaphorik der Makkaroni denken. Man stellt sie her, indem man ein Loch nimmt und um es herum den Teig wickelt. Das Loch war natürlich nicht zuerst da, es wird aber auch nicht nachher hergestellt. Wir haben hier ein eigenartiges Verhältnis von Gleichursprünglichkeit. Das ist eine Illustration dessen, was die Kausalität im Bereich des Psychischen so problematisch macht.

8 Vgl. dazu Jacques Lacan, *Le séminaire IX, L'identification*, Sitzung vom 7.3.1962 (unveröffentl.)

II.
Das Subjekt im Spiegel

Das Ich als Objekt im Spiegelstadium | Das Ich auf Wanderschaft | Konstitution von Räumlichkeit und Zeitlichkeit durch das Spiegelstadium | Kaspar Hauser | Freuds Enkel vor dem Spiegel

Ich gebe zuerst einen kurzen Überblick über das, was ich heute vortragen werde. Wir werden zuerst nochmals über das Schema sprechen, das ich schon letztes Mal an die Tafel gezeichnet habe. Es geht vor allem darum, diesen Unterschied zwischen S von I und I von S herauszuarbeiten. Sie wissen noch: Mit S wird das Symbolische, mit I das Imaginäre bezeichnet.

In einem zweiten Teil werden wir vor allem den Bezug zum eigenen Körper thematisieren, also den Bezug, der in vielen Theorien als unmittelbarer erscheint. Die Mittelbarkeit habe ich durch die gestrichelte Linie, die zum Körper führt, eingezeichnet, um zu verdeutlichen, dass es hier keine direkten Bezüge zwischen Sprache und Körper gibt. Einerseits *sind* wir Körper, andererseits *haben* wir einen Körper, der zum Objekt der Reflexion werden kann.

In einem dritten Teil werde ich versuchen, etwas über die Geschichte des Körperbildes in der Psychoanalyse zu sagen. Es wird zur Hauptsache darum gehen, zu sehen, dass Freud schon Vieles entdeckt, jedoch noch nicht ausreichend thematisiert hat. Er hat die grundsätzliche epistemologische Dimension des Körperbildes noch nicht erfasst. Ich habe Ihnen aus diesem Grunde drei Zitate vorbereitet. Eines stammt aus „Das Ich und das Es", die anderen beiden aus *Die Traumdeutung.*

Wenn die Zeit dann noch reicht, werden wir über die Funktion des Ichs für das menschliche Erkennen sprechen. Da wird es darum gehen, zu zeigen, dass das Ich einerseits die neurotische Instanz schlechthin ist, dass es aber andererseits doch dieses Ich braucht, um nicht psychotisch zu werden.

Nehmen wir also den Faden dort nochmals auf, wo wir ihn letztes Mal liegengelassen haben. An der Tafel steht nochmals das Schema, leicht modifiziert.

Abbildung 2

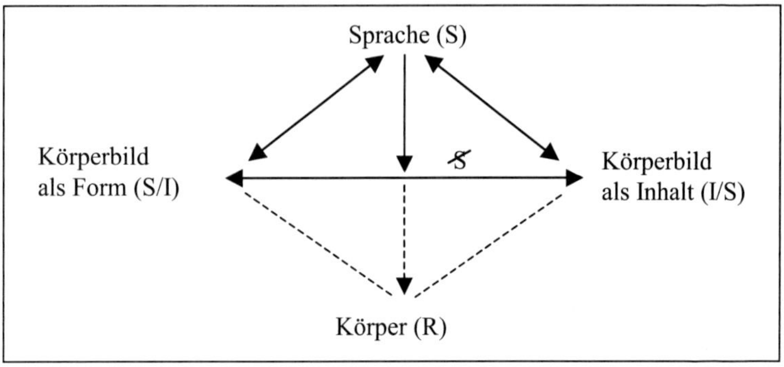

Die Änderungen betreffen die beiden Verbindungen zwischen „Körper“ und „Körperbild als Form“ bzw. zwischen „Körper“ und „Körperbild als Inhalt“. Wenn wir etwas über körperliche Impulse sagen, laufen diese über das Imaginäre und das Symbolische. Wenn wir z.B. Hunger haben, so geht er als Drang vom Körper aus. Dieser Drang bindet sich sofort an Objekte. In diesen ist bereits wieder Symbolisches und Imaginäres enthalten. Diese gestrichelte Linie ist auch in der Gegenrichtung, von der Sprache zum Körper, bedeutsam; das Andere der Sprache, der Signifikanten, bekommt erst über das Symbolische und das Imaginäre Bedeutung. Das zeigt sich beispielsweise, wenn es um die Interpretation des eigenen Geschlechts oder des Geschlechts des andern geht. Der Körper ist ein geschlechtlicher Körper, dagegen ist die Sprache selbst nicht geschlechtlich – im Zwischenbereich siedeln sich Interpretationen der Geschlechtlichkeit an. Da eröffnen sich die bewegendsten Fragen der Psychoanalyse hinsichtlich Weiblichkeit und Männlichkeit.

Worauf es mir das letzte Mal ankam, war, zwischen Körperbild, aufgefasst als Symbolisches des Imaginären, und Körperbild, aufgefasst als Imaginäres des Symbolischen zu unterscheiden. Die linke Seite, die ich auch als Körperbild im formalen Sinne bezeichnete, ist das, was bei Lacan Spiegelstadium heißt; während ein entsprechender Ausdruck für die rechte Seite, die inhaltliche, fehlt. Am ehesten ist sie Ort der Anthropomorphisierungen und der Metaphorik des Subjekts.

Mit dem Spiegelstadium wird der Moment bezeichnet, in dem das kleine Kind, das zwischen einem halben Jahr und eineinhalb Jahren alt ist, sein eigenes Spiegelbild als eine Ganzheit entdeckt. Es gibt zuvor natürlich auch schon Wahrnehmungen des Kindes; es ist keineswegs, wie es bei Freud teilweise beschrieben ist, eingesponnen in sich selbst, ohne Objektbezüge. Die Wahrnehmung bringt es jedoch noch nicht zu einer Vereinheitlichung der Körperteile. Deshalb spricht Lacan in diesem Zusammenhang vom zerstückelten Körper.[1] Dieser Ausdruck enthält in sich eine Schwierigkeit: Eigentlich lässt sich nur dann von zerstückelt sprechen, wenn es zuvor eine Integration der Teile gegeben hat. Vor dem Spiegelstadium gibt es diese Ganzheit noch nicht, sondern es sind Körperteile, die das Kind wahrnimmt; strenggenommen kann man auch nicht von Fragmentierung sprechen. Dem zerstückelten Körperbild begegnen wir dagegen in Psychosen, wo etwas zerfallen, zerbrochen ist.

Von besonderer Bedeutung ist nun, dass das eigene Körperbild als Form dem Subjekt zuerst außen erscheint. Das weist auf die Bedeutung der visuellen Wahrnehmung, der Augen hin. Sie haben die Eigenheit, dass sie eine Distanz brauchen. Wenn etwas zu nahe ist, kann ich es nicht mehr wahrnehmen. Bei den Geruchsempfindungen ist es anders; sie sind körpernäher. Beim Gehör gibt es dagegen ebenfalls die Wahrnehmung der Distanz. Wenn ich jemandem zuhöre, habe ich nicht den Eindruck, dass seine Stimme in meinem Kopf drin erklingt, sondern dass ich jemanden höre, der außerhalb meiner selbst ist. In diesem Sinne ist auch die Sprache, die symbolische Ordnung vergleichbar der Spiegelerfahrung. Es ist kein Zufall, dass man innerhalb der Sprache von einem Spiegeln sprechen kann. Das geschieht z.B. in Therapien, wenn ich ein Wort wieder aufnehme, wenn ich die Wichtigkeit, die Bedeutung eines Wortes unterstreichen will; offensichtlich ist das zu unterscheiden vom visuellen Spiegeln. Der Unterschied zwischen dem Akustischen und dem Visuellen besteht also nicht im Kriterium der Distanz bzw. der Unmittelbarkeit, sondern hinsichtlich der Unterscheidung von Sichtbarkeit und Unsichtbarkeit. Worte und Stimme sind – außer sie werden zu Schrift, wo sie visuell werden, wahrnehmbar – grundsätzlich unsichtbar. In der Zeit des Spiegelstadiums kommt den Augen eine sehr große Bedeutung zu. Das heißt nicht, dass die Ordnung des Unsichtbaren se-

1 Vgl. dazu J. Lacan, „Das Spiegelstadium als Bildner der Ichfunktion". In: *Schriften I*, S. 67

kundär wäre; denn die visuelle Wahrnehmung wird strukturiert von der symbolischen Ordnung. Das Kind weiß jedoch noch nichts davon. Wenn es davon weiß, ist es bereits dabei, das Spiegelstadium zu überwinden, dann hat es sich als sprachliches Subjekt entdeckt. Solange das nicht der Fall ist, sieht es sich im Außen, ohne den Unterschied von Abbild und ihm selber als Abgebildetem zu bemerken; man ist versucht, von einer Selbstvergessenheit des Subjekts zu sprechen. In diesem Sinne erscheint das Ich außen.

Erst wenn diese Erfahrung des Spiegelstadiums gemacht worden ist, entdeckt das wahrnehmende Subjekt sich selbst. Dann beginnt die Zeit der Anthropomorphisierungen und der Metaphorisierungen. In diesem Zusammenhang haben wir das letzte Mal vom Traum des Schmetterlings gesprochen. Solche Metaphorisierungen setzen die Form als Einheit voraus.

Ich gebe Ihnen noch ein kleines Beispiel aus meiner Familie, um anschaulich zu machen, wie sich das Spiegelstadium – wenn das Ich sich außen sieht – manifestiert: Ich habe ein zweijähriges Enkelkind, ein Mädchen. Es hat, wie schon oft, bei uns übernachtet und ist einmal sehr früh erwacht. Als besorgter Großvater ging ich nachschauen, warum es nicht mehr schlafe. Es war hellwach, es bestand keine Möglichkeit, es wieder zum Schlafen zu bewegen. Ich nahm die Kleine aus dem Bettchen und begann mit ihr zu spielen. Es war ein kühler Morgen, sie war noch in ihrem Pyjama. Nach kurzer Zeit wollte sie allen Puppen, die im Zimmer herumlagen, Socken anziehen. Pullover oder Jacken interessierten sie dagegen nicht. Weil ich die Socken mühsam hätte zusammensuchen müssen, fragte ich sie zunächst, ob sie nicht lieber doch den Puppen Jacken anziehen wolle. Sie verneinte das entschieden. Endlich kam ich auf die Idee, weshalb das so war: Sie hatte selber kalte Füße. Sie bemerkte das jedoch nicht an ihrem eigenen Körper, sondern an den Puppen.

Das kleine Beispiel gibt Anlass zur Frage, weshalb eine Kultur auf die Idee kommen kann, die Nächstenliebe zu postulieren – der Nächste ist doch das Ich! Eine andere Frage betrifft den Egoismus; was bedeutet es eigentlich, wenn das Ego beim andern lokalisiert ist? Es ist gesetzmäßig so, dass die Erfahrung des Subjekts über das Außen, das Ich geht. Wenn man Beispiele, etwa bei Freud, liest, könnte man denken, solche Zusammenhänge würden sich nur bei diesem Kind oder bei jenem Patienten zeigen. Ich würde noch weiter gehen und sagen, dass die Erfahrung des Spiegelstadiums, die Erfahrung des Körperbildes außen, eine philosophische Dimension hat. Hoffentlich haben wir später Zeit, in diesem Zusammenhang von der

Einbildungskraft bei Kant zu sprechen. Ich glaube, dass diese philosophische Dimension auch für die therapeutische Erfahrung sehr wichtig ist. Wenn wir diese grundsätzliche Bedeutung nicht sehen, haben wir auch keinen Zugang zum Wesen der Psychose.

Ich werde versuchen, noch eine andere grundsätzliche Dimension im Zusammenhang mit dem Spiegelstadium zu skizzieren. Das Spiegelbild verschafft mir ein Gegenüber. Ohne dieses Gegenüber wäre ich verloren in der Unstrukturiertheit, sogar Unendlichkeit. Das heißt, das Spiegelbild ist konstitutiv für die Raumerfahrung. Der Raum ist stets irgendwo begrenzt. Die Grenze kann ich mir so vorstellen, dass ich mir ein Gegenüber vorstelle, wobei meine eigene Position wiederum ein Gegenüber dieses Gegenübers ist. Jedes kleine Kind muss seine Raumerfahrung selber machen, indem es sich bewegt, zuerst kriecht, dann geht. „Vertraut sein mit etwas" heißt, dass das Vorhandene als zum eigenen Körper gehörig empfunden wird. In diesem Sinne kommt die Raumerfahrung einer Emanation des Spiegelbildes gleich. Sie können sich vielleicht vorstellen, was geschieht, wenn diese Raumerfahrung nicht strukturiert, nicht begrenzt wird. Dann resultiert ein Verlorensein, eine Orientierungslosigkeit. Um daraus herauszukommen, braucht es irgendwelche Hilfsidentifizierungen, Kopien von Schemen, wie andere sich orientieren und bewegen.

Ich möchte sodann noch einmal auf den Unterschied zwischen Subjekt und Ich zu sprechen kommen. Mit „Subjekt" wird das bezeichnet, was in der Sprache, in der symbolischen Ordnung repräsentiert wird. Das Imaginäre bezieht sich auf das Gegenüber des symbolischen Subjekts. Wir werden im nächsten Teil davon sprechen, wie aus diesem Gegenüber wieder eine Körpererfahrung wird. Ich gebe Ihnen noch ein Beispiel für die Metaphorisierung auf der rechten Seite des Schemas. Sie kennen sicher alle, besser als ich, das *Bunraku*, das Puppenspiel. Das ist ein wunderschönes Beispiel eines Ichs, das das Subjekt metaphorisiert. Die Puppe selbst kann ja nicht sprechen. Drei Männer halten zusammen eine Puppe, sie sind schwarz vermummt, nur bei einem ist das Gesicht sichtbar. Der Sinn der Bewegung der Puppe kommt vom Symbolischen her, wobei der Ort des Symbolischen nicht auf der Bühne ist, sondern sich seitlich zu ihr befindet, nämlich dort, wo der Erzähler ist. Das *Bunraku* zeigt, dass das Geschehen auf der Bühne, das für die Zuschauer sichtbar ist, strukturiert wird von der Erzählung auf der Seite der Bühne. Man könnte sogar auf die Idee kommen, die Musik miteinzubeziehen, die

Erzählung wird nämlich begleitet und skandiert von Musik. Sie wirkt als Ergänzung zum Wort, dessen Mangel sie bereichert. Es wäre andererseits nicht möglich, das Wort wegzulassen und nur Musik und Puppenspiel vorzutragen, weil die Handlungen einer Erzählung folgen, deren Figuren identifizierbar sind und die einen bestimmten Verlauf hat.

Das Imaginäre des Symbolischen, also das, was auf der rechten Seite des Schemas eingezeichnet ist, wird überdies in Märchen dargestellt, in denen Tiere sprechen können. Man kann in diesem Zusammenhang daran denken, wie viele Tiernamen in Kosenamen, die man den Kindern gibt, enthalten sind. Die Kinder werden als kleine Mäuse, Vögelchen oder als irgendetwas Niedliches bezeichnet, manchmal aber auch als Raubtiere.

Ich glaube, wir können nun zum zweiten Teil gehen. Ich möchte darin wie angekündigt den Bezug zum eigenen Körper thematisieren.

Es ist nicht so, dass jeder Körperbezug über das Spiegelstadium vermittelt ist. Das gilt vor allem für das Sehen, Sprechen und Hören. Riechen, Schmecken, Tasten, Empfindungen von Wärme und Kälte scheinen zunächst einmal mit dem Spiegelstadium nichts zu tun zu haben. Heißt das nun, dass man strikt zwei Felder unterscheiden kann, in dessen einem die Wahrnehmungen situiert sind, die ohne das Spiegelstadium auskommen, wie Riechen, Schmecken, Tasten, während im anderen die Wahrnehmungen vorkommen, die auf ein spiegelbildliches Gegenüber angewiesen sind, das sie selber konstituieren, wie dies beim Sehen und Sprechen der Fall ist? Ich glaube, dass eine solch strikte Aufteilung nicht unseren Erfahrungen entspricht. Ist es nicht eher so, dass sich Riechen, Schmecken, Tasten mit fortschreitender Versprachlichung des Subjekts differenzieren? Ich weiß nicht, ob Ihnen der Name Kaspar Hauser etwas sagt. Das war ein Junge, der eines Tages im 19. Jahrhundert als von allen Verlassener auf einem Platz in einer deutschen Stadt auftauchte und nicht sprechen konnte. Erst dadurch, dass ein Pädagoge sich seiner annahm und ihn sprechen lehrte, konnte er nachträglich etwas von seiner Geschichte sagen. Er war in einem dunklen Keller bei Wasser und Brot gefangen gehalten worden und hatte nur Kontakt zu einem einzigen Menschen gehabt, der ihm täglich das Essen gebracht, jedoch kaum jemals ein Wort zu ihm gesagt hatte. Als der Junge Kontakt zu anderen Leuten hatte – das geschah, als er etwa 15-jährig war – konnte er keine andere Speise zu sich nehmen als die, die er gewohnt war: Wasser und Brot. Er hatte zwar Geschmacksempfindungen, diese waren aber völlig unentwickelt. Er spuckte die Nahrung aus, die andere als sehr gut empfanden, fand sie widerlich. Das zeigt, dass auch diese Sinneserfahrungen, die unmittelbar beginnen, für Differenzierungen durch Sprache empfänglich sind. Es kommt dazu, dass ein kleines Kind nicht imstande ist, den Ort des Schmerzes zu identifizieren.

Es gibt ein Gesellschaftsspiel, das darin besteht, dass einige Personen um einen Tisch herum sitzen. Es ist nicht nötig, dass das Zimmer verdunkelt wird, wichtig ist, dass man nicht unter den Tisch sehen kann. Jetzt reicht man einen Gegenstand von einer Hand zur anderen, die Hände müssen unter dem Tisch bleiben, unsichtbar, wie der Gegenstand. Jeder Teilnehmer soll nun erraten, was herumgereicht wird. Wenn Sie für Stimmung sorgen wollen, so empfehle ich Ihnen, dieses Spiel zu versuchen. Am eindrücklichsten sind die Reaktionen, wenn Sie irgendetwas Klebriges, Flauschiges oder Weiches, das schwer identifizierbar ist, in die Runde geben. Innert kürzester Zeit entsteht ein großes Gekreische im Zimmer. Es ist, wie wenn die Betroffenen mit dem Realen in Berührung gekommen wären. Sobald sie wissen, was der Gegenstand ist, kommt eine große Erleichterung auf. Es ist wiederum dieses Benennen-Können, das einem eine gewisse Sicherheit gibt.

Ich möchte noch einmal auf das Grundsätzliche der Raumerfahrung zu sprechen kommen. Sie können sich keinen Raum vorstellen, ohne darin eine Position zu haben, egal, ob Sie sich ein Zimmer, eine Stadt oder das ganze Universum vorstellen. Unten, oben, links, rechts, vorne, hinten, entfernt, nahe, westlich, östlich, nördlich, südlich, alle diese Ortsangaben setzen einen Bezug eines Subjekts zu seinem Körper voraus. Man könnte daraus ableiten, dass das Subjekt dadurch eine ungeheuer große Bedeutung hat, sogar Mittelpunkt der Welt ist. Auf eine Art ist das so, auf eine andere Art aber nicht; es gibt auch das Wissen um die Nichtigkeit des Menschen, so dass man ihn oft mit einem Staubkorn vergleicht. So klein das Staubkorn sein mag, ordnet sich dennoch von ihm her, von seiner Körperlichkeit her, die Raumerfahrung.

Inwiefern ist darin die Erfahrung des Spiegelstadiums vorausgesetzt? Ist es nicht eher so, dass die Erfahrung des Spiegelstadiums eine Verwirrung schafft? Wenn wir ins Spiegelbild blicken, sind die Dimensionen von Vorne und Hinten, von Rechts und Links vertauscht. Wie kann man dennoch behaupten, das Spiegelstadium habe einen Bezug zur Positionalität des Körpers?

Ich möchte jetzt zeigen, dass erst durch die Erfahrung des Gegenüber eine Positionalität im Raum, ein Verhältnis zum eigenen Körper, ein Wissen um seine Situation entsteht. Es trifft nicht zu, dass von Anfang an die Vertauschung der Links-Rechts-Dimension gegeben ist. Sie zeigt sich erst dann, wenn das in den Spiegel blickende Subjekt den Bezug vom Spiegelbild zu sich selbst gemacht hat, d.h. wenn die Rückwendung gemacht worden ist vom Bild zum Subjekt. Erst von da weg kann es zwischen dem Spiegelbild und einem andern Menschen vergleichen.

Es gibt einen Autor, der über solche Zusammenhänge geschrieben hat, nämlich Merleau-Ponty.[2] Die Schwerkraft ist wahrscheinlich das, was am ehesten der Spiegelerfahrung widersteht. Man könnte die Schwerkraft durchaus mit dem Realen in Beziehung setzten. D.h. es gibt sie auch dann, wenn das Subjekt eine Positionalität im Raum gefunden hat und seinen Körper versprachlichen kann. Dass man dieses Reale erfährt, z.B. wenn man stürzt, ist sehr kränkend. Von da weg kommen Erzieher auf die Idee, dem Kind Hilfsmittel zu geben, damit es nicht so oft hinfällt, irgendwelche Vorrichtungen, mit denen man das Kind halten kann, Hilfsräder am Fahrrad, damit es nicht stürzt. Wir möchten gerne, dass wir das Reale kontrollieren könnten. Ein Sturz ist weniger ein Problem des Schmerzes als vielmehr ein Problem der Kränkung.

Ich glaube, bei der Raumerfahrung ist es noch einigermaßen einleuchtend zu zeigen, welche Bedeutung das spiegelbildliche Gegenüber hat. Wie ist es aber bei der Zeiterfahrung? In diesem Zusammenhang ist eine Beobachtung Freuds, die seinem Enkelkind gilt, aufschlussreich.[3] Es kauert sich vor dem Spiegel nieder, sieht sich somit darin nicht mehr, und stößt dabei die Laute „Bebi o-o-o" aus, was Freud als „Fort" interpretierte. Diese Beobachtung steht an einem unscheinbaren Ort, nämlich in einer Fußnote des Textes, der vom berühmten Fadenspiel, bekannt geworden als Fort-Da-Spiel, handelt – übrigens steckt im Wort Fußnote wiederum das Körperbild drin, auch ein Text ist ein Körper. Freuds kostbare Beobachtung weist darauf hin, dass sich das Kind als sprachliches Subjekt entdeckt hat; wenn es „fort" sagt, ist es fort für die visuelle Wahrnehmung – als Subjekt des Sprechens ist es jedoch in der Artikulation von „fort" anwesend, präsent. Wir erkennen hier die beiden Seiten des Subjekts

2 Vgl. dazu Maurice Merleau-Ponty, *Phänomenologie der Wahrnehmung*. Berlin: de Gruyter.

3 Zum Folgenden vgl. S. Freud, „Jenseits des Lustprinzips", G.W. XIII, S. 13.

– das sprachliche Subjekt und das spiegelbildliche Gegenüber. Im Spiel des Kindes verschwindet die eine Seite, die visuelle, umso mehr manifestiert sich die andere Seite, und zwar gerade dann, wenn es „fort" sagt und sein Bild verschwinden lässt. Mit dem Erscheinen und Verschwinden des Bildes sind wir in der räumlichen Dimension. Es geht jetzt aber darum, den Zeitbezug zu denken. Meine These lautet, dass mit der Erfahrung der Abwesenheit des Visuellen sich auch die Zeit zu differenzieren beginnt: In dem Moment, in dem das Spiegelbild abwesend ist, drückt das Phonem „fort" die Gegenwart aus. Das Bild, das vorher da war und jetzt nicht mehr da ist, konstituiert als abwesendes die Vergangenheit. Dass es wiederkommen kann, konstituiert die Zukunft.

Vor der Spaltung von Subjekt und visuellem Bild war diese Dreiheit noch nicht da. Dann war es so wie Hegel in einer Passage der *Phänomenologie des Geistes* sagt: „Es ist immer jetzt".[4] Dieses „Es-ist-immer-jetzt" ist noch ein unreflektiertes, unmittelbares Immer-Jetzt. Es ist vielleicht mit einer Art Gegenwart vergleichbar, die schwarze Löcher bekommt, wenn die Mutter weggeht. Wenn das Kind noch keine Vorstellung hat, dass sie wiederkommen kann, hat es auch keinen Zukunfts- und keinen Vergangenheitsbezug. Später, mit der Reflexion seiner selbst und mit der Konstituierung seiner Vorstellungswelt, die Abwesendes anwesend macht, ändert sich die Situation grundlegend. Wenn ich mit jemandem zusammen bin und der andere weg geht, bleibt mir die Erinnerung – das ist das Symbolische – an die abwesende Person – das ist das Reale. Die Vorstellung ihres Wiederkommens, die Zukunft, verweist auf das Imaginäre. Mittels der Imaginationen helfe ich mir über den Verlust hinweg. Die Erfahrung des Todes des andern ist dagegen etwas anderes als ein zeitlich begrenzter Abschied, da ist das Reale unwiderruflich. Das kann so unerträglich sein, dass ich davon träume oder sogar die verstorbene Person halluziniere.

Man kann nicht in jedem Fall die drei Register so zuordnen, dass das Symbolische stets der Gegenwart, das Imaginäre der Zukunft und das Reale der Vergangenheit entsprechen. Wenn die andere Person, die mich verlassen hat, oder wenn das Gegenüber im Spiegel wieder erscheint, verändern sich diese Verhältnisse. Dann wird das Reale zur Gegenwart – die andere Person ist ja da – und das Symbolische zur Vergangenheit. Dagegen bleibt die Relation des Imaginären zur Zukunft gewahrt. Das Symbolische hat nun eine ganz andere Funkti-

4 Georg Wilhelm Friedrich Hegel, *Phänomenologie des Geistes*, Frankfurt a.M.: Suhrkamp 1970, S. 84 f.

on. Vorher, bei der Abwesenheit der andern Person, war es Ausdruck einer Trauer; dagegen wird es beim Wiederkommen der andern Person zu einer Art Abfall. Im Moment ihres Wiederauftauchens braucht man nicht mehr zu sprechen, dann gibt es die Freude des Wiedersehens. Nachher kommt die Zeit, wo man die Dauer der Trennung noch einmal Revue passieren lassen kann. Auf diese Art ist es doch so, dass die Spiegelerfahrung konstitutiv ist für die Zeiterfahrung.

Wir kommen nun zum dritten Teil, zur Geschichte des Körperbildes in der Psychoanalyse. Vielleicht haben Sie zuvor noch Fragen?

Prof. Kawai: „Mir leuchtet es ein, dass die Japaner das Spiegelstadium sowohl für Zeit und Raum haben. Wenn man an die Psychose denkt, sieht man, dass Zeit und Raum sehr wichtig sind."

Antwort: Es gibt manchmal in Psychosen erstaunliche Äußerungen, wenn z.B. die Jahreszeiten verwechselt werden, wenn jemand behauptet, im Sommer schneie es. Wenn wir solches hören, sind wir immer geneigt zu sagen: „Mache doch von Deinen Sinnesorganen Gebrauch; schaue und höre, dann weißt Du es." Dabei vergessen wir alle diese Vermittlungen, die in unserer normalen Wahrnehmung enthalten sind. Ich habe einst einen Psychotiker gesehen, der nicht Acht gab auf andere Menschen, sondern immerzu geradeaus lief, auch wenn ihm andere im Wege standen. Er hatte weder eine entwickelte Raumerfahrung, noch konnte er andere von sich unterscheiden, sondern er hatte irgend ein Ziel, wo er hinkommen musste und ging infolgedessen geradeaus drauflos. Es sind Fragmente von Identifizierungen, die wirksam sind, so dass das Verhalten oder auch das Sprechen manchmal über weite Strecken nicht als seltsam auffallen. Plötzlich zeigt sich ein Loch in der Rede, eine unpassende Wendung, bei der man spürt, dass etwas nicht stimmt. Ein Psychotiker erzählte mir einmal in korrekten Sätzen, dass am Morgen beim Aufstehen seine Wäsche nicht mehr vollständig vorhanden war; ansonsten schien seine Welt wohlgeordnet zu sein. Je raffinierter diese Identifizierungen sind, desto schwerer ist die dadurch verdeckte Psychose erkennbar.

Wir werden bestimmt bei der Pathologie des Spiegelstadiums von Psychosen sprechen. Dann werde ich auch die Frage thematisieren, die mich immer wieder beschäftigt, was wir als Analytiker oder als Therapeuten tun können, um eine Restitution von Raum- und Zeiterfahrung zu bewirken. Um diesen Zugang zu erhalten, ist es notwendig, dass wir uns zuvor vertiefen in all das, was in der so genannten Normalität schon vorausgesetzt ist. Gibt es weitere Fragen?

Student: „Das Imaginäre ist in der Zukunft lokalisiert. Lacan sagt, dass das Unbewusste das Futurum II sei. Gibt es einen Zusammenhang zwischen dem Imaginären und dem Futurum II?"

Antwort: Dies ist eine Frage, an die ich selber noch gar nicht gedacht hatte; das ist eine Herausforderung, dies neu zu denken. Im Kontext meiner Ausführungen über das kleine Kind, das sich vor dem Standspiegel verschwinden lässt, stellte sich das Imaginäre als Zukunft dar, als mögliches Wiedererscheinen des Bildes, anders gesagt als das, was noch nicht geschehen ist. Was Lacan mit dem Futurum II gemeint hat, ist die Vorstellung, die sich ein Subjekt von seiner Zukunft macht; diese Vorstellung ist stets beeinflusst von dem, was sich schon ereignet hat – die Offenheit der Zukunft ist unvorstellbar. In meinem Beispiel habe ich nicht auf diese Besonderheit geachtet, dass die wiederkommende Vorstellung ja bereits bekannt ist, sondern ich habe auf das Noch-Nicht, auf die Möglichkeit des Wiederkommens hingewiesen. Man könnte sagen, wenn Lacan vom Futurum II spricht, so meint er den inhaltlichen Aspekt: Jede Vorstellung dessen, was sich ereignen wird, ist geprägt von den Erfahrungen der Vergangenheit; ich habe dagegen die formale Seite betont, also die Möglichkeit der Wiederkehr. Beide Aspekte schließen sich keineswegs aus.

Man könnte eine Verbindung zu Lacans Konzepten des Anderen bzw. des schräggestrichenen Anderen herstellen. In Bezug auf die Zeit wäre das Andere die reine offene Zukunft. Für uns ist das eine Grenzvorstellung, weil wir immer wieder diese Offenheit mit unseren Erfahrungen füllen. Das heißt, wir symbolisieren auch das, was noch gar nicht da ist. Deshalb kann Lacan von der Nicht-Existenz des Andern sprechen. Wir haben es in der alltäglichen Erfahrungen stets mit dem schräggestrichenen Andern zu tun, bezogen auf die Zeit heißt das, dass wir die reine Andersheit der Zukunft mit Vorstellungen, Bildern versehen. Das Unvertraute wäre die offene Zukunft. Wir versuchen stets von neuem, uns diese vertraut zu machen, wir machen eine Lebensplanung, wir schließen Lebensversicherungen ab, wir antizipieren alles Mögliche, um uns vor der Offenheit zu schützen.

Eine Studentin: „Meine Frage bezieht sich auf den Zusammenhang zwischen dem Realen und der Kränkung. Sie führten als Beispiel an, wenn jemand stürze, spüre man nicht nur den Schmerz, sondern auch die Kränkung; kann man in diesem Zusammenhang von der Erfahrung des Realen sprechen? Man spricht in der Psychoanalyse oft von Fehlleistung. In diesem Fall gibt es vielleicht eine unbewusste Absicht, die ins Spiel kommt, ein Komplex. In welchem Zusammenhang steht das zum Realen?"

Antwort: Ihre Frage führt schon auf das Feld der Metaphorisierungen, sie situiert sich irgendwo im Zwischenbereich zwischen Spiegelstadium und Metaphorisierung. Wir werden ausführlicher davon sprechen, wenn es um die Funktionen des Ichs geht. Ich kann vielleicht so viel vorweg nehmen, dass eine Funktion des Ichs darin besteht, dem Subjekt einen Narzissmus zu verschaffen. Ich meine jetzt Narzissmus nicht in einem pathologischen Sinne, sondern als notwendige Funktion, z.B. als Illusion eigener Unversehrtheit. Das Reale ist oft eine Bedrohung, z.B. als Tod oder als Krankheit, als Endlichkeit, die auf uns zukommt. In diesem Sinne fungiert das Reale als Gegenpol zum Ich des Subjekts mit seiner Illusion von Unversehrtheit oder sogar Unsterblichkeit. Denken Sie daran, was die Medizin letztlich beabsichtigt, wenn sie das Leben verlängert, oder was die Technik bewirkt, wenn sie Apparate herstellt und damit Trennungen aufheben, zumindest mildern will: Es sind Maßnahmen gegen das Reale. Noch vor zehn und erst recht vor zwanzig oder dreißig Jahren war eine Reise ins Ausland etwas ganz anderes als heute. Es gibt heute so viele Möglichkeiten von Kommunikation und Kontakt, dass man sagen kann, die Wucht von Trennungen werde gemildert. Das Ich im Sinne des *moi* ist ein Ort von Unversehrtheit, von Illusionen. In einer Gesellschaft, in der die Geschichte wichtig ist, sind die Angehörigen der jüngeren Generation die Hoffnungsträger. Unerfüllte Erwartungen der älteren Generation fließen ein in die jüngere Generation, wobei die Hoffnung auf ein besseres, leichteres Leben maßgebend ist. Gewiss sind das Phantasmen der älteren Generation, aber sie sind wirksam. Freud spricht in diesem Zusammenhang von *„his majesty, the baby"*, das gibt die Sicht der älteren Generation auf die Kinder wieder, die idealisiert werden. In ihre Zukunft wird die Vorstellung projiziert, ein Leben zu führen ohne Einbrüche des Realen zu erleiden, ein Leben, das man im Griff hat, das den eigenen Vorstellungen entspricht. Man kann gewiss nicht sagen, dass diese Projektionen wirkungs- oder erfolglos sind. Es gibt sogar Autoren, die glauben, einen Verlust des Realen feststellen zu können; Baudrillard hat davon gesprochen.[5] Ich glaube, es ist nachvollziehbar, wenn jemand eine solche These aufzustellen wagt. Viele Krankheiten haben z.B. die Brisanz, die sie einst hatten, verloren. In diesem Sinne sind weite Teile dessen, was früher zum Realen gehörte, symbolisiert worden. Dennoch wird es immer ein Reales geben, als Gegenpol zum Symbolischen und zum Imaginären.

Das nächste Mal werden wir über die Geschichte des Körperbildes sprechen.

5 Jean Baudrillard, *Die Agonie des Realen.* Berlin: Merve 1978.

III.
Die Fallen des Narzissmus

Das Körperbild bei Freud | Allgegenwärtigkeit des Narzissmus
Die Partialobjekte | Narzissmus in lacanianischer Sicht | Subjekt und Ich bei Freud und bei Lacan

Wir werden heute vor allem über das Körperbild bei Freud sprechen. Er hat das Spiegelstadium noch nicht entdeckt, das blieb Lacan vorbehalten. Aber es gibt eine Menge von Beobachtungen, die zeigen, dass Freud sehr nahe dabei war. Insbesondere die zweite Topologie, jene des Narzissmus, enthält viele sehr wichtige Aussagen. Wir werden nachher über die Funktionen des Ichs sprechen; ich habe dazu eine Übersicht an die Tafel gezeichnet.

Wir haben das letzte Mal vor allem den Bezug zwischen dem Spiegelstadium und dem eigenen Körper thematisiert. Das Schwergewicht lag bisher auf dem Spiegelstadium als der formgebenden Instanz des Subjekts. Sie ist derart wichtig, dass sie in jeder Erkenntnis vorausgesetzt wird. In diesem Sinne könnte man sogar von einer philosophischen Dimension des Spiegelstadiums sprechen, während es bei den Metaphorisierungen um die Singularität des Subjekts geht, also eher um eine psychologische Dimension.

Das Schema, das wir verwendet haben, ließe sich dahingehend ergänzen, dass wir eine zeitliche Achse von links nach rechts einführen könnten. Tatsächlich sind ohne Spiegelstadium die Metaphorisierungen des Subjekts nicht möglich. Anders gesagt: In jeder Metaphorisierung ist das Spiegelstadium als formgebende Instanz vorausgesetzt. Wir haben das letzte Mal vor allem den Bezug zum eigenen Körper thematisiert und dabei gesehen, dass das, was als etwas Unmittelbares erscheint, sich doch als über das Spiegelstadium vermittelt erweist. Das zeigte sich zunächst am Beispiel der Raumerfahrung: Das Spiegelstadium verschafft dem zuvor unstrukturierten unendlichen Raum eine Begrenzung. Das war wahrscheinlich leichter nachvollziehbar als die Beziehung des Spiegelstadiums zur Zeit. Damit es für das Subjekt Gegenwart, Vergangenheit und Zukunft gibt, braucht es den Durchgang durch das Spiegelstadium. Das zeigte sich am Beispiel des kleinen Kindes, das sein Bild vor dem Standspiegel verschwinden ließ und damit eine Trennung seiner selbst erfuhr, die gleichbedeutend mit der Geburt der Reflexion war. Es enthüllte sich als Subjekt der Artikulation, wobei die Möglichkeit des Wiedererscheinens des Spiegelbildes den Zukunftsbezug, die Erinnerung an sein Verschwinden den Vergangenheitsbezug eröffnete. In dieser Beobachtung Freuds stecken Erkenntnisse, die überhaupt nicht selbstverständlich sind. Wir werden Fragen, die sich in diesem Zusammenhang stellen, dann wieder aufgreifen, wenn wir von Psychosen sprechen.

Nun zu unserem ersten Schwerpunkt: Freud und das Körperbild. Man kann allgemein sagen, dass es bei Freud viele Beobachtungen dazu gibt, jedoch keine ausgearbeitete Theorie des Körperbildes. Am nächsten war er einem solchen Konzept, als er den Narzissmus thematisierte. Ein zweiter allgemeiner Punkt betrifft die Tatsache, dass Freuds Beobachtungen weniger das Spiegelbild betreffen als vielmehr das Ich als Metapher, somit eher die psychologische als die philosophische Dimension. Lacanianisch ausgedrückt geht es bei Freud eher um das Imaginäre des Symbolischen als um das Spiegelbild.

Schauen wir unter diesem Aspekt zwei Zitate aus der *Traumdeutung* an, die ich mitgebracht habe:

„Es ist eine Erfahrung, von der ich keine Ausnahme gefunden habe, daß jeder Traum die eigene Person behandelt. Träume sind absolut egoistisch. Wo im Trauminhalt nicht mein Ich, sondern nur eine fremde Person vorkommt, da darf ich ruhig annehmen, daß mein Ich durch Identifizierung hinter jener Person versteckt ist. Ich darf mein Ich ergänzen. Andere Male, wo mein Ich im Traum erscheint, lehrt mich die Situation, in der es sich befindet, daß hinter dem Ich eine andere Person sich durch Identifizierung verbirgt. Der Traum soll mich dann mahnen, in der Traumdeutung etwas, was dieser Person anhängt, das verhüllte Gemeinsame, auf mich zu übertragen. Es gibt auch Träume, in denen mein Ich nebst anderen Personen vorkommt, die sich durch Lösung der Identifizierung wiederum als mein Ich enthüllen. Ich soll dann mit meinem Ich vermittels dieser Identifizierung gewisse Vorstellungen vereinigen, gegen deren Aufnahme sich die Zensur erhoben hat. *Ich kann also mein Ich in einem Traum mehrfach darstellen,* das eine Mal direkt, das andere Mal vermittels der Identifizierung mit fremden Personen. Mit mehreren solchen Identifizierungen lässt sich ein ungemein reiches Gedankenmaterial verdichten. (Anm.: Wenn ich im Zweifel bin, hinter welcher der im Traum auftretenden Personen ich mein Ich zu suchen habe, so halte ich mich an folgende Regel: Die Person, die im Traume einem Affekt unterliegt, den ich als Schlafender verspüre, die verbirgt mein Ich.) Daß das eigene Ich in einem Traume mehrmals vorkommt oder in verschiedenen Gestaltungen auftritt, ist im Grunde nicht verwunderlicher, als daß es in einem bewussten Gedanken mehrmals und an verschiedenen Stellen oder in anderen Beziehungen enthalten ist, z.B. im Satz: *Wenn* ich *daran denke, was für ein gesundes Kind* ich *war.*“[1]

Das andere Zitat, ebenfalls aus der *Traumdeutung*:

„Die Phantasiebeschäftigung mit dem eigenen Körper ist keineswegs dem Traume allein eigentümlich oder für ihn charakteristisch. Meine Analysen haben mir gezeigt, daß sie im unbewußten Denken der Neurotiker ein regelmäßiges Vorkommnis ist und auf sexuelle Neugierde zurückgeht, deren Gegenstand die Genitalien des anderen, aber doch auch des eigenen Geschlechts für den heranwachsenden Jüngling oder für die Jungfrau werden. Wie aber Scherner [1861] und Volkelt [1875] ganz zutreffend hervorheben, ist das Haus nicht der einzige Vorstellungskreis, der zur Symbolisierung der Leiblichkeit verwendet wird – im Traume so wenig wie im unbewußten Phantasieren der Neurose. *Ich kenne Patienten, die allerdings die architektonische Symbolik des Körpers und der Genitalien (reicht doch das sexuelle Interesse weit über das Gebiet der äußeren Genitalien hinaus) beibehalten haben, denen Pfeiler und Säulen Beine bedeuten (wie im* Hohen Lied*), die jedes Tor an eine der Körperöffnungen (»Loch«), die jede Wasserleitung an den Harnapparat denken lässt usw.* Aber ebenso gerne wird der Vorstellungskreis des Pflanzenlebens oder der Küche zum Versteck sexueller Bilder gewählt [...]; im ersteren Falle hat der Sprachgebrauch, der Niederschlag von Phantasievergleichungen ältester Zeiten, reichlich vorgearbeitet (der „Weinberg“ des Herrn, der „Samen“, der „Garten“ des Mädchens im *Hohen Lied*). In scheinbar harmlosen Anspielungen an die Verrichtungen der Küche lassen sich die häßlichsten wie die intimsten Einzelheiten des Sexuallebens denken und träumen, und die Symptomatik der Hysterie wird geradezu undeutbar, wenn man vergißt, daß sich sexuelle Symbolik hinter dem Alltäglichen und Unauffälligen als seinem besten Versteck verbergen kann. Es hat seinen guten sexuellen Sinn, wenn neurotische Kinder kein Blut und kein rohes Fleisch sehen wollen, bei Eiern und Nudeln erbrechen, wenn die dem Menschen natürliche Furcht vor der Schlange beim Neurotiker eine ungeheuerliche Steigerung erfährt, und überall, wo die Neurose sich solcher Verhüllung bedient, wandelt sie die Wege, die einst in alten Kulturperioden die ganze Menschheit begangen

1 S. Freud, *Die Traumdeutung*, Stud.ausg., S. 320 f. (Kursivsetzungen P.W.).

hat und von deren Existenz unter leichter Verschüttung heute noch Sprachgebrauch, Aberglaube und Sitte Zeugnis ablegen."[2]

Aus diesen Zitaten geht hervor, dass in ihnen die Form des Körperbildes vorausgesetzt wird. Diese Feststellung gilt auch für die Schilderung des Kindes vor dem Spiegel. In allen diesen Beispielen geht es um die Darstellung, Imagination der Subjektivität, die einerseits eine körperliche, andererseits eine symbolische, unsichtbare ist. Man kann zu dieser Dimension des Unsichtbaren erst vorstoßen, wenn das Körperbild als Spiegelbild konstituiert ist.

Ich möchte das Thema „Freud und das Körperbild" so angehen, dass ich zuerst über den frühen Freud, dann über den mittleren und anschließend über den späten Freud sprechen werde. Es kann nicht darum gehen, jeden einzelnen Beitrag, jede einzelne Beobachtung hervorzuziehen, sondern es soll genügen, einige Schwerpunkte zu setzen.

Der frühe Freud hat schon 1894 vom Ich gesprochen und zwar in der Arbeit „Über die Berechtigung von der Aktualneurose einen Symptomkomplex als ‚Angstneurose' abzutrennen".[3] Darin finden wir Freuds erste Angsttheorie. Die Angst entspricht dieser Auffassung zufolge der verdrängten Libido. Freud spricht in diesem Zusammenhang von einer Kontaktschranke, die überwunden werden muss, damit die libidinösen Energien gebunden werden können. Das Ich erscheint als Instanz, die etwas vereinheitlicht. Dieses Ich ist überhaupt nicht an die Erfahrung des Spiegelbildes gebunden, sondern es ist eine Instanz, die körpernah ist.

Sodann gibt es die vielen Beobachtungen aus den frühen Hysteriebehandlungen. Da thematisiert Freud vor allem die Konflikte zwischen dem Ich-Trieb und dem Sexual-Trieb, d.h. das Ich wird als Instanz aufgefasst, die zum Ich-Trieb gehört. Sie habe die Funktion, das Sexuelle zu verdrängen. Sie sei Sitz der Vorurteile, der allgemeinen Werthaltungen einer Gesellschaft. Nebst der Vereinheitlichung nimmt sie also gemäß Freuds Darstellung ethische Aufgaben wahr, er sieht sie als eine moralische. Dass es dieses Ich gibt, ist für ihn eigentlich keine Frage. Selbst da, wo er über Psychosen schreibt, setzt er ein vereinheitlichtes Körperbild voraus.

Freud beschäftigte sich bereits vor der Jahrhundertwende mit den Psychosen, unterschied sie aber noch nicht grundsätzlich von den

2 Ebd. S. 341/2. (Kursivsetzungen P.W.)
3 Vgl. dazu G.W. I, S. 315-342.

Neurosen; die Psychosen erscheinen als eine Variante der Neurosen.[4] Dass er diese grundsätzliche Unterscheidung erst später machte, hängt genau damit zusammen, dass er diese Theorie des Körperbildes nicht hatte, bzw., dass er das Vorhandensein des Ichs voraussetzen musste. Es gibt das rührende Beispiel der enttäuschten Braut, die von ihrem Liebhaber verlassen wurde und daraufhin halluziniert, er sei gekommen, sie höre seine Stimme, so dass sie ihm im Nachtkleid entgegeneilt.[5] Freud beschreibt hier einen Wahn, der ohne weiteres kompatibel ist mit einem einheitlichen Körperbild. Erst später, in der Topik des Narzissmus, thematisiert Freud, dass das Vorhandensein des Ichs keineswegs selbstverständlich ist.

Zum frühen Freud gehört natürlich auch die *Traumdeutung*. Darin unterscheidet er bemerkenswerterweise Ich und Subjekt. Das erste Zitat, das mit dem Satz endet: „Wenn ich daran denke, was für ein gesundes Kind ich war", weist darauf hin. Zweimal erscheint ein Ich in diesem Satz. Zuerst wird damit das Ich, das denkt, das Ich der Gegenwart – in der lacanschen Begrifflichkeit das Subjekt des Aussagens/*le sujet de l'énonciation* – bezeichnet; das zweite Ich verweist auf das Ich, wie es gewesen ist, bzw. wie es dem gegenwärtigen Ich erscheint, wie es gewesen ist. D.h. es handelt sich um ein Bild, das sich das sprechende Ich von sich selber macht. Dieses zweite Ich ist offensichtlich etwas anderes als das erste. Es ist das Ich, über das gesprochen wird, das Subjekt der Aussage/*le sujet de l'énoncé*. In diesem Sinne ist in diesem Zitat die Unterscheidung von Subjekt und Ich als imaginärer Instanz darin enthalten.

Das gesamte erste Zitat ist noch wegen etwas anderem interessant: Überall taucht das Ich auf. Welche Figuren auch immer erscheinen, stets haben sie einen Bezug zum Träumer. Wir finden darin genau diese Metaphorisierung wieder, von der ich mehrmals gesprochen habe. Wenn ich von einer andern Person träume, kann ich sicher sein, schreibt Freud, dass etwas von meinem Ich da ist. Auch wenn ich von andern Personen träume, sind diese niemals ohne Bezug zum Ich, so dass sich die Frage stellt, ob es dann auch Figuren im Traum gibt, die nicht das Ich darstellen. Anders gefragt: Wenn das Ich alles umfasst, was im Traum vorkommt, was ist dann außerhalb des Randes, außerhalb dieser Seifenblase?

---

4 Vgl. dazu z.B. „Die Abwehr-Neuropsychosen. Versuch einer psychologischen Theorie der akquirierten Hysterie, vieler Phobien und Zwangsvorstellungen und gewisser halluzinatorischer Psychosen". G.W. I, S. 59-74.

5 Ebd. S. 72.

Wenn ich jetzt sogar einen Sprung von der Realität des Traumes zur Realität des Wachzustandes mache, stellt sich dann nicht genau dieselbe Frage? Wenn das Subjekt so weit gekommen ist, dass es sich als Ich außen sehen kann, dass es diese Instanz zudem metaphorisieren kann, sind dann nicht alle seine Wahrnehmungen solche des Ichs? Die Frage nach dem Ichhaften meint dabei nicht nur den Sachverhalt, dass die Wahrnehmungen die eigenen des Subjekts sind, sondern sie visiert den Bezug zur Andersheit dessen, was außen wahrgenommen wird. Die Frage lässt sich auch so stellen: Inwieweit gelingt es, die Blase des Ichs zu durchbrechen, Zugang zum Nicht-Ich zu gewinnen? Das führt uns direkt zum mittleren Freud, zum Thema Narzissmus.[6] Was ist die Figur des Narziss anderes als die Darstellung dessen, der seinem Ich außerhalb seines Körpers begegnet? Wir treffen hier auf ein sehr grundsätzliches Problem, auf ein epistemologisches. Man muss aber sagen, dass Freud diese epistemologische Dimension nicht explizit thematisiert hat. Er blieb bei der psychologischen Dimension, also bei den Metaphorisierungen des Ichs.

Zum zweiten Zitat möchte ich noch anmerken, dass Freud nahe bei einer Symboltheorie ist, die eigentlich biologisch verankert ist. Was uns besonders interessieren muss ist, dass diese Metaphorisierungen, die Freud erwähnt, als zufällig und individuell erscheinen. Freud hat nicht gesehen, dass es, wenn man nicht psychotisch ist, gesetzmäßig so ist, dass der Körper auf irgend eine Art symbolisiert wird. In diesem Sinne haben die Metaphorisierungen überhaupt nichts mit Pathologie zu tun, sondern sie sind Ausdruck von purer Notwendigkeit des Subjekts, sich selber darzustellen.

Kommen wir also zum Freud der mittleren Zeit. Nachdem er zur Einsicht kommen musste, dass sich der Dualismus von Sexualtrieb und nicht sexuellem Ich-Trieb nicht halten ließ, weil sich auch das Ich als libidinöse Instanz erwies, war Freud auf eine andere Topologie angewiesen. Er versuchte gleichwohl, einen Dualismus zu retten, aber weil er sich auf keine strukturale Sprachtheorie stützen konnte, vermochte er diesen nicht ausreichend zu legitimieren. Er war aber immer der Ansicht, dass es nebst den sexuellen Trieben auch nichtsexuelle Triebe gibt. Freud konnte nicht wissen, dass etwa zur gleichen Zeit Ferdinand de Saussure an seinem *Cours de linguistique*[7] arbeitete, der allerdings erst viel später erschien. Vorherrschend war

6 Vgl. dazu S. Freud, „Zur Einführung des Narzissmus". S. 138-170.

7 Vgl. dazu Ferdinand de Saussure, *Grundfragen der allgemeinen Sprachwissenschaft*. Berlin: De Gruyter 1967, 2. Aufl.

zur Zeit der Ausarbeitung der zweiten Topologie die historisch orientierte Linguistik. Freud war im Vergleich zu dieser schon in seiner frühen Phase der zeitgenössischen Linguistik voraus. In seiner Theorie des Witzes nimmt er Einsichten der strukturalen Linguistik vorweg.[8]

In der Narzissmusarbeit ist die Unterscheidung von primärem und sekundärem Narzissmus, die vom Autoerotismus abgegrenzt werden, von großer Bedeutung. Wir können an solchen problematischen Differenzierungen ermessen, was Freud, dadurch, dass er das Spiegelstadium nicht gekannt hat, entgangen ist. Die Unterscheidung von primärem und sekundärem Narzissmus geht bei ihm wiederum vom eigenen Körper aus. In seinem Sinne lässt sich die Dreiheit von Autoerotismus, primärem Narzissmus und sekundärem Narzissmus als eine Emanation des Subjekts auffassen. In dieser Darstellung ist schon die ganze Schwierigkeit angelegt. So wie uns Ovid die Figur des Narcissus schildert, kommt die Erfahrung des eigenen Ichs von außen. Wie kann man, wie Freud dies tut, von Narzissmus sprechen und dabei vom eigenen Ich, vom eigenen Körper ausgehen? Da liegt schon im Grunddispositiv ein Problem, das zu den größten Verwirrungen geführt hat, was zur Folge hat, dass der Narzissmus heute in der psychoanalytischen Theorie eine völlig abgegriffene Münze geworden ist. Man kann alles Mögliche mit ihr bezeichnen, z.B. jede Beschäftigung mit dem eigenen Körper, aber auch jede Befriedigung eines Subjekts; des weiteren das Feld der Objektbeziehungen, jede Beschäftigung mit dem andern, zuguterletzt lässt sich jedes Symptom in der Psychotherapie als ein narzisstisches definieren. Es kann gar nicht anders sein, als dass diese Verwirrung entsteht, wenn einerseits der Narzissmus den eigenen Körper betrifft, andererseits die Projektion dieses Körpers nach außen, so dass der Narzissmus eigentlich alles bezeichnet und damit auch nichts. Deswegen hat man immer recht, wenn man als Therapeut in einer Diagnose schreibt, der Patient leide unter einem narzisstischen Problem. Die Verwirrung wird nicht kleiner, wenn ein und dasselbe Symptom, oder gar das Ich selbst, als Ausdruck von zu viel oder, nach Meinung anderer, von zu wenig Narzissmus bewertet wird. Wie kann man das beurteilen, wenn es gar kein anderes Kriterium gibt!

Wenn man von der lacanschen Psychoanalyse her den Narzissmus denkt, begegnet man zunächst der Schwierigkeit, dass der Narzissmus nicht primär den eigenen Körper des Subjekts betrifft, son-

8 Vgl. dazu S. Freud, *Der Witz und seine Beziehungen zum Unbewussten.*

dern sein Bild außen.[9] Wie bei Ovid wird bei Lacan vorausgesetzt, dass sich das Ich zuerst außen sieht. Also betrifft der Narzissmus in einem ersten Schritt das Ich, das Spiegelbild, nicht den eigenen Körper – bei Freud ist es gerade umgekehrt, der Narzissmus beginnt beim eigenen Körper.

Ich gebe Ihnen ein Zitat, aus dem klar hervorgeht, wie Freud diese Emanation des Ichs gedacht hat. Er schreibt in Bezug auf die Unterscheidung von sekundärem und primärem Narzissmus folgendes: „[…] wir werden dazu geführt, den Narzissmus, der durch Einbeziehung der Objektbeziehungen entsteht, als einen sekundären aufzufassen, welcher sich über einen primären, durch mannigfache Einflüsse verdunkelten, aufbaut.“[10] Das Zitat impliziert den primären Narzissmus als objektlosen Zustand. Der sekundäre wird definiert als Einbeziehung der Objektbeziehungen. Die Unterscheidung von primär und sekundär zeigt, dass Freud annahm, dass zuerst der primäre vorhanden sei – noch vorher wäre der Autoerotismus. In diesem Zustands wäre das Ich noch nicht konstituiert. Im primären Narzissmus ist das Ich entwickelt, jedoch noch ohne Objekt. Im sekundären Narzissmus kommen die Objekte dazu. In der lacanschen Auffassung ist das meiste umgekehrt. Der primäre Narzissmus bezieht sich auf das Spiegelbild, der sekundäre auf das Subjekt und sein Ideal. Anders gesagt: Der sekundäre Narzissmus bei Freud betrifft das Spiegelstadium, wie Lacan es konzipiert hat, der primäre bezieht sich dagegen auf das reflektierte Subjekt bei Lacan, das auch ein körperliches ist.

Man kann dazu noch anmerken, dass Freud wenig später den Autoerotismus anders auffasste, nicht als Stufe, sondern als etwas Strukturelles. Er brachte ihn mit dem Ort der Befriedigung der Triebe im Körper in einen Zusammenhang. D.h., dass Triebbefriedigungen grundsätzlich autoerotisch sind, weil sie an den Körper gebunden sind. So gesehen hat der Autoerotismus überhaupt nichts Genetisches mehr an sich, auch nichts Pathologisches, er bezeichnet einfach die Lokalisation des Ortes der Befriedigung.

Freuds Ausführungen über den Narzissmus sind einerseits struktureller Art, andererseits kommt da eine pathologische Dimension ins Spiel, wo er vom primären Narzissmus spricht. Die Unterscheidung von Psychose und Neurose geschieht längs der Unterscheidung von primärem und sekundärem Narzissmus. Darüber hinaus sind auch die Positionen der Geschlechter von dieser Wertung betroffen: Freud unterscheidet zunächst da, wo er den Zusammenhang zwischen Nar-

9 Vgl. dazu J. Lacan, *Das Seminar I*, Kap. IX und X, S. 140-166.
10 „Zur Einführung des Narzissmus“. S. 140.

zissmus und Objektwahl thematisiert, zwei Typen, nämlich den narzisstischen Typus und den Anlehnungs-Typus.[11] Jenen ordnet er vorwiegend dem Weiblichen zu, diesen dem Männlichen. Das unterscheidende Merkmal ortet er im Grad an Selbstgenügsamkeit: Der primäre Typus, also die weibliche Objektwahl, orientiere sich am eigenen Körper; dagegen visiere der männliche Typus ein partielles Objekt, nach dem Vorbild der mütterlichen Brust, wie Freud hervorhebt. Das Körperbild spielt bei dieser Unterscheidung eine große Rolle, denn Freud sagt, dass die narzisstische Objektwahl, also die Objektwahl des Weibes im andern sich selber sucht. Das ist wohl die Passage, in der Freud dem Spiegelstadium am nächsten gekommen ist. Dagegen suche der Anlehnungs-Typus nicht sich selbst, sondern partielle Objekte, die nicht etwas von ihm selber sind. In dieser Unterscheidung der beiden Objekttypen ist diejenige von Sein und Haben enthalten. Die Objektwahl nach dem Anlehnungs-Typus orientiert sich am Haben, der weibliche Typus dagegen am Sein.

Bei aller Problematik dieser Unterscheidung hat Freud hier ein neues Feld eröffnet. Dadurch, dass er von Partialobjekten sprach, führte er eine neue Dimension ein. Wenn Sie noch einmal an unser Schema des Gevierts denken, so ist dieses Partialobjekt nirgends enthalten; Sie können schon antizipieren, was für neue Fragen sich hier eröffnen. Wo sollen wir dieses partielle Objekt platzieren? Wir haben bisher immer nur Ganzheiten angenommen. Das Spiegelbild ist eine Ganzheit, ebenso jede Metapher. Das partielle Objekt scheint allein schon dem Namen nach keine Ganzheit zu sein. Ist aber nicht das Beispiel der Brust als Objekt geeignet, die Partialität in Frage zu stellen? Zumindest am Anfang der Genese eines Subjekts ist die Brust nicht einfach ein äußerlicher Teil seiner selbst. Diese Situation ist erst mit dem Spiegelstadium gegeben. Außerdem stellt sich die Frage, ob es einen Bezug zwischen dem sog. Partialobjekt und dem Narzissmus gibt. Wir werden sehen, dass es bei Lacan hinsichtlich dieser Frage ein Schwanken gibt. Einerseits sagt er, dass auch die partiellen Objekte zum Narzissmus gehören; andererseits hat er mit der Ausarbeitung des Objekts *a* das partielle Objekt als ein nicht-narzisstisches definiert.

Indessen wollen wir bei Freud bleiben. Die Unterscheidung von primärem, sekundärem Narzissmus, Autoerotismus hat die größte Bedeutung für die Klinik der Psychoanalyse. Unter der Voraussetzung dieses freudschen Dispositivs mit dem primären Narzissmus als

11 Ebd. S. 153 ff.

objektlosem Zustand, kommt man zum Ergebnis, dass die Psychose einem Verbleiben im primären Narzissmus gleichkommt. An diesem Punkt ist der Zusammenhang zwischen dem Pathologischen und dem Narzissmus am Augenfälligsten: Da der Psychotiker, der im primären Narzissmus steckengeblieben ist, keinen Objektbezug hat, ist er auch nicht übertragungsfähig, im Gegensatz zum Neurotiker, der den Zustand des sekundären Narzissmus erreicht hat und deswegen übertragungsfähig ist.

Mit der Theorie des Narzissmus ist Freud also genötigt gewesen, die Psychose als etwas von der Neurose sehr Verschiedenes zu denken. Daraus resultierte eine tiefe Skepsis gegen die Behandlung von Psychotikern in Analysen. Da ihnen Objektbeziehungen fehlen, haben sie auch kein Ich-Ideal, und wenn die Idealisierung fehlt, kommt der Motor der Übertragung überhaupt nicht in Gang. In diesen Einsichten, basierend auf seiner Konzeptualisierung des Narzissmus, liegt Freuds Skepsis begründet, was die Behandlung der Psychotiker anbetrifft. Sie wissen wahrscheinlich, dass sich Freud, vor der Ausarbeitung der Topik des Narzissmus, mit der Fallgeschichte des Senatspräsidenten Schreber beschäftigte, die ihm reichlich Anlass gab, seine erste Topik zu revidieren.[12] Die Ausarbeitung des Konzepts des Narzissmus ist auch ein Produkt der Beschäftigung mit Schrebers Fallgeschichte.

Wenn wir den Zeitraum des mittleren Freud überblicken, können wir sagen, dass es vier Probleme gab, an denen er sich stieß. Es war erstens das Problem Struktur gegen Entwicklung. Freud dachte immer wieder genetisch, als Folge davon geriet die Struktur außer Sicht. Seine Emanationstheorie des Narzissmus erscheint als direkte Folge davon. In der Konsequenz drohte ein Biologismus. Eine zweite Schwierigkeit zeigte sich bei der Frage, ob dem Bild oder der Sprache das Primat zukommt. Da Freud keine strukturale Sprachtheorie hatte, konnte er nicht erkennen, wie sehr auch die bildlichen Vorstellungen von Sprache strukturiert sind. Es scheint dann, als ob die Sprache aus dem Bild hervorgehen würde. Das dritte Problem betraf das Verhältnis von Innen und Außen; es wurde teilweise in die Folgeprobleme des genetischen Denkens hineingezogen. Ohne Repräsentationstheorie war es für Freud konsequent, das Außen aus dem Inneren abzuleiten und diesem das Primat zuzusprechen. Das vierte Problem entsteht als Folge der mangelnden Unterscheidung von Psy-

12 Vgl. dazu „Psychoanalytische Bemerkungen über einen autobiographisch beschriebenen Fall von Paranoia (Dementia paranoides)". G.W. VIII, S. 240-320.

chologie und Epistemologie. Es ist zwar schon wichtig, philosophische Konzepte in Frage zu stellen, und ich würde auch nicht behaupten, dass die Philosophie für Freud von großer Hilfe gewesen wäre. Immerhin führt ein Versuch, die klinischen Erfahrungen aus einer gewissen Distanz zu betrachten, zur Erkenntnis, welche Instanzen hier im Spiel sind. Solche Reflexionen strukturieren dann wiederum spätere Beobachtungen, so dass es z.B. möglich wird, zu unterscheiden, was kontingent ist und was nicht.

Sprechen wir noch vom späten Freud. Es gibt da eine gewisse Konfusion zwischen dem Ich als sprechender Instanz und dem Ich als Körperbild. Ein Zitat aus „Das Ich und das Es“ zeigt dies deutlich:

„Es ist leicht einzusehen, das Ich ist der durch den direkten Einfluss der Außenwelt unter Vermittlung von *W-Bw* veränderte Teil des Es, gewissermaßen eine Fortsetzung der Oberflächendifferenzierung. Es bemüht sich auch, den Einfluss der Außenwelt auf das Es und seine Absichten zur Geltung zu bringen, ist bestrebt, das Realitätsprinzip an die Stelle des Lustprinzips zu setzen, welches im Es uneingeschränkt regiert. Die Wahrnehmung spielt für das Ich die Rolle, welche im Es dem Trieb zufällt. Das Ich repräsentiert, was man Vernunft und Besonnenheit nennen kann, im Gegensatz zum Es, welches die Leidenschaften enthält. Dies alles deckt sich mit allbekannten populären Unterscheidungen, ist aber auch nur als durchschnittlich oder ideell richtig zu verstehen.
Die funktionelle Wichtigkeit des Ichs kommt darin zum Ausdruck, daß ihm normaler Weise die Herrschaft über die Zugänge zur Motilität eingeräumt ist. Es gleicht so im Verhältnis zum Es dem Reiter, der die überlegene Kraft des Pferdes zügeln soll, mit dem Unterschied, daß der Reiter dies mit eigenen Kräften versucht, das Ich mit geborgten. Dieses Gleichnis trägt ein Stück weiter. Wie dem Reiter, will er sich nicht vom Pferd trennen, oft nichts anderes übrig bleibt, als es dahin zu führen, wohin es gehen will, so pflegt auch das Ich den Willen des Es in Handlung umzusetzen, als ob es der eigene wäre.
Auf die Entstehung des Ichs und seine Absonderung vom Es scheint noch ein anderes Moment als der Einfluss des Systems *W* hingewirkt zu haben. Der eigene Körper und vor allem die Oberfläche desselben ist ein Ort, von dem gleichzeitig äußere und innere Wahrnehmungen ausgehen können. Er wird wie ein anderes Objekt gesehen, ergibt aber dem Getast zweierlei Empfindungen, von denen die eine einer inneren Wahrnehmung gleichkommen kann. Es ist in der Psychophysiologie hinreichend erörtert worden, auf welche Weise sich der eigene Körper aus der Wahrnehmungswelt heraushebt. Auch der Schmerz scheint dabei eine Rolle zu spielen und die Art, wie man bei schmerzhaften Erkrankungen eine neue Kenntnis seiner

Organe erwirbt, ist vielleicht vorbildlich für die Art, wie man überhaupt zur Vorstellung seines eigenen Körpers kommt.
Das Ich ist vor allem ein körperliches, es ist nicht nur ein Oberflächenwesen, sondern selbst die Projektion einer Oberfläche. Wenn man eine anatomische Analogie für dasselbe sucht, kann man es am ehesten mit dem „Gehirnmännchen" der Anatomen identifizieren, das in der Hirnrinde auf dem Kopf steht, die Fersen nach oben streckt, nach hinten schaut und wie bekannt, links die Sprachzone trägt."[13]

Einerseits setzt Freud das Ich an die Stelle der Vernunft, bringt es mit der Herrschaft über die Motilität in Zusammenhang. Andererseits sagt er aber: „Das Ich ist die Projektion einer Körperoberfläche". Wie lassen sich diese beiden Aspekte zusammenbringen? Einerseits beschreibt Freud eine unsichtbare Instanz – die Herrschaft über die Motilität und erst recht die Vernunft sind nicht sichtbar, im Gegensatz zur Projektion der Körperoberfläche. Aus dieser Konfusion resultiert die Notwendigkeit, diese beiden Konzepte begrifflich auseinanderzuhalten. Die Projektion der Körperoberfläche erhält rückwirkend, vom Spiegelstadium her betrachtet, eine zusätzliche Bedeutung; das Spiegelbild kann als Projektion der Körperoberfläche aufgefasst werden.

Man kann natürlich dazu bemerken, dass dieses Verständnis uns erneut zur zuvor kritisierten Emanationstheorie führt, ausgehend vom Subjekt, dessen Bild projiziert wird. In gewissem Sinn ist das auch nicht falsch; man muss aber daran denken, dass das Subjekt nichts von seinen Projektion weiß, weil es sich im Außen, als Ich, erfährt, in dem es sich entfremdet, ohne diese Fremdheit zu erfassen. Ovid hat das genau beschrieben: Der in sein Spiegelbild verliebte Narziss weiß zunächst nicht, dass er sein eigenes Spiegelbild sieht. Er ist fasziniert von diesem andern, den er auf der Wasseroberfläche sieht; erst in einem nächsten Schritt, durch die Parallelität der Bewegungen, bemerkt er seine anfängliche Verkennung. Man müsste eigentlich ein philosophisches Konzept einführen, um diese verständlich zu machen: die hegelsche Unterscheidung von an-sich und für-sich. An-sich ist das Subjekt zu Beginn des Spiegelstadiums schon da, sonst wäre die Illusion des andern nicht möglich; da es sein Für-sich-Sein beim Eintritt ins Spiegelstadium noch nicht erreicht hat, verkennt es die Abbildlichkeit des Spiegelbildes. Diese Etappe in der Konstitution des Für-sich-Seins ist dann zum Untergang bestimmt, wenn das Subjekt nicht nur bemerkt, dass der andere bloß ein Bild, kein leben-

13 „Das Ich und das Es". S. 252-254.

diger Mensch ist, sondern dass es in ihm sein eigenes Abbild sieht. Die Wahrnehmung der Abbildlichkeit seiner selbst ist gleichbedeutend mit einer Rückwendung auf sein unsichtbares Subjektsein, das seinem Körper innewohnt. In diesem Sinne ist die freudsche Emanationstheorie nicht einfach falsch, aber sie gibt nicht Aufschluss über den Prozess der Selbstentdeckung des Subjekts. Anders gesagt, Freuds Beschreibung ist die eines Beobachters von außen. Wenn ein Dritter ein Subjekt vor dem Spiegel sieht, kann er sagen: Das Spiegelbild ist die Projektion einer Körperoberfläche. Etwas ganz anderes ist es, der Erfahrung und dem Wissen des Kindes zu folgen.

Vielleicht kann ich abschließend zu diesen Ausführungen über Freud noch auf das Konzept der Identifizierung hinweisen. Identifizierungen setzen das Spiel von Außen und Innen voraus. Das Subjekt begegnet etwas im Außen, macht es sich zu eigen, so dass dieses Etwas ichhaft wird. Nun entstehen Fragen, wie z.B., ob alles, was das Subjekt in sich aufnimmt, ichhaft wird, ob dieses Aufgenommene zuvor nicht ichhaft war, warum sich das Subjekt dafür interessierte, wenn es ihm doch fremd war. Denken wir an das Zitat der *Traumdeutung*, wo jede Figur auf das Ich zurückgeführt wird. Da sind die Identifizierungen offenbar bereits geschehen, und zwar auf eine Weise, dass die Personen, dic im Traum vorkommen, Züge, Eigenheiten des träumenden Subjekts darstellen. Das bedeutet, dass die Identifizierungsvorgänge von einem Interesse des Subjekts geleitet werden, somit schon eingebunden sind in seinen Narzissmus. Wo hat das Fremde dabei seinen Platz?

Wie dem auch sei, das Konzept der Identifizierung setzt auch einen Mangel voraus; ohne diesen gäbe es keinen Anlass zu Identifizierungen. Vielleicht eröffnet dieser Gedanke einen Bezug zum Partialobjekt, zu dessen Ursprung im Diesseits der Sprache, im Realen.

Gerne hätte ich noch von Beiträgen zum Körperbild nach Freud gesprochen, aber mangels Zeit verschiebe ich das auf das nächste Mal, sofern Sie jetzt Fragen zu den bisherigen Ausführungen haben.

Prof. Kawai: „Der Vergleich zwischen Freud und Lacan in Bezug auf den Narzissmus war sehr einleuchtend für mich. Damit kann man viele bekannte Theorien der Psychoanalyse überblicken, also Balint, Kohut, Melanie Klein."

Antwort: Man darf nur nicht den Fehler machen und alle Autoren, die Du genannt hast, mit dem Konzept des Spiegelstadiums lesen. Dass jemand vom Narzissmus schreibt, bedeutet noch lange nicht, dass dieses Konzept des Spiegelstadiums schon da ist.

Prof. Kawai: „Diese Autoren gehen irgendwie davon weg, haben es nicht wirklich anerkannt."

Antwort: Eigentlich hat Lacan das wieder aufgenommen, was Ovid schon weitgehend beschrieben hat. Natürlich ist die Geschichte von Narcissus und Echo bei Ovid eine Mythologie; das zeigt sich daran, dass zwei wichtige Punkte gegenüber der beobachtbaren Realität verändert worden sind. Der erste Punkt betrifft das Alter des Narcissus. Ovid hat einen Jüngling beschrieben, der schon ein Adoleszenter war, nicht ein Kind zwischen 6 und 18 Monaten. Der zweite Punkt betrifft den Ausgang des Spiegelstadiums, also die Entdeckung des Unterschieds zwischen Spiegelbild und abgebildetem Subjekt. Er erfolgt aufgrund der gleichen Bewegungen, nicht aufgrund der Sprache, mit der das Spiegelbild benannt wird. In Lacans Auffassung ist das Spiegelstadium nicht eine dyadische Angelegenheit, sondern eine triadische. Das Protobeispiel dafür zeigt einen Erwachsenen, sagen wir die Mutter, die das Kind trägt und auf das Spiegelbild zeigt. Das Kind sieht sein Bild im Spiegel, aber als Bestätigung oder als Frage nach der Bestätigung dreht es den Kopf wieder zur Mutter. Die Wahrheit des Bildes enthüllt sich erst durch ein Zeichen des Dritten, auch wenn es nur ein Nicken ist, um dem Kind die Bestätigung zu geben: „Schau, das bist du!" In diesem Moment sind alle drei Register da, das Symbolische trägt das Erkennen des Spiegelbildes. Der Name gehört zur symbolischen Ordnung, ist unsichtbar. Das Spiegelbild ist die Verkörperung des Namens des Kindes, ein Sichtbar-Machen des Namens des Kindes. Sie sehen, welch große Differenz da ist zwischen dieser Auffassung des Narzissmus und der freudschen Auffassung. Die Beschäftigung mit dem Körper ist vermittelt über das Spiegelbild, in diesem Sinne sekundär, nicht primär. Das Primäre ist andererseits weit weg vom Autoerotismus, außen lokalisiert.

Wir werden das nächste Mal, bevor wir über die Partialobjekte sprechen, eine Tabelle betrachten, auf der ich versucht habe, die Funktionen des Ichs aufzulisten. Wir werden das vor dem Hintergrund einer Aussage Lacans über das Ich tun. Lacan hat nämlich im *Seminar II* gesagt, Analytiker sei derjenige, der kein Ich mehr habe.[14]

---

14 Vgl. dazu J. Lacan, „Wenn man Analytiker ausbildet, dann deshalb, damit es Subjekte gibt, die so geartet sind, dass bei ihnen das Ich fehlt.

Ein Subjekt ohne Ich, ist das nicht ein Psychotiker? Was kann Lacan mit dieser Aussage gemeint haben, wenn wir ihm nicht unterstellen wollen, dass die Analytiker psychotisch sein sollten?

Das ist das Ideal der Analyse, das selbstverständlich virtuell bleibt". In: *Das Seminar II*, Walter und Quadriga, S. 313.

IV.
Epistemologisches zum Ich

Das Körperbild in der Geschichte der Psychoanalyse nach Freud
Die Funktionen des Ichs | Sinnlichkeit, Verstand und Vernunft
Stufen der Anthropomorphisierungen | Der Analytiker ohne Ich?

Wir haben uns das letzte Mal mit Freuds Beiträgen zum Körperbild beschäftigt und dabei gesehen, dass er viele einzelne Beiträge beigesteuert, jedoch keine Theorie zum Körperbild ausgearbeitet hat. Die Fokussierung auf die zweite Topologie, jene des Narzissmus, führte zur Einsicht, welche Schwierigkeiten im Konzept des Narzissmus liegen. Es ist nahezu unbrauchbar geworden; zudem sind die Ausgangspunkte bei Freud und bei Lacan unterschiedlich. Freud ging von einem Emanationsmodell aus, also vom Subjekt, das anfänglich im Autoerotismus befangen ist und sich allmählich gegen außen öffnet. Bei Lacan geht die Bewegung gerade umgekehrt. Sie kennen vielleicht die Kontroverse zwischen Piaget und Wygotski, in der der selbe Unterschied feststellbar ist: Piaget geht von einem biologischen Subjekt aus, das sich gegen außen schrittweise öffnet und entwickelt. Bei Wygotski geht die Bewegung von außen nach innen.[1]

Wir werden heute noch ganz kurz auf die Beiträge zum Körperbild nach Freud zu sprechen kommen. Ich werde mich dabei auf das Allerwesentlichste beschränken, weil ich glaube, dass mit Lacans Theorie etwas Neues ins Spiel gebracht worden ist. Die Funktionen des Ichs für das menschliche Erkennen werden im Zentrum stehen; in diesem Zusammenhang werden wir einen Blick auf Kant werfen.

Nach Freud sind selbstverständlich Beiträge zum Körperbild ausgearbeitet worden. Den ersten Namen, den ich nenne, ist derjenige von Paul Schilder.[2] Schilder hat über das Körperschema geschrieben. Er

1 Vgl. dazu Jean Piaget, *Sprechen und Denken des Kindes.* Düsseldorf: Schwann 1972; Lew S. Wygotski, *Denken und Sprechen.* Berlin: Akademie 1964.

2 Vgl. dazu Paul Schilder, *Das Körperschema. Ein Beitrag zur Lehre vom Bewusstsein des eigenen Körpers.* Berlin: J. Springer 1923.

hat vor allem die Bedeutung von Links-Rechts-Vertauschungen bemerkt. Das ist darum besonders interessant, weil es in direkter Beziehung zum Spiegelstadium steht. Er hat sich auch Gedanken über Phantomglieder und Phantomschmerzen gemacht. Sie wissen wahrscheinlich, dass es immer wieder vorkommt, dass Leute, die z.B. ein Körperglied haben amputieren müssen und stattdessen eine Prothese tragen, an dieser Schmerzen verspüren. Das kann auch bei einem Zahn passieren, der ersetzt worden ist. Da kann einem der Zahnarzt lange versichern, dass gar kein Nerv vorhanden sei. Etwas, was eigentlich nicht zum Körper gehört, wird manchmal in das Körperschema integriert. Deshalb kann auch eine Prothese schmerzen.

Nun könnte man sich Gedanken machen über den Zusammenhang zwischen Körperschema und Körperbild; das wäre jedoch im Kontext von Schilders Ausführungen ohne Belang, weil bei ihm diese Unterscheidung fehlt. Auch im Zusammenhang von Aphasie und Hirnverletzungen tauchen Phänomene auf, die ihm zufolge mit dem Körperschema zu tun haben. Später war es Paul Federn, der sich in vielen Arbeiten vor allem mit dem Ich beschäftigte.[3] Auch Melanie Klein schrieb Beiträge über Schrift und Körperbild;[4] ich werde später daran anknüpfen.

Alle diese Beiträge zum Körperbild nach Freud wurden vor der Ausarbeitung des Spiegelstadiums geschrieben. Ich habe schon mehrmals betont, dass beim Spiegelstadium die neue Einsicht darin besteht, dass sich das Subjekt im Medium des anderen erfährt. Um sich zu erfahren, muss es zwar schon vorausgesetzt sein, aber es weiß noch nichts davon. Und wenn es etwas von sich weiß, sieht es sich im anderen entfremdet. Innerhalb der Lacan-Schule, also unter der Voraussetzung der Ausarbeitung des Spiegelstadiums, gibt es eine Reihe weiterer Arbeiten zum Körperbild. In erster Linie nenne ich Françoise Dolto[5] und Maud Mannoni.[6] Beide waren über einen langen Zeitraum in Lacans Seminaren dabei. In eigenständigen Beiträgen haben sie vieles, was Lacan nur angesprochen, aber nicht ausgearbeitet hat, weiterentwickelt. Insbesondere galten ihre Bemühungen

3 Vgl. dazu Paul Federn, *Ichpsychologie und die Psychosen.* Frankfurt a.M.: Suhrkamp 1998.

4 Vgl. dazu Melanie Klein, „Die Bedeutung der Symbolbildung für die Ichentwicklung". In: *Gesammelte Schriften I.* Stuttgart: Frommann-Holzboog.

5 Vgl. dazu Françoise Dolto, z.B. *Das unbewusste Bild des Körpers.* Weinheim und Berlin: Quadriga 1987.

6 Vgl. dazu Maud Mannoni, z.B. *Das zurückgebliebene Kind und seine Mutter.* Olten: Walter 1972.

einer Psychotherapie der Psychosen, die sie teilweise explizit von der Methode der psychoanalytischen Kur unterschieden haben. Auf einen zusammenfassenden Satz gebracht, geht es in diesen Ansätzen darum, das Körperbild wieder herzustellen. Wir werden im Zusammenhang mit der Therapie von Psychosen ausführlicher davon sprechen. *Last but not least* erwähne ich Gisela Pankow, die sich sicher nicht als Lacanianerin bezeichnet hätte, obwohl sie dieser Schule nahestand.[7] Nicht umsonst war ein Vortrag von ihr in Paris Gegenstand eines Seminars von Lacan.[8] Sie betonte am entschiedensten die Differenz der Körperbildtherapie gegenüber der Psychoanalyse. Sie sagte dazu, dass jene die Subjekte anschließend zur Analyse befähige.

Kommen wir nun zum hauptsächlichsten Punkt: den Funktionen des Ichs für das menschliche Erkennen. Erinnern wir uns daran, dass der Begriff „Stadium" zwei verschiedene Bedeutungen hat: Er bezeichnet einerseits eine Etappe im Werden des Subjekts, andererseits eine Struktur. Vergegenwärtigen wir uns nochmals, dass das Spiegelbild dem Subjekt ermöglicht, sich in Raum und Zeit zu positionieren. Raumerfahrung und Zeiterfahrung wären ohne Spiegelstadium nicht möglich. Der Raum wird durch das spiegelbildliche Gegenüber begrenzt; die Zeiterfahrung konstituiert sich ausgehend von den Erfahrungen von Anwesenheit und Abwesenheit des andern.

Wenn wir von Raum und Zeit sprechen, denken wir unwillkürlich an Kant. Kant nennt Raum und Zeit reine Anschauungen.[9] Sie sind Bedingungen der Möglichkeit, dass wir überhaupt erkennen; sie sind vorausgesetzt, *a priori* gegeben. Mit dem Spiegelstadium kann man zeigen, dass sie auf Voraussetzungen beruhen. *A priori*, das würde heißen, sie wären immer da, gleichsam angeboren, von Anfang an dem Subjekt zugehörig. Es ist das Spiegelstadium, das diese Erfahrungen überhaupt erst möglich macht. Ich würde jetzt aber nicht so weit gehen, das Spiegelstadium als letzte Ursache für die Raumerfahrung einzusetzen, weil das Spiegelstadium seinerseits wieder auf Voraussetzungen beruht. Diese Voraussetzungen haben mit dem Anderen und sicher auch mit dem biologischen Subjekt zu tun. Als Fol-

---

7 Vgl. dazu Gisela Pankow, z.B. *Gesprengte Fesseln der Psychose*. Frankfurt a.M.: Fischer TB 1984.

8 Vgl. dazu J. Lacan, *Le Séminaire V, Les formations de l'inconscient*, Paris: Ed. du Seuil 1998, S. 143 f.

9 Vgl. dazu Immanuel Kant, z.B. *Kritik der reinen Vernunft*, Transzendentale Elementarlehre, 1. Teil. In: *Werke*, Bd. 3 u. 4. Darmstadt: Wiss. Buchgesellschaft, Sonderausgabe 1983.

ge davon kann es geschehen, dass Raum und Zeit nicht *a priori* gegeben sind, sogar ausfallen.

Bleiben wir noch einen Moment bei Kant. Ich weiß, dass wir in der Philosophie drin sind, wenn wir uns mit ihm beschäftigen. Warum nicht? Es ist wichtig, diese grundsätzlichen Dimensionen zu sehen, weil wir erst dann, wenn wir diese erkennen, ermessen können, was es heißt, wenn sie nicht vorhanden sind. Kant hat sich vor allem mit der Frage beschäftigt: Wie kann ich erkennen? Er hat drei Stufen unterschieden: die Sinnlichkeit, den Verstand, die Vernunft. Der Verstand ist das, was wir brauchen, wenn wir uns den sinnlichen Gegebenheiten, die in Raum und Zeit gegeben sind, zuwenden, wenn wir sie erkennen wollen. Wenn ich irgend etwas erkenne, was vor meinen Augen liegt, wenn ich höre, brauche ich den Verstand. Er ist auf sinnliche Erfahrungen angewiesen. Sie geben mir das raumzeitliche Material, das ich in meinem Kopf mittels meines Erkenntnisorgans verarbeite. Eine Abbildtheorie würde dagegen sagen, wir nehmen direkt die Bilder in unserem Kopf auf. Es trifft zwar zu, dass auf der Netzhaut Bilder erscheinen, diese werden aber wiederum zu Engrammen codiert, d.h. das Abbildliche verwandelt sich in etwas, was nicht mehr abbildlich genannt werden kann. Das Erkenntnisorgan bringt das sinnliche Material auf Begriffe. Für Kant ist es so, dass die sinnlichen Daten strukturiert werden müssen. Wir wollen versuchen, etwas in diese Geheimnisse hineinzuleuchten. Kant hat vier Kategorien des Verstandes aufgestellt, denen gemäß das sinnliche Material zu Erkenntnissen synthetisiert werden: Quantität, Qualität, Relation und Modalität.[10] Dazu ein Beispiel: Die Quantität bringt das Material der Empfindungen zu einer Einheit. Kant lässt den Leser sich vorstellen, er setze fünf Punkte auf ein Blatt Papier. Diese fünf Punkte ordnen sich sofort zu einer Fünfheit, also zu einer Einheit. Die Silbe „heit“ steht hier für die Vereinheitlichung. Was ich wahrnehme, versuche ich in diesem Sinne zu synthetisieren.

Mit einem kleinen Vorblick kann ich vielleicht zeigen, warum das so wichtig ist: Wir haben vom fragmentierten Körper gesprochen. Die synthetische Funktion des Verstandes ist notwendig, um das Spiegelbild als ein einheitliches zu konstituieren. Diese Vereinheitlichungen bleiben nicht auf die Wahrnehmung des eigenen Bildes beschränkt, sondern sind darüber hinaus für andere Wahrnehmungen notwendig. Die Wahrnehmung des eigenen Körperbildes bildet jedoch eine Art Matrix für diese.

10 Ebd. § 10.

Die zweite Kategorie bezeichnet Kant als Qualität. Es geht bei dieser Kategorie darum, ob der Verstand etwas Wahrgenommenes bejaht, verneint oder unbestimmt lässt. Was bejaht wird, hat eine Fülle, die in der Negation fehlt. Wir werden sehen, dass die Möglichkeit der Verneinung ohne Versprachlichung des Subjekts nicht gegeben wäre, mithin ist der Signifikant hier bereits als wirksam gesetzt. Wenn wir diese Kategorie auf das Spiegelbild anwenden, zeigt sich eine interessante Seite: Ich habe Ihnen schon vom Beispiel des Kindes erzählt, das sich vor dem Spiegel niederkauert, sein Bild gleichsam verschwinden lässt und dabei den Laut „o-o-o!“ ausstößt, was Freud als „fort!“ auffasste. Genau dieses Beispiel passt zur Qualität, weil sich das Subjekt vor dem Spiegel als abwesendes konstituiert, wenn es sich nicht mehr sieht. Das Subjekt weiß, dass es ist, obwohl es sich nicht mehr sieht. In dem Sinne ist die Abwesenheit zugleich eine Anwesenheit. Man kann nur das negieren, was zuvor schon bejaht worden ist. Die Negation ist in diesem Sinne nicht das genaue Gegenteil der Bejahung, sondern eine Aufstockung zu dieser. Was abwesend ist, das Bild im Spiegel, ist im Lautbild buchstäblich aufgehoben, es ist im Mentalen, im Gedächtnis, da.

Die dritte Kategorie ist die Relation. Damit meint Kant die Art der Verknüpfung zwischen zwei Gegebenheiten, zwischen A und B. Er unterscheidet verschiedene Formen von Relationen. Die Interdependenz, wenn beide Elemente voneinander abhängig sind, ist nicht zu verwechseln mit der Relation von Ursache und Wirkung, worin nur eines der beiden Elemente vom anderen abhängig ist. In Bezug auf das Spiegelstadium möchte ich diese Kategorie etwas näher anschauen. Erinnern Sie sich noch einmal an das Beispiel des Jünglings Narcissus von Ovid. Wie entdeckt er sein Spiegelbild im Wasser? Wie merkt er, dass er sein Bild sieht? Der Dichter sagt, es erfolge aufgrund der Parallelität der Bewegungen. Steckt darin nicht eine erste Erfahrung von Kausalität? Was der eine tut, tut auch der andere, und wenn der eine merkt, dass das Spiegelbild sein Abbild ist, kann er dieses Abbild beeinflussen, über es verfügen. Es gehorcht hundertprozentig den eigenen Bewegungen, wobei es die Links-Rechts Vertauschungen gibt. In diesem Sinne ist das Spiegelstadium vielleicht am Ursprung des Allmachtsdenkens, das möchte, dass die Welt den Intentionen des Subjekts gehorcht.

Die vierte Funktion ist die Modalität. Kant bezeichnet damit den Grad der Wirklichkeit. Es geht also darum zu entscheiden, ob etwas wirklich oder unwirklich, bloß eingebildet oder real vorhanden ist. Die Unterscheidung zwischen Wirklichkeit, Möglichkeit und Unmöglichkeit gehört zu dieser Kategorie. Wiederum gibt hier das Spiegelstadium eine interessante Illustration dieser Erfahrungen. Wenn das Kind zum ersten Mal sein Spiegelbild entdeckt, so weiß es zunächst weder, dass es bloß ein Bild sieht noch gar, dass *es* (als Subjekt) seinem Bild gegenübersteht. Es glaubt, dass das, was es im Spiegel sieht, eine andere, lebendige Person sei. Françoise Dolto beschreibt ein eindrückliches Beispiel von Zwillingen, die nicht zwischen der Relation zum Spiegelbild und der Relation zum andern Zwilling unterscheiden konnten.[11] Das Problem wurde erst dann bemerkt, als einer der Zwillinge krank war und nicht in den Kindergarten gehen konnte. Das Kind, das zu Hause geblieben war, spielte mit dem Spiegelbild, im Glauben, das wäre sein Bruder. Die nächste Erkenntnis besteht ja darin, dass das Spiegelbild nicht ein wirkliches Anderes ist, sondern nur ein kaltes Bild. Ist das nicht der Anfang der Unterscheidung von Wirklichkeit und Imagination, oder auch von Wirklichkeit und Unwirklichkeit? Man könnte hier viel weiter gehen, wir wollen es aber damit bewenden lassen.

Was taugt denn das Ich, wenn es derart entfremdet, täuscht? Ist es mehr als bloß eine Schablone des Subjekts, und ist nicht das Subjekt viel wichtiger? Man muss allerdings bedenken, was die Folgen wären, wenn es dieses Ich nicht gäbe. In diesem Falle würde der Realitätsbezug ausfallen. Im Realitätsbezug steckt dieser ichhafte Bezug; in diesem Sinne lässt sich das Reale von der Realität unterscheiden. Zur Realität gehört die Ichhaftigkeit des Subjekts. Ohne sie wird es psychotisch. Die Psychose lässt sich so definieren, dass das Körperbild und damit auch die entfremdenden Funktionen fehlen.

Interessanterweise hängen wir gleichwohl am Ideal einer reinen Erkenntnis ohne Ich. Wir möchten gerne die Außenwelt oder auch andere so wahrnehmen, wie sie sind, und wir machen immer wieder die Erfahrung, dass wir unsere eigenen Kategorien und Erfahrungen mit hinein legen. Das Problem ist vor allem bei Diagnosen spürbar, aber auch in Beurteilungen von Therapieverläufen. Es gibt gewitzte Patienten, die einem sagen, wenn man eine Deutung gemacht hat: „Das hat wohl mit Ihnen zu tun." Sie haben recht, die Frage ist nur, ob es nur mit uns als Therapeuten oder nicht doch auch mit ihnen zu tun hat. Wir können aber diesen Bereich dessen, was wir eben mit Lacan Narzissmus nennen, nicht hinter uns lassen – die Erkenntnis dessen, was wir das Reale nennen, bleibt ein Ideal.

11 Vgl. dazu *Das unbewusste Bild des Körpers*, S. 138 f.

Ich habe nun versucht, eine Tabelle mit den Funktionen des Ichs aufzustellen.

Tabelle 1

Kritisierte Funktionen	**Ideale Funktionen**
Anthropomorphismus	Objektivität
Ding für mich (Phänomen)	Ding an sich (Noumenon)
Solipsismus	Bezug zur Alterität
Narzissmus	Liebe
Egoismus	Altruismus
Entfremdung	Orientierung
Heteronomie	Autonomie
Illusion	Wahrheit
Außersichsein	Beisichsein
Fixierung	Artikulation
Wertung	Sachlichkeit

Die linke Spalte zeigt die problematischen, verkennenden, illusionären Funktionen des Ichs, jene also, die dazu führen, das Ich als zu überwindende Instanz aufzufassen. Demgegenüber zeigen die Begriffe auf der rechten Seite seine notwendigen Funktionen, deren Fehlen, wie sich noch erweisen wird, das Subjekt in die Psychose stürzen lassen.

Gehen wir sie der Reihe nach durch! An erster Stelle steht der Anthropomorphismus, ihm gegenüber die Objektivität als Ideal. Ich habe Ihnen in der ersten Sitzung das Beispiel des kleinen Hans gebracht, dieses fünfjährigen Jungen, der eine Lokomotive sah, aus der Dampf entwich und der dann nach dem Geschlecht der Lokomotive fragte. Man könnte sagen, das ist eben die Wahrnehmung eines Kindes, und als Erwachsene machen wir so etwas nicht, da sind wir mit unserer Wahrnehmung weiter. Es ist wahr, dass es Fortschritte gibt, aber der Anthropomorphismus ist doch ein stetiger Begleiter unserer Erkenntnisse. Es ist eine interessante Frage, wie weit wir ihn hinter uns lassen können. Es gilt als Ideal der wissenschaftlichen Erkenntnis, nicht anthropomorph zu sein. Z.B. ist die vorgalileische Erkenntnis, dass sich die Erde um die Sonne dreht, sehr anthropomorph, weil sie sich am Phänomen des Sonnenuntergangs bzw. -aufgangsorientiert. Die nachgalileische ist jedoch auf eine Art auch anthropomorph, weil der Betrachter des Kosmos eine Außenposition einnimmt; er springt quasi in Gedanken von der Erde weg und sieht die Sonne und die Erde von außen her. Die Maßstäbe, die er hat, Raum und Zeit, sind ebenfalls anthropomorph strukturiert. Im Zwischenbereich von wissenschaftlichen Einsichten und kindlichen Erfahrungen situiert sich das, was wir eben Realität nennen – sie ist durch und durch anthropomorph strukturiert. Wenn ich einen Schrank sehe, dann spreche ich z.B. von seinen Beinen, oder sogar von seinem Körper. Die Ausmaße messe ich in Metern, wobei ein Meter etwa einer Schrittlänge entspricht. Früher war die Elle ein wichtiges Mass. Auch die Zeitmaßstäbe gründen in Anthropomorphismen; der Sekundentakt ist dem Pulsschlag vergleichbar. Sogar einen Text fassen wir als Körper auf, er hat Kopf und Fuß, manchmal enthält er Fußnoten. Selbst die Noten der Musik sind anthropomorph, haben Füße, sind Verkörperungen von Klängen. An dieser Stelle ließe sich sogar ein Bezug zu den chinesischen Schriftzeichen herstellen.[12] Gewisse Radikale symbolisieren einen Menschen. Dieser Bezug geht noch viel weiter; über die Schrift werden wir später sprechen. Ein großes Problem in der Wissenschaft besteht darin, wie man von all dem sprechen kann, was nicht sichtbar ist, vor allem vom Göttlichen. Es gibt interessante Literatur, die sich mit dem Problem des Anthropomorphismus in der Theologie beschäftigt. Denken wir auch an den Philosophen Feuerbach, der sagte, Gott sei eine Projektion des Menschen.[13] Mit einem solchen Denkansatz kann man sogar auf die Idee kommen, dass es gar nicht möglich ist, vom Göttlichen zu sprechen, weil man nicht über Anthropomorphismen hinauskommt. Das Göttliche entzieht sich uns, weil wir gar nicht anders können, als immer wieder unser Körperschema außen anzuwenden. Wir spüren das selber, wenn wir z.B. in Notsituationen an jemanden denken, der uns helfen könnte; es ist immer wieder eine Figur, die nach unseren eigenen Wünschen gebaut ist.

Zur Anthropomorphisierung gehören nicht nur gegenständliche Erkenntnisse, sondern auch Empfindungen. Zunächst habe ich den Gegenstand von Erkenntnissen in einen Zusammenhang mit Anthropomorphismen gebracht, danach den Maßstab, der selber auf meinen Körper verweist. Dem ist beizufügen, dass auch Empfindungen anthropomorph sind. Am ehesten ist das wiederum bei Kindern beobachtbar. Wenn Kinder mit Puppen spielen, so ist ganz klar, dass diese

12 Vgl. dazu die Ausführungen über die japanische Schrift, S. 181.

13 Vgl. dazu Anselm Feuerbach, *Das Wesen des Christentums.* Stuttgart: P. Reclam jun.

für sie lebendig sind, Empfindungen haben. Der Bezug zum Spiegelstadium, in dem ursprünglich das Bild nicht vom lebendigen andern unterschieden werden kann, ist offensichtlich.

Sie kennen das Konzept des Animismus, das ebenfalls zeigt, dass auch für Erwachsene die Welt voller Empfindungen steckt. Wir legen auch den Göttern die Empfindungen zu, die wir selber haben. Die Stimmung ist hier etwas, was sogar dem Wort nach diese Verbindung von Innen und Außen bezeichnet. Eine Stimmung ist niemals nur innen oder außen. Wenn ich traurig oder fröhlich bin, so ist es die ganze Welt. Und selbst, wenn ich das reflektieren kann, so bleibt immer noch eine Vermischung von Innen und Außen.

Wir könnten noch einmal kurz auf die Kausalität zu sprechen kommen, wo es ja auch diese Anthropomorphismen gibt. Dass das Außen dem Innen gehorcht oder das Innen eine Folge des Außen ist, diese Kausalitäten kommen aus dem Spiegelstadium her. Wenn wir an die Technik denken, ist es ja sogar so, dass diese Kausalität Programm ist. Ich möchte gerne mit möglichst wenigen Handgriffen über Vieles verfügen können, z.B. am Computer – die Welt soll verfügbar sein wie mein Spiegelbild. Unsere Kultur hat sich so entwickelt, dass wir eine große Macht über die Natur ausüben, die wir, so zeigt die Geschichte immer wieder, gerne auf andere Menschen ausdehnen möchten.

Ich habe Ihnen einmal vom Film *Kaspar Hauser* erzählt. Da gibt es ein rührendes Beispiel eines Pädagogen, der Kaspar Hauser erklären will, dass ein vom Baum fallender Apfel, der auf dem Boden nicht sogleich sichtbar ist, sich deshalb nicht versteckt, wie dies Kaspar Hauser glaubt. Der Pädagoge will den Unterschied zwischen einer Sache und einem beseelten Ding einführen. Er ergreift einen Apfel und wirft ihn auf einen Weg, in der Annahme, er bleibe nach einigen Metern liegen. Der Apfel macht jedoch der Steine wegen, die seinem Lauf im Wege stehen, Sprünge und verschwindet im Gras, so dass Kaspar Hauser sich in seiner animistischen Theorie bestätigt sieht.

Kommen wir noch einmal auf Kant zu sprechen. Er unterschied bekanntlich zwischen dem Ding an sich und dem Ding für mich. Das Ding für mich ist das Phänomen, das, was ich mit den Sinnen wahrnehme. Das Ding an sich wäre Gegenstand der reinen Erkenntnis. Wir können diese Unterscheidung so interpretieren, dass im Phänomen stets das Körperbild und der Körper, die Positionalität des Subjekts, enthalten sind. Das Ding an sich wäre ein Gegenstand der Erkenntnis ohne Körperbild und ohne Körper – das wäre das Ideal der Erkenntnis, aber wir sehen, das ist unmöglich.

Sehen wir uns den nächsten Punkt in der Tabelle an, den Solipsismus. Wenn das Ich außen lokalisiert ist und im andern gesehen wird, dann stellt sich die Frage nach dem, was nicht ichhaft ist. Es kann doch nicht sein, dass alles Ich ist! Wir stoßen hier auf ein Problem, das auch die Philosophie beschäftigt, z.B. jene von Fichte.[14] Es gibt zudem eine Richtung in der Philosophie, die Solipsismus heißt und sich mit dem Namen Stirner verbindet.[15] Der Begriff kommt aus dem Lateinischen *solus ipse*, was „selbst allein" bedeutet.

Nehmen wir nochmals Freuds Beispiel aus der *Traumdeutung*, dem wir in der vorletzten Sitzung begegnet sind. Freud hat darin gezeigt, dass und wie das Ich in allen Figuren des Traums vorkommt. Alle Darstellungen scheinen auf das Ich rückführbar zu sein. Also muss man zum Ergebnis kommen, dass der Traum solipsistisch ist; auch die Personen, die im Traum als Nicht-Ich erscheinen, sind dies letztendlich für das Ich, haben einen Bezug zu ihm. Wie kann es somit möglich sein, den Solipsismus zu durchbrechen? Ist er auf den Traum beschränkt? Jedenfalls steht er dem Ideal der Alterität gegenüber. Wir kennen das Problem, wenn es um die Frage des Zugangs zur Andersheit des andern geht. Entspricht diese Andersheit nicht immer wieder einer Vorstellung von uns? Wenn dem so ist, sieht man nicht, wie man aus dem Bereich des Ichhaften hinauskommt. Solche alltäglichen Erfahrungen zeigen, dass der Bezug zur Andersheit nicht nur im Traum fraglich ist.

In diesem Zusammenhang gibt es ein Wort Lacans: „Der Andere existiert nicht".[16] Nicht existieren, das heißt, dass er immer wieder eingedeckt wird mit unseren Vorstellungen. Als Instanz, die eine Differenz bewirkt, ist er nicht einfach nichts, sondern nicht fassbar, er entzieht sich der Empirie. Wir haben das selbe Problem in einer früheren Sitzung in Bezug auf die Zeit, genauer: auf die Zukunft, entdeckt. Es war damals, als jemand fragte, wie der Zusammenhang zwischen Spiegelstadium und Zukunft sei, warum Lacan das Futurum II als die eigentliche Zeit des Psychischen konzipiert habe. Da

14 Vgl. dazu Johann Gottlieb Fichte, *Die Bestimmung des Menschen.* Stuttgart: P. Reclam jun.

15 Vgl. dazu Max Stirner, *Der Einzige und sein Eigentum.* Stuttgart: P. Reclam jun.

16 J. Lacan, „Subversion des Subjekts und Dialektik des Begehrens". In: *Schriften II*, S. 203.

stießen wir ebenfalls auf die Nicht-Existenz der Zukunft. Man kann hinzufügen, dass gerade dadurch, dass der Andere nicht existiert, es Zukunft gibt. Er instituiert eine zeitliche Offenheit.

Als nächster Punkt in der Tabelle folgt der Narzissmus. Ich habe ihn der Liebe gegenüber gestellt. Es ist eine alltägliche Erfahrung, dass das, was Liebe genannt wird, stets in einem Rückbezug zu einem selber steht. Im Grunde geht es erneut um ein ähnliches Problem wie jenes beim Solipsismus in Bezug auf die Alterität. Einerseits kann es Liebe nur geben, wenn ein Bezug zur Andersheit oder – wie Lacan sagt – zum Mangel des andern da ist.[17] Andererseits ist es schwer vorstellbar, was diese Andersheit sein soll. Gleichwohl gibt es Unterschiede im Grad des Narzissmus. Durch Sprechen mit dem andern lässt sich das Feld des Narzissmus erweitern. Es kann jedoch nicht verlassen werden. Für das Konzept der Übertragung ist das sehr wichtig. Nehmen wir an, ein Therapeut habe die Idee, seinen Narzissmus nicht mit in die Therapie einfließen zu lassen. Was ist die Folge dieser Einstellung? Er (oder sie) getraut sich gar nicht, etwas zu sagen, aus Angst, dass das auf ihn zurückgeführt wird. Somit bleibt er ein Zuhörer, der überzeugt ist, objektiv und neutral zu sein. Der Irrtum besteht darin, dass sein Zuhören vom Patienten ganz anders interpretiert wird. Dieser kann das als Teilnahmslosigkeit, als Verschweigen oder als verkappte Aufforderung, noch besser zu sprechen, auffassen. Umgekehrt kann ein Zuviel an Narzissmus dem Patienten das Gefühl geben: „Gäbe es doch eine Bresche in diesem Gefangensein." Wir treffen hier wieder auf die Schwierigkeit, intentional ein guter Therapeut sein zu wollen. Wie oft erweisen sich Momente, von denen wir glauben, sie seien missraten, als förderlich für das Vorankommen. Das ist nicht einfach zu ertragen! Manchmal hat man den Eindruck, dass es Therapeuten gibt, die nicht viel verstehen, dennoch – oder gerade deswegen? – kommen die Therapien gut voran. Noch schwerer zu ertragen ist das Umgekehrte!

Wenn wir in der Tabelle weitergehen, kommen wir zum Egoismus. Sie merken schon, es treten immer wieder ähnliche Probleme auf. Wir haben schon gesehen, dass das Wort Egoismus in Bezug auf das Spiegelstadium sehr problematisch ist, weil das Ego zuerst außen lokalisiert ist. Nehmen wir einmal an, man meine mit dem Egoismus, dass man nur seine eigenen Interessen und Wünsche gelten lässt –

17 Vgl. dazu J. Lacan, *Le Séminaire X, L'angoisse*, Sitzung vom 30.1. 1963.

gibt es unter diesen Vorzeichen einen Bezug zum Altruismus? Besteht grundsätzlich die Möglichkeit, nicht-egoistisch zu sein? Wird nicht immer, gleichsam gesetzmäßig, der andere nach seinem eigenen Bild gesehen? Sie kennen das Problem vielleicht in Bezug auf eine Gabe. Es ist schwierig, dem andern etwas zuliebe zu tun, ohne dass das eigene Ich dabei ins Spiel kommt! Ich glaube, ich muss das hier nicht weiter ausführen.

Der nächste Punkt betrifft die Entfremdung. Sie besteht darin, dass sich das Subjekt zuerst im anderen als Bild sieht. Wenn es beim anderen ist, vergisst es sich selbst, bemerkt es seine Selbstvergessenheit nicht. Um eine Orientierung in Raum und Zeit zu bekommen, muss es einen weiteren Schritt machen, vom anderen zu sich selbst als Subjekt zurückkehren, sich reflektieren. Da ist eine gewisse Entwicklung, eine Dialektik möglich zwischen dem Ich und dem Subjekt. Stufen der Vertrautheit konstituieren sich, in die die Erfahrungen im Außen nach Innen mitgenommen werden.

Wir kommen zur Heteronomie. Da die Problematik immer wieder ähnlich ist, möchte ich den Kommentar zur Tabelle abkürzen und es Ihrer Phantasie überlassen, die restlichen Punkte auszumalen. Ich möchte noch die beiden Punkte, die Fixierung und die Bewertung erwähnen. Mit Fixierung ist gemeint, dass das Bild statisch ist, das Sprechen dagegen dynamisch. Das Bild entspricht offenbar einem Wunsch, bei sich selber gewisse fixe Züge feststellen zu können; das hat etwas mit Genießen zu tun. Ohne Bild, ohne Vorstellung seiner selbst zu sein, hat etwas Unerträgliches; lacanianisch gesprochen wäre das reine Metonymie. Es braucht eine Arretierung dieser wiederholten Verschiebungen. An dieser Stelle kommt das Objekt zum Zuge, das Objekt, das dem Subjekt eine gewisse Statik, aber auch Orientierung gibt. Die Normalität liegt wohl im Zwischenbereich zwischen Fixierungen und ihrem Aufbrechen durch Artikulation.

Was die Bewertung betrifft, so gehört ihre Problematik auch zu den Bereichen des Narzissmus und des Solipsismus. Wir können nicht anders, als einer Sache einen Wert zu geben. Sachlich zu sein, ist stets ein Ideal; beim genaueren Hinsehen stellt man fest, dass das Subjekt doch immer von etwas affiziert ist.

Versuchen wir nun, die gesamte Tabelle auf das Betrachten eines Films anzuwenden. Wir sehen einen Film und bemerken, was darin alles passiert. Zunächst bekommen die Figuren sofort einen Bezug zu einem selbst. Die Frage stellt sich, ob jede Figur etwas vom eigenen Ich repräsentiert oder ob auch das Ich sich verändert im Hinblick auf andere Figuren. Auf jeden Fall gibt es Identifizierungen, auch Selbstvergessenheit. Für Momente vergisst man, dass man in einem Sessel sitzt, man ist ganz im Geschehen drin. Dann gibt es Momente, in denen man wieder aus dem Geschehen herauskatapultiert wird, eine Distanz zum Film verspürt. Dieses Wissen, nicht ganz drin zu sein, ist notwendig. Wenn wir stets 100-prozentig im Film drin wären, wären wir psychotisch.

Ich erwähnte in der letzten Sitzung eine merkwürdige Aussage Lacans: Der Analytiker müsste eigentlich ein Mensch ohne Ich sein. Er kann ja nicht gemeint haben, dass der Analytiker psychotisch sein sollte, ich denke eher, dass wir diesen Satz interpretieren müssen. Vielleicht gibt es so etwas wie das gute und das schlechte Imaginäre, also ein Imaginäres, das man überwinden kann und eines, in dem man immer drin bleibt.

Da dazu keine Fragen laut geworden sind, schließe ich diesen Teil ab. Als nächstes steht das Partielle, das Objekt auf dem Programm. Da eröffnen sich noch einmal ganz neue Bezüge zum Körperbild.

Für mich ist es immer wieder erstaunlich, dass das Körperbild auch im Unsichtbaren, im Akustischen, z.B. in der Musik spürbar ist. Es gibt Musik, die exaltierend wirkt, wo man das Gefühl hat, sich auszudehnen. Weshalb sind z.B. die Moll-Tonarten eher mit Traurigkeit verknüpft, die Dur-Tonarten eher mit Fröhlichkeit? Es ist, als ob der eigene Körper als ideeller Körper in den Klängen enthalten ist. Es gibt den Ausdruck Klangkörper. Wir empfinden auch Klänge als Körper oder fassen ein Orchester als Körper auf.

V.
Kant mit Lacan

Reflexion des Feldes des Andern | Entdeckung des Subjekts als Ort des Nicht-Seins | Vernunft und Signifikant | Die Realität als symbolische Ein japanisches Gedicht

Bevor wir weiterfahren, habe ich noch einen Nachtrag zur letzten Sitzung: Wir haben uns das letzte Mal eingehend mit den Funktionen des Ichs beschäftigt; ich habe Ihnen eine entsprechende Tabelle zusammengestellt. Als Ergänzung lässt sich hinzufügen, dass es Sprachen gibt, wie z.B. die deutsche, in denen alle Substantive entweder männlich oder weiblich oder, wenn keine der beiden Bestimmungen zutrifft, sächlich sind – der Zusammenhang mit dem Körperbild ist offensichtlich. In den romanischen Sprachen fehlt das Sächliche, während im Englischen nur dieser geschlechtslose Artikel vorkommt (*the*). Das Japanische kommt sogar, wie Sie wissen, ohne Artikel aus. Sofern die Substantive mit einem Geschlecht bezeichnet werden, kann man davon ausgehen, dass ein expliziter Bezug zum Körperbild gegeben ist.

Heute steht folgendes Problem im Zentrum unserer Betrachtung: Wie lässt sich das Spiegelbildliche durchbrechen, transzendieren? Wir sind zu wiederholten Malen auf die Einsicht gestoßen, dass das Gegenüber mit dem Ich zu tun hat. Aber es muss doch etwas geben, das diesen primären Narzissmus im Sinne Lacans transzendiert!

Wenn ich von primärem Narzissmus spreche, so lese ich den freudschen Term mit Lacan so, dass damit die spiegelbildliche Ebene bezeichnet wird. Das Primäre bezieht sich nicht wie bei Freud auf den eigenen Körper, sondern auf das Bild außen. Nun geht es also um die Frage, wie das Bild des primären Narzissmus erweitert werden kann. Zunächst drängt sich als Antwort folgender Gedanke auf: Ich könnte argumentieren, das Körperbild sei vom Andern her konstituiert – der Mensch entspreche dem Bild des Andern. In vielen Religionen wird ja gesagt, dass der Mensch dem Bild Gottes entspricht. Dann würde zum vornherein von außen her eine andere Dimension einwirken. Zumindest im psychoanalytischen Sinne ist das eine Scheinlösung, weil dieser Andere ja wiederum eine Vorstellung des Ichs ist.

Man könnte hier an Descartes' Argumentation bezüglich des Unendlichen denken. Descartes sagt: Der Mensch ist endlich, dagegen ist Gott unendlich.[1] Das Endliche bringt er mit dem Unvollkommenen, das Unendliche mit dem Vollkommenen in einen Zusammenhang. Es sieht dann so aus, als ob dem Unendlichen das Primat zugesprochen werden müsste. Andererseits ist das Unendliche eine Setzung des endlichen Subjekts. Auf diese Art ist es doch sehr fraglich, ob wir das Feld des primären Narzissmus erweitern können.

Ich würde eher vorschlagen, dass wir versuchen, nicht aus diesem Feld herausspringen zu wollen, sondern drin zu bleiben und das Feld von innen heraus zu erweitern. Das entsprechende Wort dafür heißt Reflexion. Wir können dabei noch einmal auf Kant zurückgehen. Kant sagt ja, dass der Verstand auf empirische Objekte angewiesen ist. Er kann aber auch sich selber zum Gegenstand machen. In diesem Falle spricht Kant von transzendentaler Reflexion. Die Instanz, die über den Verstand nachdenkt, ist die Vernunft. Im Unterschied zum Verstand hat sie keine empirischen Objekte. Wenn sie sich mit etwas beschäftigt, so sind es die letzten Fragen über Gott, Freiheit Unsterblichkeit, auch über das Ich. Sie kennen vielleicht den kategorischen Imperativ, in dem sich Kants Ethik konkretisiert. Der kategorische Imperativ ist ein Ausdruck der Vernunft.[2] Er besagt, dass ich die Maxime meines Willens als Prinzip einer allgemeinen Gesetzgebung auffassen soll. Der kategorische Imperativ setzt sich über alle Rücksichten wie Mitleid, Nächstenliebe hinweg, nichts Empirisches – außer dem Gefühl der Achtung für das Gesetz – darf seine Reinheit trüben. Der kategorische Imperativ erinnert den Menschen an seine Verantwortlichkeit. Mit der Unterscheidung von Vernunft und Verstand führt Kant eine Spaltung ein; der Preis, den das Subjekt für die Befolgung der Vernunft bezahlt, besteht im Verlust des Einsseins. Bei Kant ist das Subjekt ein Zwei-Welten-Wesen. Die eine Welt ist die empirische Welt, die andere ist die Welt der Reflexion, in der es darum geht, einen Abstand zu haben zur Empirie, das Gesetz zu befolgen, das dem Menschen die Freiheit gibt, ihn aus den empirischen Verstrickungen löst. Kant zufolge ist der Mensch zugleich frei und nicht frei. Die Spaltung geht so weit, dass er zwei

1 Vgl. dazu René Descartes, *Meditationes de prima philosophia*, 3. Meditation. Hamburg: Meiner 1959.

2 Vgl. dazu I. Kant, *Kritik der praktischen Vernunft*, § 7.

Arten von Psychologie entwirft: Die eine ist die empirische Psychologie, die den Menschen als Naturwesen auffasst. Darin herrschen die Gesetze der Kausalität. Die andere ist die Psychologie der Freiheit, der Reflexion. Darin frage ich nach dem Sinn des Lebens, nach Gott, danach, ob der Mensch sterblich ist oder nicht.

Wenn man noch einmal an die Tabelle vom letzten Mal denkt, könnte man die Vernunft mit den idealen Funktionen in eine Beziehung setzen. Das ist aber nur zum Teil richtig. Die Vernunft führt zweifellos eine Differenzierung zwischen Innen und Außen ein. Dadurch, dass die Leistungen des Verstandes reflektiert werden, gibt es eine Trennung zwischen Innen und Außen. Wenn der Verstand für sich allein funktioniert, ist er gefangen in den Objekten, die er betrachtet. Die Vernunft führt durch Reflexion das Subjekt auf sich selbst zurück. Gleichwohl ist sie nicht die Instanz, die zur absoluten Wahrheit führt. Die Vernunft ist auf ihre Art auch entstellend, hat auch ihre Grenzen. Kant spricht in diesem Zusammenhang vom Ding-an-sich. Das Ding-an-sich gilt nicht nur für den Verstand, sondern auch für die Vernunft. Sie ist begrenzt, was sich darin zeigt, dass sie Antinomien erzeugt. Ich kann z.B. den Satz aufstellen: Alles hat eine Ursache. Wenn ich diesen Satz auf die Schöpfung anwende, gerate ich in einen unendlichen Regress; alles, was erschaffen worden ist, müsste wiederum eine Ursache haben. Nehme ich dagegen an, dass es eine Schöpfung ohne Ursache gäbe, so stimmt der Satz nicht mehr, dass alles eine Ursache hat. Einerseits muss ich sagen: Die Schöpfung ist ohne Kausalität, und auf der anderen Seite: Die Welt ist nur kausal zu verstehen. Ähnliche Antinomien hat Kant in Bezug auf die fortgesetzte Teilbarkeit der Materie oder die Unendlichkeit des Universums nachgewiesen. Da, wo der Verstand mit seinen empirischen Erkenntnissen an Grenzen stößt, zeigen sich Antinomien, die auch die Vernunft nicht lösen kann. Sie ist nicht die Instanz der absoluten Wahrheit. Fügen wir hinzu, dass Kant auch Gottesbeweise ablehnt, seiner Doktrin zufolge ist Gott kein Gegenstand der Erkenntnis. Gegenteilige Ansichten bezeichnet er als Schwärmereien. Die Grenzen der Vernunft sind für ihn die Tore des Glaubens. Nicht umsonst heißt sein Hauptwerk: „Kritik der reinen Vernunft". Er will nicht nur dem Verstand, sondern auch der Vernunft Grenzen setzen.

Weshalb sage ich dies alles? Verlieren wir uns damit nicht in unnötigen Kantstudien? Ich möchte versuchen, hier eine Beziehung zur Instanz der Signifikanten im Sinne Lacans herzustellen. Die Instanz, die bei Kant die Reflexion möglich macht, ist in psychoanalytischer

Sicht die Instanz des Signifikanten. Wir brauchen als Analytiker nicht eigens eine Instanz der Vernunft aufzustellen, sondern es genügt, wenn wir diejenige des Signifikanten einführen. Diese haben übrigens auch keine Ursachen, sie sind immer schon da, gehen jedem Subjekt voraus. Es gibt immer wieder Versuche, die Sprache irgendwie aus biologischen Zusammenhängen herzuleiten. Alle diese Versuche sind gescheitert, weil sie immer wieder voraussetzen, was sie erklären wollen. Wir können nicht hinter die Sprache zurückdenken. Wir können uns zwar eine Welt vor der Sprache vorstellen, aber wir skizzieren sie mittels ihrer. Selbst Freud ist einmal auf die Idee gekommen, sich eine Theorie eines Forschers namens Sperber zu eigen zu machen;[3] in dieser wird versucht, die Sprache aus Arbeitszusammenhängen herzuleiten. Wie soll das gehen, dass sich plötzlich zwei oder drei Subjekte miteinander verständigen, dass ein Zeichen für alle das und jenes bedeuten soll? Um sich zu verständigen, muss man ja schon in der Sprache drin sein. Es gelingt nicht, die Sprache aus naturgeschichtlichen Zusammenhängen herzuleiten, im Gegenteil muss man sagen, dass die Sprache jedem Menschen immer schon vorausgeht. Ihre Gesetze prägen ihn. In diesem Sinne ist sie als signifikante Ordnung eine Instanz, die eine Distanz, eine Reflexion möglich macht. In der Sprache sein, heißt, auch über sich selber nachdenken zu können. Mit Hegel könnte man sagen: Die Sprache ist das Medium des Mittelbaren. Die kantschen Fragen nach Gott, Freiheit Unsterblichkeit, Ich, sind Objekte, die für Sprache unerreichbar sind. Es ist im Gegenteil so, dass die Sprache diese Fragen erst konstituiert.

Wenn ich also Sprache als Form und nicht als eine Substanz auffasse, so ist es dieses Medium, das mir eine Distanz zur Empirie möglich macht. Anders gesagt, die Sprache als Signifikanten führt das Subjekt in das Nicht-Sein ein. Das heißt: Es gibt eine Distanz zur Kausalität. Auf der Ebene der Sprache situiert sein, hat auch etwas mit Freiheit zu tun. Obwohl es immer wieder kausale Zusammenhänge gibt, muss man doch feststellen, dass sie nie so zwingend sind, wie wir das in der gegenständlichen Natur annehmen. Freud hat in diesem Zusammenhang einen interessanten Term vorgeschlagen: Er hat von Überdeterminierung gesprochen.[4] Im Grunde genommen zeigt dieses Wort „Überdeterminierung“, dass etwas nicht ganz zur Deckung gebracht wird. Man findet vier oder fünf Ursachen für ir-

3 Vgl. dazu S. Freud, *Vorlesungen zur Einführung in die Psychoanalyse*, 10. Vorlesung. G.W. XI (Stud.ausg. Bd. 1).

4 Vgl. dazu versch. Stellen in der *Traumdeutung*.

gendetwas, man könnte aber noch mehr davon finden. Es läuft darauf hinaus, dass das Wort Kausalität im Psychischen etwas anderes ist als Kausalität in der Naturwissenschaft. Im Französischen heißt *causer* auch sprechen. Die Causa, die Sache, ist etwas, das schon in der Sprache drin ist. Es ist etwas, von dem auch der Körper betroffen sein kann. Es gelingt jedoch nicht, Kausalitäten auf diese Art und Weise festzustellen, wie es dem naturwissenschaftlichen Ideal entspricht.

Wir sehen, dass auch die Sprache nicht die Instanz ist, die alles begreift; vielmehr hat sie eine trennende Funktion gegenüber dem Unmittelbaren; auch unterhält sie eine Verbindung zur Freiheit. Als Form hat sie vor allem die Funktion der Entsubstanzialisierung des Subjekts. Das Bild ist im Gegensatz dazu Ausdruck des Wunsches nach Substanz. Dadurch, dass die Vernunft an Sprache gebunden ist, führt sie das Subjekt auf die Ebene, die eine Distanz zur Empirie bewirkt. Diese Distanz ist auch eine zwischen dem Visuellen der Empirie und dem Akustischen der Vernunft.

Vergleichen wir nun das geteilte Subjekt bei Kant und bei Lacan. Bei Kant wird die Trennung mit Verstand und Vernunft bezeichnet, bei Lacan mit Ich und Subjekt; bei beiden gibt es die eine Instanz nicht ohne die andere. Das Subjekt reflektiert das Ich, die Vernunft reflektiert den Verstand. Lässt sich der Verstand mit dem Ich gleichsetzen? Zumindest kann ich von einer Analogie sprechen. Im Verstand wie auch im Ich ist das Subjekt außer sich, es weiß nichts von sich selber, ist ganz im empirischen Bereich gefangen und befangen. Das Spiegelstadium kann hier erklären, weshalb das Subjekt im Verstand nicht zu sich kommt: Es ist vom Bild fasziniert, es glaubt an das Primat des Visuellen.

Es gibt sodann eine Analogie von Vernunft und Subjekt. In der Vernunft wie auch im Subjekt werden die Substanzialisierungen im Bild, das Außer-sich-Sein, und damit die Konfusion zwischen Innen und Außen aufgelöst. Zugleich wird die unsichtbare Seite der Vernunft, bzw. des Subjekts, entdeckt. Diese unsichtbare Seite verleiht ihm die Möglichkeit zur Reflexion. Wenn ich von Analogie spreche, bin ich vorsichtig und setze die beiden nicht einfach gleich. Es gibt hier Fragen, die nicht so leicht zu beantworten sind. Erkennen wir z.B. mit dem Ich auf eine so grundlegende Weise, wie das Kant in Bezug auf den Verstand beschreibt? Ist das Ich nicht viel eher eine Schablone, der Verstand hingegen eine aktiv erkennende Instanz? Anders gefragt: Ist das Ich nicht eher eine Matrix, die ich auf die Dinge lege, der Verstand dagegen eher etwas Erkennendes, Performatives, Aktives? Es gibt auch Fragen zum Verhältnis von Vernunft und Subjekt. Inwiefern lässt sich die Vernunft mit der Instanz der Signifikanten gleichsetzen, umfasst jene nicht mehr Fähigkeiten? Mit welchem Recht lässt sich behaupten, dass die Psychoanalyse die Vernunft als Instanz nicht braucht, weil es genügt, die Signifikanten zu haben? Ist in den Signifikanten selbst schon so etwas wie Vernunft angelegt? Lacans Arbeit „Kant mit Sade“[5] könnte vielleicht Aufschluss über solche Fragen geben. Ich möchte sie aber so stehen lassen.

Versuchen wir, wieder den Anschluss an unserer Leitfrage in dieser Sitzung herzustellen. Sie lautet: Wie lässt sich das Feld des primären Narzissmus erweitern? Wie kommt das Subjekt dazu, nicht überall und stets sein Bild zu sehen? Ein Resultat hat sich bereits gezeigt: Durch die Reflexion der Signifikanten werden die Konfusionen zwischen Innen und Außen aufgelöst; das Spiegelbild des Subjekts wird als ein ihm äußerliches aufgefasst. Es weiß dann, dass das sein Bild ist, das es nicht ist. Man kann diesen Unterschied nicht als bedeutsam genug auffassen: Wenn ich glaube, dass das, was ich sehe, auch mein Wesen ist, so ist das etwas ganz anderes, als wenn ich weiß, dass das mein Abbild ist. Mit dem Schritt der Reflexion verschwinden auch inhaltliche Anthropomorphisierungen, der Akzent liegt hier auf dem „inhaltlich“. Was z.B. verschwindet, ist, dass ich die Sonne mit einem Gesicht zeichne. Die Anthropomorphisierungen bestehen dagegen weiter in formaler Hinsicht, weil ich mittels des Körperbildes und mittels der Position des Körpers wahrnehme und erkenne. Der Teil und das Ganze, Kopf und Fuß, Inneres und Äußeres, oben und unten, links und rechts, vorne und hinten, ja sogar die Unterscheidungen gemäß den Himmelsrichtungen (nördlich, südlich, westlich, östlich) bleiben bestehen und haben einen Bezug zum Körperbild. Auch die zeitlichen Kategorien früher – später, Gegenwart – Vergangenheit, Zukunft – Gegenwart, gestern – heute – morgen, bleiben weiter bestehen. Die Anthropomorphisierungen verwandeln sich; sie konstituieren die menschliche Realität als eine symbolische.

Was heißt das, eine symbolische Realität? Das Symbolische besteht einerseits aus Signifikanten, die andererseits mit Kategorien des Körperbildes durchsetzt sind. In diesem Sinne mache ich den Unterschied, der bei Lacan sehr schillernd ist, zwischen symbolischer Ordnung und Signifikanten. Die Signifikanten sind in meinem Ver-

5 J. Lacan, „Kant mit Sade“. In: *Schriften II*, S. 133-163.

ständnis formale Elemente, vor allem solche der Sprache. Das Symbolische nimmt diese Elemente auf, wobei die Bedeutung durch das Körperbild gestiftet wird. In diesem Sinne ist im Symbolischen drin schon etwas vom Imaginären enthalten. Sie sehen aber, es ist ein anderes Imaginäres als das Imaginäre der visuellen Spiegelbeziehung. Vielleicht ist es das, was Lacan bewogen hat, den Satz aufzustellen: Der Analytiker sollte ohne Ich sein. Er sollte nicht in diese Konfusionen zwischen Innen und Außen verwickelt sein. Das Imaginäre, das im Symbolischen enthalten ist, ist dagegen unüberholbar, oder besser: unhintergehbar, außer in den Psychosen. Davon wird noch zu sprechen sein.

Wenn wir nun das Symbolische als Ausgangspunkt für die Konstitution unserer Realität nehmen, so ist das Reale das, was nicht symbolisiert werden kann. Die Reflexion der Vernunft oder die Reflexion des Subjekts ermöglicht das Spiel mit Formen und Inhalten und das Spiel mit Innen und Außen. Dadurch, dass es diesen Abstand gibt zum Spiegelbild, kann das Subjekt damit spielen, ein anderer zu sein. Oder es kann Züge, Eigenschaften von ihm transformieren. Freuds Einsichten, dass im Traum alle Figuren irgendwie mit dem Träumer zu tun haben, gelten genau so für alle Imaginationen des Subjekts. Es ist seine Welt, aber ausgehend vom Spiegelbild, kann es diese verwandeln, transformieren. Es kann auch mit den Registern spielen, es kann etwas vom Visuellen ins Sprachliche übersetzen oder umgekehrt; es kann etwas realisieren oder phantasieren.

Ich möchte Ihnen nun ein kurzes japanisches Gedicht vorlesen, das zur Illustration in Bezug auf das Körperbild meines Erachtens sehr gut passt: Es ist aus dem 7. Jh., der Dichter heißt Hitomaru.[6]

Honobono to
Akashi no ura no
asagiri ni
shima – gakure yuku
fune wo shi zo omou

6 Das Gedicht ist dem Beitrag von Geza S. Dombrady, „Das ‚Schweigen' in der japanischen Kultur" entnommen. In: *Japan. Ein Lesebuch.* Konkursbuch 16/17, Tübingen: C. Gehrke 1986, S. 26.

Im Morgendämmern
kaum erkennbar im Herbstdunst
der Akashi-Bucht – jenes Boot!
Es entschwand hinter einer Insel
und will mir nicht aus dem Sinn …

Der Dichter sieht im Herbstdunst ein Boot, das hinter einer Insel entschwindet; das Merkwürdige ist, es will ihm nicht aus dem Sinn.

Ich glaube, dass es hier eine Transformation gibt zwischen seiner Erinnerung und dem, was er sieht. In diesem Sinn wäre die Situation vergleichbar mit dem Kind, das sich vor dem Spiegel niederkauert. Etwas Sichtbares wird unsichtbar. In dieser Transformation ist auch empfindungsmäßig etwas da. Ich würde sagen, dass die Stimmung mit einer Trauer zu tun hat, das Abwesende ist gleichwohl anwesend. Es gibt jedoch einen großen Unterschied zu Freuds Beispiel mit dem Kind vor dem Spiegel: Der Dichter verfügt überhaupt nicht über die Realität. Bei Freud lassen die beiden Beispiele der Fadenspule und des Spiegels an das Reproduzieren denken, das Kind hat etwas in der Hand, was es wieder heranholen kann. Im Gedicht geschieht dagegen etwas, worüber der Dichter nicht verfügen kann, was vielleicht gerade deswegen den Affekt der Trauer hervorruft. Die Trauer besteht in präzisem Sinne darin, dieses Anwesende zu transformieren, nur noch die Signifikanten anwesend sein zu lassen.

Es drängt sich sogar ein Gedanke auf, der noch weiter geht: Das Schiff repräsentiert etwas vom Subjekt, vom Dichter. Das Schiff wird ja häufig als Metapher für das Leben aufgefasst, für seine Zeitlichkeit. Das Verschwinden des Schiffes lässt sich mit dem Tod in einen Zusammenhang bringen. Oder noch anders: Das Schiff verkörpert selber die Instanz des Signifikanten als bildliche Vorstellung. Als gesprochener Laut ist „Schiff" Teil des Gedächtnisses. In diesem Sinne lässt sich die bildliche Vorstellung als symbolische Verkörperung eines Signifikanten auffassen, die zusätzlich aufgeladen wird mit dem, was sie für den Dichter bedeutet.

Man könnte versucht sein, Transformationsregeln vom Spiegelbild zu Metaphern – das Schiff lässt sich als eine solche auffassen – aufzustellen. Maßstäbe, Kriterien fließen aus dem ursprünglichen Körperbild in die Metapher ein, ebenso Positionsbestimmungen des Subjekts, die ihre Herkunft in der Reflexion seines Körpers in Raum und Zeit haben. Kopf, Fuß, Hand, oben, unten, vorne, hinten usw. fließen mit in das ein, was erkannt wird. Es ist auch möglich, dass der Name des Subjekts visualisiert wird. Ich habe schon einmal das Beispiel der Giraffe des „Kleinen Hans“ erwähnt, in dem die Buchstaben seines Geschlechtsnamens (Graf) enthalten sind.

Für diejenigen, die im Japanischen ihre Eigennamen in Zeichenform visualisieren, ist das zweifellos selbstverständlich; die Schriftzeichen, die Namen darstellen, sind bildliche Vorstellungen von Lauten. In den europäischen Sprachen ist das nicht so, obwohl es ebenfalls möglich wäre, Geschlechtsnamen bildlich darzustellen. Wenn solches geschieht, dann eher im Bereich von nicht-visuellen Vorstellungen von Eigennamen. Ich denke an die Späße, die mit den Namen Freud, Jung und Adler gemacht worden sind, wo der Redensart „*nomen est omen*“ Nachachtung verschafft wird: Der Name Freud wird mit Lust, Freude, Sexualität in Beziehung gebracht, diese Eigenschaften werden aus dem Namen herausgelesen; dasselbe gilt für Jung hinsichtlich des Alters, oder für Adler als Gegenbild zur „organischen Minderwertigkeit“, die beim Begründer der Individualpsychologie eine große Rolle gespielt hat. Bildliche Metaphern drücken häufig auch Eigenheiten eines Subjekts aus. Ich erinnere mich an ein Kind, das ich in der Therapie hatte, das einen lustigen Vogel gezeichnet hat. Als ich es aufforderte, etwas dazu zu sagen, sagte es: Das ist der „Vativogel“. Das Kind verfügte gewiss nicht bewusst über seine Metaphorik. Ich gehe davon aus, dass eine solche Metapher im Japanischen dasselbe bedeutet wie im Deutschen: Ein Mensch, der nicht sehr zuverlässig ist, in den man kein Vertrauen haben kann, wird ein Vogel genannt.

Prof. Kawai: „Der japanische Vater ist auch so, wir haben aber nicht die Metaphorik des Vogels oder des Fuchses als Inbegriff von Schlauheit. Wenn ein Mensch als Fuchs beschrieben oder dargestellt wird, heißt das noch nicht, dass er wie ein Tier ist. Es besagt überhaupt nichts über naturgeschichtliche Zusammenhänge, sondern es ist eben die Metaphorik, in der man gewissen Tieren gewisse Eigenheiten, Züge eines Menschen zuschreibt.“

In diesem Zusammenhang schließe ich mit etwas Lustigem. Ich habe Ihnen ein paar Bilder mitgebracht. Das erste, auf dem Frösche zu sehen sind, stammt von einem berühmten Physiognomen namens Lavater.[7]

7 Die folgenden Abbildungen stammen aus dem Buch von Jurgis Baltrusaitis, *Imaginäre Realitäten. Fiktion und Illusion als produktive Kraft*. Köln: DuMont 1984, S. 45, 28, 37, 23

Abbildung 3

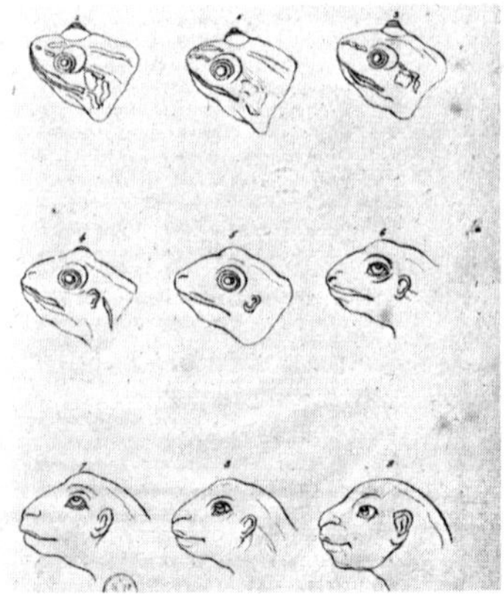

30 J.-G. Lavater, Vom Frosch zu Apoll, französische Ausgabe von 1803. Fotos B. N.

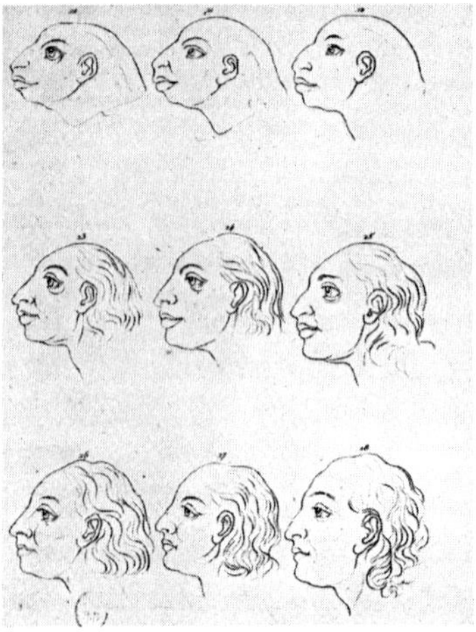

Es stellt dar, wie ein Frosch zu Apollo wird – Apollo, der griechische Gott der Künste. Man sieht, wie sich der Frosch allmählich verwandelt und sich der Gestalt Apollos nähert. Die Frage ist, wie diese Darstellung aufgefasst werden soll. Stellt sie den Versuch dar, von einer fiktiven Position außerhalb der Naturgeschichte die Entwicklung und Verwandlung des Frosches bis zur Gestalt Apollos zu zeigen? Oder muss diese Abfolge als Rückprojektion, als Anthropomorphisierung des Frosches aufgefasst werden, womit wiederum Züge Apollos illustriert werden? Anders gesagt: Steht der Frosch am Anfang der Evolution, die zu Apoll führt, oder dient er als Metapher für Züge, Eigenheiten Apolls? Wird aus dem Frosch Apollo oder sieht man in Apollo etwas, was man beim Frosch zu erkennen glaubt? Bei Lavater finden wir keine Antwort auf diese Fragen; in der Tradition der Physiognomik vor Lavater war es jedoch üblich, Eigenheiten, die von Tieren behauptet wurden, wie z.B. Schlauheit für den Fuchs, Tapferkeit für den Löwen, auf Menschen zu übertragen und damit im Menschen naturhafte Züge zu sehen.

Die selben Fragen stellen sich, wenn Sie die zweite Seite betrachten:

Abbildung 4

Es gibt tatsächlich im Deutschen die Redensart von Schafsgesichtern und darüber hinaus viele Metaphern, in denen das Schaf vorkommt. Jemand, der Züge eines Schafs hat, gilt vielleicht als geduldig, aber ganz gewiss als dumm oder blöd. So aufgefasst, dient das Tier als Lieferant von Zügen, die im Menschen vorkommen. Eine dazu gegenteilige Auffassung würde jedoch behaupten, es gehe nicht um Metaphorik, sondern um Evolution; aus einem Schaf sei in Wirklichkeit ein Mensch geworden; wenn man Schafszüge in einem Menschen erblicke, sei dies ein Überrest aus der Naturgeschichte. Für uns kann es nicht zweifelhaft sein, dass eine solche Behauptung unhaltbar ist. Die Ebene des Anderen, der Signifikanten, konfrontiert die Subjekte mit der Frage nach ihrem Sein. Von dieser Position aus dienen einzelne Tierarten zur versuchten Charakteristik der Menschen. Je weniger die Ebene der Signifikanten, die fragile Position der Menschen reflektiert wird, desto mehr erweist sie sich als wirksam, in dem sie zu Annahmen führt, die naturalistische Missverständnisse beinhalten.

Abbildung 5

Das dritte Bild (Abbildung 5) ist noch abenteuerlicher. Man sieht dabei, wie ein Pferd sich in einen Menschen verwandelt. Die Frage, auf die dieses Bild eine Antwort geben möchte, lautet: Wie wird aus dem Pferd ein Mensch?

Anders strukturiert ist das vierte Bild, es ist von Tizian.

Abbildung 6

Sie sehen einen Menschen mit drei Gesichtern. Das bärtige bezeichnet den Verstand, das zweite, links auf dem Bild, die Erinnerung, das dritte die Antizipation. Diese Dreiheit lässt sich mit den drei Zeiten – Gegenwart, Vergangenheit, Zukunft – in Beziehung bringen. Nun ist Tizian noch auf die Idee gekommen, drei Tiere darzustellen: Der Löwe in der Mitte entspricht dem Mann mit Bart, also demjenigen, der für den Verstand steht. Ihm zur Seite befinden sich der Wolf – auf der linken Seite – und der Hund. Der Kommentator dieses Bildes im Buch schreibt dem Wolf die Erinnerung zu, weil er die Schnauze zumache – er halte etwas fest; der Hund stelle dagegen die Zukunft dar.

Das Bild hat gegenüber den anderen Darstellungen den Vorteil, dass sich die drei Tiergestalten als Metaphern für menschliche Züge auffassen lassen, ein Naturalismus, wie er in den anderen Bildern vermutet wird, ist darin nicht erkennbar.

Es bleibt noch etwas Zeit für Fragen.

Bemerkung einer Studentin: „Ihre Interpretation des Gedichts ist sehr zutreffend; in vielen japanischen Gedichten ist es so, dass das Subjekt nicht direkt erscheint und eher verkörpert wird, etwa durch einen Kirschbaum, also irgendwie übertragen wird. "

Frage einer Studentin: „Im Spiegelstadium spielen offenbar viele Empfindungen eine Rolle, sind es vor allem visuelle? Ich habe jetzt ein Kind in Therapie, das organisch bedingt nicht sehen kann. Ich habe den Eindruck, dass dieses Kind mit der Therapie irgendwie das Körperbild konstruiert. Aber wie ist das Spiegelstadium möglich ohne das Visuelle? In der Therapie habe ich den Eindruck, dass das Kind die Therapeutin … ich habe den Eindruck, dass es für das Kind wichtig ist, dass die Therapeutin sieht und ihm dann ein Feedback gibt."

Antwort: Ist das Kind blind geboren?

Studentin: „Es konnte bis zum Alter von zwei Jahren sehr schwach sehen."

Antwort: Man muss vielleicht noch einmal darauf hinweisen, dass das Primat des Visuellen eine transitorische Phase ist und eigentlich immer schon vom Symbolischen her konstituiert wird. Wir werden das nächste Mal mit einem Schema beginnen; ich werde versuchen zu zeigen, dass diese Instanz, die bei Kant Vernunft und bei Lacan die Signifikanten sind, immer schon da ist, aber im Spiegelstadium noch nicht zum Vorschein kommt, sich noch nicht manifestiert. Ich glaube, dass es sogar bei einem blind Geborenen möglich ist, ein Spiegelstadium herzustellen. Denken Sie noch einmal an Ovids Mythos, diesmal nicht so sehr an Narcissus, sondern mehr an die Gestalt Echo. Was wir als Phänomen des Echos bezeichnen, ist genauso eine Verräumlichung wie das Bild. Das ursprüngliche Verlorensein des Subjekts im Unendlichen wird mit dem Echo auch strukturiert. Das Gegenüber, das Echo, markiert eine Position, eine Gegenposition. Zwischen diesen beiden Polen gibt es für Blinde ein Spiegelbild, das vom Akustischen getragen wird. Ich kann mir vorstellen, dass dabei auch die Tastempfindungen eine große Rolle spielen, dass ein Tastraum konstituiert wird.

Prof. Kawai: „Für mich war der Unterschied zwischen dem Signifikant und dem Symbol bedeutsam."

Antwort: Das ist bei Lacan immer wieder anders gefasst, aber das scheint ihm keine Probleme zu bereiten.

VI.
Psychose und Reflexion

Das seltene Vorkommen der Vernunft | Das Beispiel des schizophrenen Jungen | Die Funktionen des Signifikanten | Die traumatische Verfasstheit des Subjekts | Der zerbrochene Krug als Körperbild

Die heutige Sitzung eröffne ich mit einigen Bemerkungen zur Vernunft. Inwiefern hat die Psychoanalyse überhaupt mit Vernunft zu tun? Wenn wir an Freud denken, so ist unübersehbar, dass er sein Denken an Naturgeschichte orientiert; über weite Strecken ist er der darwinschen Lehre verpflichtet. Das gilt auch für seine Auffassung der Religion, nicht nur für diejenige der Menschheitsgeschichte.

Zum Glück ist nicht alles aus einem Guss bei Freud. Es gibt z.B. Passagen, in denen er abwechslungsweise vom Gott Logos, von der Vernunft oder vom Intellekt spricht, ohne dass er dabei ein entsprechendes Konzept ausgearbeitet hätte.[1] Es scheint doch, dass Vernunft zur Philosophie gehören würde, dass aber die freudsche Psychoanalyse nicht umhin kann, ihr eine Referenz zu erweisen. Ganz ähnlich ist es bei Lacan. Wenn ich mich nicht irre, kommt die Vernunft bei Lacan nur ein einziges Mal vor – in einer Überschrift. Eine der Arbeiten in den *Ecrits* heißt „,*L'instance de la lettre ou la raison depuis Freud*'. Die Instanz des Buchstabens oder die Vernunft seit Freud".[2] *La raison* lässt sich nicht gut mit Verstand, viel eher mit Vernunft übersetzen. Wenn man den Text liest, findet man überhaupt keinen expliziten Bezug mehr zur Vernunft. Worüber spricht Lacan denn in dieser Arbeit? Er thematisiert vor allem das Konzept der Signifikanten; statt *Kant* haben wir also den Signifi*kant*. Der Rhetorik des Unbewussten kommt dabei eine große Bedeutung zu. Er spricht von Metapher und Metonymie und erwähnt in diesem Zusammenhang Quintilians Beispiel der dreißig Segel.

---

1 Vgl. dazu z.B. „Die Zukunft einer Illusion" oder „Das Unbehagen in der Kultur".

2 Vgl. dazu *Schriften II*, S. 15-55.

Wenn ich mich das letzte Mal erfrecht habe, ein japanisches Gedicht zu kommentieren, so auch ein bisschen als Paraphrase zu dem, was Lacan erwähnt hat. Beide Male ist von Segelschiff(en) die Rede. Bei Lacan steht es als Metapher für den Signifikanten. Ohne lange Begründung möchte ich die These aufstellen, dass die kantsche Vernunft mit dem lacanschen Signifikanten eine enge Verbindung unterhält. Für die lacanianische Psychoanalyse ist das, was Kant mit der Vernunft ausgearbeitet hat, im Signifikanten enthalten. Ich bin mir aber im klaren, dass zwischen beiden Konzepten viele Differenzierungen zu machen wären; gleichwohl möchte ich über das sprechen, was beiden gemeinsam ist.

Ich habe die Frage gestellt: „Inwiefern hat die Psychoanalyse mit Vernunft zu tun?“ Wenn wir die Vernunft mit dem Signifikanten in einen Zusammenhang bringen, kann man sagen: Die Vernunft ist das Medium der psychoanalytischen Praxis. Erinnern Sie sich, dass wir die Vernunft vom Verstand unterschieden haben. Der Verstand ist an die Sinnlichkeit gebunden, aber in der Analyse ist der Bezug zu den tatsächlichen Objekten, mit denen wir es in unserer Geschichte zu tun hatten, abgeschnitten, d.h. der Bezug ist ein reflexiver. Wenn jemand von Objekten, z.B. von Nahrung, spricht, geht es nicht darum, ihm eine tatsächliche Nahrung zu geben, sondern die Signifikanten, mit denen der Hunger ausgedrückt wird, sind reflektierte, sie wollen gehört werden. Das sich artikulierende Subjekt repräsentiert sich in den Signifikanten. Die tatsächlichen Bezüge sind in die Phantasie gerutscht, die Bedeutungen von Erinnerungen sind nicht identisch mit den tatsächlichen Geschehnissen. Etwas, das abwesend ist, wird anwesend gemacht, der Kontext verschiebt sich jedoch zeitlich, räumlich und personell. Die Reflexion konstituiert das Verhältnis zu unserer eigenen Geschichte.

Der Widerstand der Übertragung widersetzt sich jedoch der Geschichtlichkeit. Manchmal wird der Analytiker so in einen Bezug zum Analysanten verwickelt, wie wenn das artikulierte Material ihn direkt betreffen würde. Der Analysant beteuert Gefühle von Liebe oder Aggressionen, als ob sie unmittelbar der Person des Analytikers gelten würden. In dem Sinne kann das Sprechen des Analysanten auch unreflektiert sein; gleichwohl ist es virtuell reflexionsfähig. Zumeist vermischen sich Unreflektiertes und Reflektiertes in seinem Sprechen, was dem Analytiker ermöglicht, die Dimension der Übertragung immer wieder erfahrbar zu machen. Das kann natürlich nicht so geschehen, dass der Analytiker sagt: „Hören Sie, Sie verwechseln mich mit dem Vater oder mit der Mutter“, sondern eher, dass er sich fragt, an welchen Platz im Sprechen des Analysanten er gestellt wird. Der Analytiker bringt sich nicht als Subjekt mit seinen Eigenheiten ein. Erst wenn er gehört hat, welcher Platz ihm in der Übertragung zugedacht wird, kann er daran gehen, einen Sinn aufzulösen.

Man kann sagen, dass das Ziel der Analyse immer wieder darin besteht, das Unreflektierte aufzubrechen, also das, was im Sprechen an Reflexion schon da ist, zu erweitern. Es gibt in diesem Zusammenhang den Begriff der Sublimierung – die psychoanalytische Ethik ist eine Ethik der Sublimierung. Gleichwohl sind dazu ein paar kritische Anmerkungen nötig. Das Konzept der Sublimierung setzt voraus, dass zuerst etwas Vorsprachliches da ist, das dann versprachlicht, reflektiert wird. Ist es wirklich so, dass das Vorsprachliche das Primäre ist? Wenn wir an die Untersuchungen von Tomatis denken,[3] so sehen wir, dass die Sprache schon vom dritten Monat an, intrauterin, einen Einfluss auf das werdende Subjekt hat. Der Organismus reagiert, lange bevor es etwas verstehen kann. Man könnte hier wieder an Stimmung und Stimme denken. Die Stimme der Mutter hat schon intrauterin einen enormen Einfluss, das Kind wächst in einem Bad von Signifikanten auf. Diese üben ihren Einfluss vor jeder Repräsentation, vor jeder Bedeutung aus. Auf eine Art ist das Kind selber ein Signifikant, ein Signifikant für das Begehren der Mutter und für das Begehren der Personen, die mit ihr und dem Kind zu tun haben. Das Kind kommt nicht als leeres, unbeschriebenes Blatt zur Welt, eher im Gegenteil, es enthält schon sehr viel Geschriebenes, was es selber nicht lesen kann. Das, was schon geschrieben ist, kann erst durch den Bezug zu andern lesbar gemacht werden. In diesem Sinne lässt sich von Subjektivierung und Singularisierung sprechen.

Ich füge hier ein Beispiel an, das ich einem Vortrag von Françoise Dolto aus dem Jahre 1977 entnehme.[4] Ein schizophrener Junge, zwischen 12 und 14 Jahre alt, war in Therapie bei ihr. Ohne dass er wusste, was er sagte, gab er zwei verschiedene Arten von stimmlichen Äußerungen von sich. Es hörte sich wie eine Imitation von zwei Personen an, deren Stimmen er wiedergab. Das ergab aber überhaupt keinen Sinn. Offensichtlich war das der Ausdruck eines vorreflexiven Sprechens. Der Junge selbst verstand diese Signifikanten überhaupt nicht, obwohl sie ihm eingeschrieben waren. Über viele Umwege gelang es der Therapeutin, die Bedeutung der Stimmen zu er-

3 Vgl. dazu Alfred Tomatis, *Der Klang des Lebens.* Reinbek bei Hamburg: Rowohlt Taschenbuch 1990.

4 Vgl. dazu F. Dolto, „Heures et jours qui suivent l'accouchement" (unveröffentl.).

fassen. Es war so, dass seine Mutter nicht imstande war, das Kind selber großzuziehen. Es gab dann zwei Frauen, die in Frage kamen, als Ersatzmutter zu fungieren; sie stritten sich um das Kind. Dieser Streit wurde kurz nach der Geburt des Kindes an dessen Bettchen ausgetragen. Es zeigte sich dann, dass genau diese beiden Stimmen vom Jungen wiedergegeben wurden. Als die Therapeutin dem Jungen dies mitteilte, verschwand diese unverständliche theatralische Äußerung. Sie hatte ihm seine eigene Botschaft zurückgegeben, fortan wurde eine Distanz zu dieser Unmittelbarkeit möglich. Als die Therapeutin ihn ein halbes Jahr später danach fragte, wusste er überhaupt nichts mehr von diesen Zusammenhängen, d.h. er hatte sie verdrängt. Die Verdrängung ist in diesem Sinne eine gelungene, keine pathologische.

Es geht also darum, den Signifikanten ein reflektiertes Wissen zu verleihen. In diesem Sinne werden, wenn es gelingt, aus den Signifikanten Symbole. Diese nehmen den Körperbezug auf, herkommend aus dem Spiegelstadium und den anderen Objektbezügen. Dabei ist wichtig, dass die Signifikanten schon eine erste Reflexion, eine erste Distanz möglich machen. Wenn das nicht gewesen wäre, hätte Françoise Dolto nicht hören können, was der Junge ihr zu bedeuten versucht hatte.

Man kann also zwischen den Signifikanten als Form und als Inhalt unterscheiden. Das, was ich mit Form meine, ist die Distanzierung, diese erste Mittelbarkeit, die geschaffen wird. Es gilt nun, verschiedene Funktionen der Signifikanten aufzählen. Ich werde das übersichtsweise tun, Ihnen nachher ein Beispiel aus der Literatur vorführen, mit dem ich das vielleicht illustrieren kann. Ich hoffe, Ihnen zugleich zeigen zu können, dass tatsächlich in den Signifikanten mehr drin liegt, als nur ein dürres Gerüst. Die Signifikanten haben eine kommunikative Funktion. Ein Signifikant für sich ist nichts. Die Signifikanten sind stets in einem Netz, in einem Verweisungszusammenhang da. Sie implizieren zugleich die Anerkennung des andern, d.h. sie erweisen ihre Funktion erst in Bezug auf den andern. Man kann zwar für sich selber sprechen, aber das setzt voraus, dass vorgängig ein Bezug zu den andern da ist. Der berühmte Robinson ist kein Beispiel für ein solitäres Subjekt. Er war schon sozialisiert, als er auf der Insel strandete. Die Signifikanten konstituieren auch einen Bezug zu Wahrheit und damit auch zu Lüge, wobei ich mit Wahrheit nicht unbedingt eine Übereinstimmung mit einer Sache meine. Es ist auch eine Wahrheit, dass das Subjekt eine Leerstelle ist, dass es begehrt. In diesem Sinne muss der Wahrheitsbezug immer wieder neu überdacht werden. Die Sprache oder die Signifikanten haben sodann eine gesetzgeberische Funktion. Die Signifikanten selber sind strukturiert. Sie sind als Korpus, als Netz da, sie sind organisiert in syntaktischen Zusammenhängen und als Texte, und in diesem Sinne sind sie das erste Gesetz für jedes werdende Subjekt. Dieses erste Gesetz ist zugleich konstitutiv für die Rechtsprechung, die Jurisprudenz. Es gibt z.B. in der Jurisprudenz die signifikante Funktion der Anerkennung des andern; wenn jemand einen andern schädigt oder gar umbringt, so hat er ihn eben nicht anerkannt und damit der Funktion des Signifikanten nicht entsprochen. D.h. die Jurisprudenz ist nicht einfach ein zweites Stockwerk zur Sprache, sondern sie nimmt selbst Funktionen des Signifikanten auf. In diesem Sinne könnte man auch die politischen Funktionen des Signifikanten miteinbeziehen; sie zeigen sich darin, dass die Anerkennung anderer einen Bezug zur politischen Form, zur Art und Weise, wie man zusammenlebt, schafft. Ich würde sogar so weit gehen, hier einen Bezug zur Demokratie zu sehen; es geht dabei keineswegs um eine private Wunschvorstellung; vielmehr ist Demokratie in der Funktion der Signifikanten impliziert. Die Sprache gehört niemandem, jedermann kann sich darin ausdrücken; wenn das nicht möglich ist, widerspricht dies einer Funktion des Signifikanten. Also kommt der Psychoanalyse ein politisches Mandat zu, auch dann, wenn sie nichts davon wissen will. Von dieser Begründung her kann sie z.B. nicht gewisse Leute aus der Analyse ausschließen; sie kann andererseits da, wo die gegenseitige Anerkennung von Subjekten nicht stattfindet, wo das Wort nicht frei ist, eingreifen. Es geht dabei nicht um Subjekte, sondern eigentlich um das Wort und seine Gesetze der Ausdehnung in Raum und Zeit.

Sodann gibt es eine Menge von epistemologischen Funktionen des Signifikanten. Natürlich ist das Elementarste, was man sagen kann: Die Signifikanten konstituieren eine Begrifflichkeit, wobei auch die Zahlen mit impliziert sind. Die Signifikanten konstituieren das Wissen, das wir haben, aber sie begrenzen es auch. Sie begrenzen es darum, weil die Signifikanten auch die Sachen repräsentieren und dadurch diesen eine Andersheit hinzufügen. Vor allem spürt das Subjekt des Wissens selber sein Repräsentiertsein. Die Signifikanten ermöglichen ihm, sich Vorstellungen über sich selber zu machen, aber sie grenzen immer auch etwas aus, das Reale, das wir bereits früher thematisiert haben.

Sodann haben die Signifikanten eine urteilende Funktion. Urteilen heißt zugleich differenzieren und vereinheitlichen. Im Wort Urteil ist schon die Teilung da; ein Satz bringt diese Teile wieder zusammen, so dass eine Dialektik zwischen grammatikalischem Subjekt und Objekt entsteht. Entsprechendes gilt für den Menschen als Subjekt und dem Objekt als Objekt seines Begehrens, wie auch zwischen dem Menschen als Subjekt und dem grammatikalischen Subjekt. Der Eigenname ist z.B. ein grammatikalisches Subjekt, das zugleich auf den Menschen als lebendiges Subjekt verweist.

Wir haben im Kontext der Erläuterungen zum Spiegelstadium auch gesehen, dass die Signifikanten Raum und Zeit konstituieren. Das Spiegelstadium selber ist ja nicht eine letzte Gegebenheit. Wenn mit dem Kind nicht gesprochen wird, kann es auch kein Spiegelstadium geben. In diesem Sinne konstituieren die Signifikanten auch Raum- und Zeiterfahrung, wobei die Reflexion des Spiegelstadiums die Phantasie konstituiert. Schließlich begründet die Sprache auch Geschichtlichkeit; das bedeutet, dass das Subjekt Abwesendes vergegenwärtigen kann.

Wenn man diesen ganzen Katalog von Funktionen hört, fragt man sich, ob es etwas Wertvolleres als diese Signifikanten gibt? Gleichwohl ist es offensichtlich, dass nicht alle Menschen darauf erpicht sind, sich möglichst viele Signifikanten anzueignen. Warum ist es so schwierig, ein Subjekt zu sein, warum ist es so schwierig, für etwas einzustehen, von dem man denkt, dass die andern es nicht tun? Um zu einer Antwort zu gelangen, müssen wir auch von den ethischen Funktionen sprechen: Die Signifikanten ermöglichen, eine Handlung aufzuschieben. Wenn uns irgendein Drang befällt, können wir warten, wenn wir wollen. Die Signifikanten stellen uns auch in die Verantwortung.

Schließlich konstituieren die Signifikanten auch das Begehren und seine Formen, wie Bedürfnis und Verlangen. Das Begehren kommt deshalb ins Spiel, weil die Signifikanten das Subjekt repräsentieren, ohne ihm zu sagen, was es ist. Wir sprechen ja nur von der Form der Signifikanten. Genau an dieser Stelle zeigt sich ihre Kehrseite. So wertvoll, so eröffnend die Signifikanten auch sind, sie fügen dem Subjekt einen Verlust zu. Es ist der Verlust des Eins-Seins mit sich selber. Denken wir noch einmal an das Spiegelstadium, an diese Faszination des Kindes für das Bild. Es vergisst diese Trennung zwischen sich und dem Bild, es wähnt sich eins mit dem Bild. Jetzt kommt diese vermaledeite Vernunft dazu und sprengt das Eins-Sein. Mit diesem Verlust werden wir niemals fertig. Wir kreieren deshalb eine symbolische Welt, in der dieser Verlust wieder irgendwie aufgefangen wird, so dass wir Zwischenwesen sind zwischen dieser Leere, der Form der Signifikanten, und der Sinnlichkeit. Der Bereich des

Symbolischen, wie ich ihn jetzt verwendet habe, situiert sich in diesem Zwischenbereich zwischen der Leere der Signifikanten, ihrer Form, und der Sinnlichkeit. Das Symbolische enthält den Bezug zur Sinnlichkeit. Aber es wird auch von der Reflexion begleitet. Das ist unsere Spaltung, über die wir nicht hinwegkommen. Wenn wir einen Triebwunsch haben, wissen wir zugleich um ihn, wir können ihn deshalb erfüllen oder nicht erfüllen. Wenn wir uns möglichst in der Vernunft aufhalten, wenn wir die Sache reflektieren, spüren wir zugleich eine Leere. Die Realität liegt im Zwischenbereich. Man kann von einer Transformation des primären in den sekundären Narzissmus sprechen. Der Bereich der Realität, das Symbolische, der sekundäre Narzissmus können als synonym aufgefasst werden. Darin wird das ursprüngliche Spiegelstadium metaphorisiert. Es ist stets ein Stück Überschuss, Leere da, was Metaphorisierungen möglich macht.

Es ist angebracht, in diesem Zusammenhang vom Trauma zu sprechen. Es gibt zahllose Konzepte, die Traumata als Ereignisse verstehen, die lebensgeschichtlich tatsächlich passiert sind, oder noch besser gesagt: die sie als kontingente Erfahrungen auffassen. Das Aufklaffen der Signifikanten gehört jedoch zur *conditio humana*. In diesem Sinne ist das Leben selbst, sind die Strukturen des Lebens traumatisch, der Signifikanten wegen. Es geht gerade nicht darum, das Trauma irgendwie zu beschwichtigen, sondern es anzunehmen. Trauma kommt vom Griechischen und bedeutet Schnitt. Der Schnitt ist der zwischen der ersten und der zweiten Natur. Die zweite Natur ist das, was von den Signifikanten konstituiert wird, die menschliche Kultur. Es gilt darin, mit dieser Leere irgendwie zurechtzukommen. Wenn wir in Analysen oder Therapien mit Neurosen, Perversionen und Psychosen zu tun haben, sind diese Formationen nicht einfach Ergebnisse von sog. akzidentiellen Traumen, sondern ganz im Gegenteil, sie stellen Versuche dar, an einem Genießen festzuhalten, das den Gesetzen der Sprache nicht entspricht. So gesehen entsprechen die Psychosen extremen Formen des Genießens, auch wenn daraus ein Leiden entsteht, das viel größer ist als das in der sog. Normalität. In Psychosen verliert das Subjekt sein Repräsentiertsein auf der Ebene der Signifikanten. Auch in Neurosen und Perversionen gibt es ein Mehr an Genießen, d.h. etwas, das eigentlich artikulierbar wäre, wird nicht artikuliert. Da ist der Widerstand in der Analyse situiert, wobei er auch, nebenbei gesagt, im Analytiker inkarniert sein kann. Freuds Empfehlung, dass der Analytiker eine kühle Distanz wahren soll, hat hier ihre ganze Bedeutung. Kein Mitleid zu haben, ist sicher schlecht, aber zuviel Mitleid kann das Sprechen des andern verhindern.

Weil der Signifikant diese Funktionen des Verlusts hat, kann er zugleich zum Ursprung des Bösen werden. Warum soll das Subjekt sein Genießen begrenzen, warum soll es die andern anerkennen? Warum soll es den anderen gleiche Rechte zugestehen, warum soll es sich mit Gerechtigkeit auseinandersetzen? Die Ethik des Marquis de Sade hat hier ihren Ort. Es ist eine Ethik, die vermeintlich eine der ersten Natur ist. Alles das, was zweite Natur, was Kultur ist, das Bürgerliche, Einschränkende, Freiheitsberaubende, wird bekämpft. Man muss dazu bemerken, dass Sade sein Programm geschrieben hat; dadurch war er schon in der Ordnung drin, die er bekämpfte.

Ich werde nun zu einem Lustspiel von Heinrich von Kleist übergehen. Kleist ist ein Dichter, den ich ganz besonders schätze, weil er sehr viel, was die Psychoanalyse später theoretisch gefasst hat, schon dargestellt hat. Es gibt nicht nur die Bezüge von Philosophie zur Psychoanalyse, sondern auch von Literatur. Ich möchte vor allem über den „Zerbrochenen Krug“ sprechen.[5] Es sind nun beinahe 200 Jahre her, seit Kleist sich das Leben genommen hat, aber seine Stücke bewahren eine Aktualität, die sie unvergänglich macht. „Der zerbrochene Krug“ kommt so harmlos daher. Es gibt andere Stücke Kleists, die wahrscheinlich mehr Berühmtheit erlangt haben, z.B. „Prinz Friedrich von Homburg“ oder „Die Marquise von O“, wo das Unbewusste auf eine interessante Art dargestellt wird. Vielleicht kennen Sie die Geschichte von „Michael Kohlhaas“ oder die Bühnenstücke „Penthesilea“ oder „Amphitryon“. Letztere hätte trefflich als Illustration zum Spiegelstadium dienen können. Kommen wir aber zum „Zerbrochenen Krug“ zurück. Ich erzähle Ihnen kurz die Geschichte, worum es hier geht:

Es gibt einen Dorfrichter mit Namen Adam, er heißt wie der erste Mensch laut dem Zeugnis der Bibel. Er muss über einen Fall befinden, in dem er selber der Schuldige ist. Er drang nämlich am Vorabend der Gerichtsverhandlung nächtlich in das Zimmer einer jungen Frau ein und wurde dabei ertappt. Man erkannte ihn aber nicht richtig, er konnte noch rechtzeitig aus dem Fenster springen. Auf der Flucht zerbrach er einen kostbaren Krug, auf dem viele Bilder aus dem Krieg zwischen den Niederlanden und Spanien dargestellt waren. Richter Adam verlor zudem seine Perücke beim Sprung aus dem Fenster, sie blieb in einem Spalier unter dem Fenster hängen. Schließlich verletzte er sich auch noch an einem Fuß, so dass er hin-

5 Vgl. dazu Heinrich von Kleist, *Der zerbrochene Krug*. In: *Sämtliche Werke und Briefe*. München: dtv 2001.

kend in sein Gerichtslokal kam. – Das Delikt, das zur Debatte steht, ist dieser zerbrochene Krug, welcher der Mutter des Mädchens, bei dem er eingedrungen ist, gehört; sie klagt auf Schadenersatz. Nun hat dieses junge Mädchen namens Eva einen Liebhaber, Ruprecht. Die Mutter dieser jungen Frau glaubt, dass Ruprecht den Krug zerbrochen hat. Sie können sich vorstellen, dass dies ganz im Sinne des Richters Adam ist. Er hat alles Interesse daran, ihn zu verurteilen, um von seiner Schuld abzulenken. Zum Glück ist noch eine Aufsichtsperson anwesend, eine Art Supervisor des Gerichts, von der Regierung entsandt. Vor dessen Ohren und Augen spielt sich der Prozess ab, wer der Schuldige dieses zerbrochenen Kruges ist. Der Richter versucht mit allen Tricks und Lügen, Ruprecht als den Schuldigen zu bezeichnen. Am Ende sind es aber gerade die Unwahrheiten, die den Aufseher hellhörig machen, so dass sich die Wahrheit am Ende durchsetzt und der ertappte Richter die Flucht ergreift.

Was hat diese Komödie mit dem Körperbild zu tun? Der zerbrochene Krug, glaube ich, symbolisiert den Corpus des Gesetzes. Der Ausdruck „Corpus des Gesetzes“ ist in der Juristensprache geläufig. Der Krug liegt nun in Scherben – der Bezug zum beschädigten Körperbild des Richters Adam ist leicht herstellbar. Ein Richter ohne Perücke war früher unvorstellbar. Sie wissen vielleicht, dass die Richter in England noch heute Perücken tragen, das ist ein Zeichen ihrer Amtswürde. Richter Adam hat auch einen verletzten Fuß, er hinkt. Das betrifft zwar eher den Körper als das Körperbild, jedoch lässt der hinkende Richter mit dem geschwollenen Fuß an Ödipus denken, dessen Geschichte in die des Richters Adam insofern einfließt, als in beiden der Untersuchende als der Schuldige entlarvt wird. Körper, Körperbild, symbolischer Körper, Corpus des Gesetzes stehen dabei in einem engen Zusammenhang. Kleist hat übrigens selber einen Bezug zu Ödipus hergestellt. Nicht nur verkörpert Adam in gewisser Weise dessen Schicksal, der Vergleich trägt noch weiter: Der Gerichtsaufseher mit dem Namen Walter nimmt den Platz des blinden Sehers Tiresias ein – beide tragen Entscheidendes zur Wahrheitsfindung bei. Die Unterschiede zeigen sich darin, dass Ödipus‘ Schuld auf Vatermord und Inzest mit der Mutter beruhte, zwei Taten, die er unwissentlich beging. Bei Adam ist das Delikt sehr viel geringer, zudem weiß er von Anfang an um seine Schuld.

Wenn wir jetzt wieder die Signifikanten als Instanz der Vernunft einsetzen, so sehen wir, dass Ödipus’ Schuld darin bestand, dass er seinen Vater und seine Mutter nicht anerkannte und auch die Gesetze der Generationenfolge nicht befolgte. Er zeugte Kinder mit Jokaste, sodass er zugleich Vater und Großvater wurde. An dieser Stelle hat der Krug Löcher! Die gesamte symbolische Ordnung ist gestört, wenn es keine Ordnung der Generationen gibt. Die Pest könnte man auch als Ausdruck der Unwahrheit der Verhältnisse in Ödipus' Reich ansehen.

Von unserem Thema des Körperbildes aus könnte ich noch eine andere Figur erwähnen, nämlich Hamlet. Sie kennen vielleicht die Geschichte von Hamlet,[6] dessen Vater ermordet worden ist. Die Mutter hatte ein heimliches Verhältnis mit dem Bruder des Vaters. Er war es, der Hamlets Vater umgebracht hatte. Besonders eindrücklich ist dabei, dass Hamlets Vater als Geist erscheint – was für ein Beispiel für das Körperbild! Er verkörpert vor allem die Rache am ungesühnten Mord. Hamlets Vater als Geist fordert seinen Sohn auf, den Mord zu rächen. Auch in diesem Fall ist der Corpus des Gesetzes beschädigt, denn es gab keine Klage, um den Mörder von Hamlets Vater zu finden und zu richten. Der Tote musste selbst als Geist auferstehen, um die Ordnung des Gesetzes wieder herzustellen.

Ich hätte eigentlich noch von Hegels Herr und Knecht sprechen wollen, angesichts der vorgerückten Zeit ist es jedoch besser, wenn ich dieses Thema aufs nächste Mal vertage. Vielleicht haben Sie noch Fragen?

Student: „Signifikanten und Symbole, wie ist ihr Verhältnis? Ist es möglich, dass Signifikanten ohne symbolische Ordnung aufrecht gehalten werden? Funktioniert der Mensch auch irgendwie ohne symbolische Ordnung?"

Antwort: Das ist eine schwierige Frage. Ich würde zuerst einmal etwas unreflektiert antworten, nämlich, dass ich glaube, dass Signifikanten nicht ohne symbolische Ordnung aufrechterhalten werden können. Die symbolische Ordnung ist der eigentliche Ausdruck, das Medium der menschlichen Realität. Es gibt natürlich Lebensformen, die dem Ideal, ganz im Signifikanten zu sein, nahe kommen, z.B. die Eremiten, alle jene, die sich vom sinnlichen Leben abkehren, die ins Kloster gehen. Man darf ein solches Leben jedoch nicht aufgrund der Außenbeschreibung beurteilen, weil wir nichts über die Phantasien

6 Vgl. dazu William Shakespeare, *Hamlet*. Stuttgart: P. Reclam jun.

und nächtlichen Träume dieser Personen wissen. Das, was man Sublimierung nennt, hat sicher auch Grenzen, es gibt minimale Erfordernisse in Bezug auf den Körper, die erfüllt sein müssen; somit ist die Sinnlichkeit da. Ihre Frage lässt auch an etwas anderes denken, an Anorexie. Sie ist die Lebensform, die vom Körper nichts wissen will. Der Bezug zum Tod ist dabei sehr nahe, weil ohne Sinnlichkeit auch die Lebenserhaltung beeinträchtigt wird.

Prof. Kadono: „Im Fall von Schizophrenie funktioniert das Symbolische nicht mehr. Funktioniert in diesem Fall auch die signifikante Ordnung nicht mehr?"

Antwort: In meinen Ausführungen gab es eine gewisse Mehrdeutigkeit; es ist gut, wenn man sie benennt. Sie besteht darin, dass zum einen der Signifikant mit der Idee der Repräsentation in Verbindung gebracht wurde. Zum anderen zeigte sich jedoch, dass die Signifikanten (z.B. beim schizophrenen Jungen) gerade nicht Träger der Repräsentation waren. Eigentlich sind sie erst Signifikanten an sich gewesen; der Junge, der die Stimmen wiedergab, hatte sie zwar auch gehört, er wusste aber nicht, was er sagte. Sie waren in dem Sinne nicht Träger der Repräsentation, als er nicht sagen konnte, dass er zu Beginn seines Lebens die Stimmen gehört hatte. Die Reflexion wurde von der Therapeutin hergestellt. Die Signifikanten ließen sich wohl am treffendsten als virtuelle Träger der Repräsentation bezeichnen. Deshalb versuchte ich zu sagen, dass der Junge seine eigene Botschaft in erkenntlicher Form über den Andern wieder bekommen hat.

Ich habe Ihnen schon in der letzten Sitzung ein Schema „Vom mythischen Subjekt zum Subjekt der Sprache" verteilt (s. Abbildung 7). Eigentlich ist es nur eine Illustration dessen, was ich gesagt habe, aber vielleicht werfen wir doch noch einen Blick darauf. Es ist vor allem ein Schema, das sich gegen den Entwicklungsgedanken richtet. Ich habe zwar die Schritte vom mythischen Subjekt zum Subjekt der Sprache eingezeichnet – in diesem Sinne sieht es wirklich wie die Darstellung der Entwicklung eines Subjekts aus. Aber, da ja die Sprache hier als virtuelle Signifikanten ihm schon vorausgeht, ist eigentlich alles an sich schon im voraus angelegt. Man könnte etwas emphatisch sagen, dass die Sprache Subjekt wird, oder sogar dass die Sprache Fleisch wird. Die Sprache manifestiert sich zunächst als Phantasmen der Eltern über das Kind, das später einmal geboren wird. Sein Wachstum ist nicht bloß Ausdruck des Bedürfnisses des

Abbildung 7

Vom mythischen Subjekt zum sprachlichen Subjekt

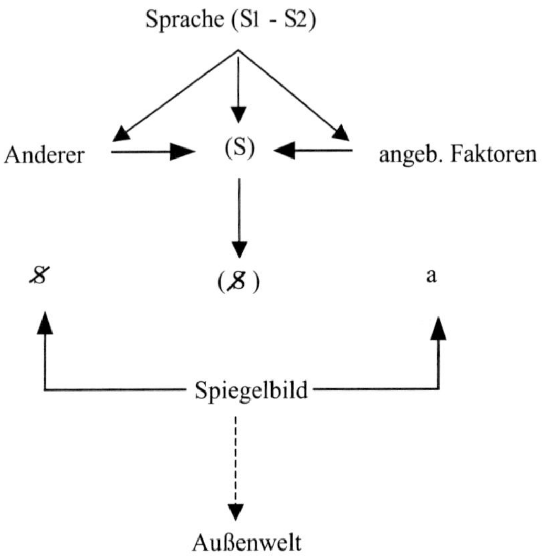

Sl - S2	Signifikanten
(S)	mythisches Subjekt
($\$$)	virtuelles sprachl. Subjekt (Verstand)
$\$$	sprachl. Subjekt (Vernunft)
a	Obj. Ursache des Begehrens

Kindes, sondern es sind auch die Signifikanten des Anderen, die selbst eine trennende Macht haben. Ich habe Ihnen von Lacans Arbeit „Das Drängen des Buchstabens“ gesprochen. Der deutsche Übersetzer, Norbert Haas, hat hier etwas gewagt, was Lacans Zustimmung gefunden hat: Er hat „*l'instance*" nicht mit „die Instanz" übersetzt, sondern mit „*L'insistance*" „das Insistieren" oder eben „das Drängen".[7] „Die Instanz" ist etwas, was da ist, die Universität, das Gericht, die Familie, etc. aber „*l'insistance*"/„das Drängen" ist etwas, das eine Dynamik anzeigt. Sie kennen das, wenn Sie einen Namen vergessen haben. Es gibt Gründe, diesen Namen zu vergessen, zu verdrängen. Aber jetzt insistiert irgendwo dieser Name und plötzlich fällt er Ihnen wieder ein. Sicher kann man sagen, dass Sie ihn wieder gesucht haben, aber vielleicht hat das Buchstäbliche, der Name auch Sie gesucht.

Zurück zu diesem Schema. Es zeigt eigentlich, dass das Subjekt das selber einholt, was ihm vorausgegangen ist. Irgendwie ist das auch der Sinn der Analyse. Deswegen ist es sogar möglich, etwas zur Sprache zu bringen, was in der Lebensgeschichte gar nie als Ereignis passiert ist, z.B. die Phantasmen, die die Eltern von uns hatten, bevor wir auf die Welt gekommen sind.

7 Vgl. dazu die Fußnote in „Das Drängen des Buchstabens" S. 15.

VII.
Sprechen, Mangel, Schrift

Libido und Rivalität | Das Körperbild des Andern | Symbolische Ordnung und Signifikanten | Schrift und Körperbild | Phylogenetische und ontogenetische Betrachtungen

Heute haben wir wiederum ein umfangreiches Programm vor uns. Wir werden uns zunächst mit der Libido beschäftigen, die bisher noch nicht thematisiert worden ist. Von der Libido wird der Weg zum Auftauchen des andern, zur Rivalität, wie sie das Spiegelbild induziert, nicht weit sein. Wir versuchen anschließend, das Körperbild nicht von der Position der Subjektivität aus zu denken, sondern vom Andern her, als Effekt des Andern. Die Phantasmen werden dabei im Mittelpunkt der Betrachtung stehen, denn sie strukturieren in einem erheblichen Ausmaß das Körperbild und die Subjektivität, die ja nicht stets vorausgesetzt werden kann, sondern selber auf Voraussetzungen beruht. In diesem Zusammenhang stellt sich die Frage, ob der Ansatz beim Körperbild als Produktion des Subjekts nicht grundsätzlich zu kurz greift; ist es nicht so, dass dem Andern der Vorrang zukommt, so dass die Entstehung des Körperbildes erst von diesem Ort aus nachvollziehbar wird? Schließlich werden wir uns auf ein Gebiet vorwagen, das mit Ihrer Sprache viel zu tun hat: Wir werden versuchen, Zusammenhänge zwischen Körperbild und Schrift, insbesondere den sino-japanischen Zeichen, zu finden. Einerseits bieten sich wiederum subjektive Perspektiven an, wenn es etwa darum geht, wie einzelne Subjekte ihre Körperbilder als Schrift ausdrücken, andererseits gibt es dabei auch phylogenetische, menschheitsgeschichtliche Aspekte, die auf Fragen der Entstehung der Zeichenschrift verweisen.

Sprechen wir sogleich vom Konzept der Libido. In der Geschichte der Psychoanalyse hat es viele Transformationen erfahren.[1] Freud fasste sie in den ersten Arbeiten als stofflichen Träger des Sexualtriebes auf, bevor er sie in seinen späten Werken als psychische Grundkraft darstellte, vergleichbar dem alles vereinenden Eros, als dessen Gegenspieler er den zersetzenden Todestrieb nannte. Dieser Dimension, die sich als Polarität von Materialität bzw. Idealität liest, steht diejenige nach der Geschlechtlichkeit gegenüber. Es gibt bei Freud ein Schwanken hinsichtlich der Frage, ob die Libido bei beiden Geschlechtern männlich ist oder sich nicht einem Geschlecht zuordnen lässt. Die Konzeptualisierung des Phallus, die von Freud noch nicht ausgearbeitet worden ist, spielt hier mit hinein.

Lacan fasst die Libido als Organ auf, das schon in der intrauterinen Zeit entweiche.[2] Deshalb metaphorisiere sie das verlorene volle Leben, an dessen Stelle der andere trete. Libido bezeichnet somit einen Mangel im Subjekt, den Lacan *minus phi* nennt.

Angewendet auf das Spiegelstadium besagt das, dass die Faszination des andern ein Resultat der Libido ist. Mittels des andern soll das volle Leben wieder eingeholt werden. Daraus resultiert jedoch keine Anerkennung des andern in seiner Andersheit, sondern ein Anspruch auf Besitz, Hass. Das Streben nach Einheit, das Freud mit dem Eros in Verbindung gebracht hatte, erweist sich in Lacans Auffassung als Ausdruck des Hasses.

Von der Konstellation des Spiegelstadiums her bietet sich ein Weg zum Verständnis der Rivalität, ja der Herr-Knecht-Dialektik an, wie sie Hegel ausgearbeitet hat.[3] Das Subjekt, das sein vermeintlich verlorenes Sein wiedersucht und sich des andern bemächtigen möchte, trifft notwendigerweise auf ein anderes Subjekt, nachdem es im Spiegelstadium erfahren hat, dass das Spiegelbild kein lebendiger anderer ist. Seinen Trieb nach Einssein richtet es deshalb auf einen lebendigen andern, den es zu seinesgleichen machen möchte. Dieser andere tut jedoch dasselbe, auch er sucht sein verlorenes Sein im andern zurückzuholen. Somit kommt es zum Kampf um die Herrschaft über den andern, in welchem sich erweisen wird, welches der beiden Subjekte sich den andern gefügig machen kann.

1 Vgl. dazu Peter Widmer, „Wandlungen in Freuds Libido-Konzept". In: André Michels, Peter Müller, Achim Perner (Hrsg.), *Psychoanalyse nach 100 Jahren.* München, Basel: E. Reinhardt 1997, S. 169-195.

2 Vgl. dazu J. Lacan, *Das Seminar XI*, 15. Sitzung.

3 Vgl. dazu G.W.F. Hegel, *Phänomenologie des Geistes*, S. 145-155.

In Hegels Darstellung interveniert eine Variable in diese duale Rivalität: die Angst. Eine der beiden Kontrahenten vermeidet den Kampf aus Angst vor dem Risiko des Todes. Infolgedessen nimmt er die Position des Knechtes ein und arbeitet für den andern, den Herrn, der die Gefahr des Todes auf sich genommen hat. Wir wollen jedoch nicht die hegelsche Darstellung erläutern und diskutieren, sondern bei Lacans Darstellung bleiben. Sie zeigt sich nicht nur in der Herr-Knecht-Konstellation, sondern in anderen Beziehungsformen. Sie lassen sich tabellarisch darstellen:

Tabelle 2

Die Rivalität manifestiert sich zwischen		
Kind und Eltern	→	
Kind und andern Kindern	→	intersubjektive
Kind und Tieren/Pflanzen	→	Seite
Herr und Knecht	→	
Reflexion (Vernunft) und		
Trieb (Körper)	→	intrasubjektive
Risiko und Angst	→	Seite

Die Tabelle zeigt, dass man eine intersubjektive von einer intrasubjektiven Seite unterscheiden kann. Zu jener gehören die Rivalitäten zwischen Kind und Eltern, Kind und andern Kindern, Kind und Tieren/Pflanzen, sowie die klassische Konstellation von Herr und Knecht. Die intrasubjektive Seite weist dagegen auf eine innere Spaltung des Subjekts hin, auf seine Zerrissenheit zwischen Reflexion und Trieb, bzw. Risiko und Angst.

Da Sprache in intersubjektiven Konflikten die dritte Instanz in den dualen Konstellationen ist, kann sie Ort der Vermittlung sein, so dass als Resultat im besten Falle eine gegenseitige Anerkennung der Rivalisierenden herauskommt. Wenn nicht, entstehen Hierarchien wie jene von Herr und Knecht, oder sogar gewaltsame Lösungen des Konflikts. Die gegenseitige Anerkennung der Subjekte kommt einem Verlust der Allmachtsansprüche des einen Subjekts gleich, sie bahnt jedoch den Weg zu einer vernünftigen Ordnung, in der nicht das eine

Subjekt über das andere herrscht, sondern in der Gesetze, die für beide Parteien gelten, das Zusammenleben regeln.

Die Rivalität führt da zur Position der symbolischen Kastration, wo die Sprache den beteiligten Parteien ihre Gesetze gibt. Als ordnende Instanz des menschlichen Zusammenlebens sind sie schon in der Sprache enthalten. Sprachgebrauch impliziert eine Anerkennung der andern Subjekte; Sprache zu gebrauchen ohne einen andern, macht keinen Sinn, wäre absurd. Die an sich und für andere vorliegenden Gesetze werden von den einzelnen Subjekten in ihrer Sozialisation angeeignet. In diesem Vorgang metaphorisiert das Subjekt nicht nur seine vermeintlich verlorene Unmittelbarkeit, sein verlorenes Sein, sondern es geschieht ihm auch, dass es selber eine Metapher des Andern wird. So heißt es in der Bibel, dass der Mensch nach dem Bilde Gottes geformt worden sei. Ist das nicht ein sehr deutlicher Hinweis dafür, dass das Körperbild vom Andern herkommt und dass dem Spiegelstadium bloß eine Nebenrolle zukommt?

Es trifft zu, dass das Primat dem Andern zugesprochen werden kann. Wie er den Menschen geformt hat, so ist er. Was er im Spiegelstadium sieht, ist dann von sekundärer Bedeutung, weil es eingebettet ist in übergreifende, objektive Zusammenhänge.

Vielleicht kann man theologisch auf diese Art denken; der Psychoanalytiker fragt indessen stets nach dem Subjektiven. So ist es auch dann möglich, wenn das Primat des Andern behauptet wird, dieses als Resultat eines Subjekts aufzufassen, das zwar nicht als einzelnes identifizierbar ist, sondern ein anonymes Subjekt in der Geschichte meint. Entscheidend ist dabei der Ansatz von der Sprache her, die zugleich Bedingung und Grenze der Erkenntnis des Subjekts ist. Die Grenze lädt dazu ein, das Loch im Wissen zu überspringen und etwas Objektives einzusetzen. So gesehen ist dieses Objektive eine Erfindung eines Subjekts, dessen Funktion darin besteht, eine unerträgliche Lücke im Wissen zu stopfen.

Tatsächlich kennt sogar die Theologie diese Schwierigkeit, wenn es darum geht, von Gott zu sprechen – ich habe bereits einmal darauf hingewiesen. Sie nennt es das Problem des Anthropomorphismus, das auch in der Philosophie bekannt ist. Man denke etwa an Feuerbachs Position, der Gott als Projektion des Menschen auffasste[4]; Ähnliches dachte Marx.[5] Auch in Kants Philosophie ist eine Skepsis

4 Vgl. dazu A. Feuerbach, *Das Wesen des Christentums.*

5 Vgl. dazu z.B. Karl Marx, „Thesen über Feuerbach". In: Karl Marx, Friedrich Engels, *Werke, Band 3,* Berlin: Dietz 1969, S. 5 f.

vorhanden, wenn es darum geht, von Gott zu sprechen. Kant hat darum Aussagen über Gott mit wissenschaftlichem Anspruch ins Unwissenschaftliche verbannt; für den Königsberger Philosophen gehören sie in den Bereich des Glaubens.[6]

In der Mythologie stellt sich das Problem des Anthropomorphismus ebenfalls.[7] Seit Mythologien zum Gegenstand wissenschaftlicher Untersuchungen geworden sind, ist es jedoch deutlich geworden, dass die behaupteten objektiven Zusammenhänge die Funktion haben, das Unwissen zu bemänteln und die Löcher des Nichtwissens zu schließen. Niemand würde heute behaupten, dass *Izanami* und *Izanagi* Figuren waren, die wirklich existiert haben. Aber für die Bildung einer gemeinsamen Grundlage der japanischen Kultur haben sie eine wichtige Funktion. Wer die Mythen erfunden hat, ist dabei nicht benennbar, sie sind im Kontext der Fragen entstanden, die auch die Vorfahren früherer Jahrhunderte und Jahrtausende bewegt haben. Entscheidend dabei ist, dass sie subjektive Erzeugnisse sind, denen die Funktion zukommt, die existenzielle Situation der Menschen verständlich zu machen. Man kann also durchaus sagen, dass der behauptete Vorrang der Objektivität mit ihren göttlichen Figuren und Mächten Körperbilder dessen sind, was für die Menschen nicht vorstellbar ist.

Diese Betrachtung impliziert, dass die Ableitungen des Subjektiven vom Objektiven nicht ohne Bruch möglich sind. Man kann zwar von einem Vorrang des Objektiven sprechen, aber von dem Moment an, wo versucht wird, es zu bestimmen, kommen wieder subjektive Vorstellungen auf, die sich ihrer objektiven Herkunft nie sicher sein können. Man schaue sich nur einmal die Aussagen über das Göttliche an, wie unterschiedlich, ja oft diametral entgegengesetzt sie sind. Infolgedessen kann auch niemand die Gottgegebenheit von Gesetzen behaupten, obwohl sie nicht einfach subjektive Erfindungen aus dem Nichts sind. Wenn es so ist, dass die Sprache den Subjekten die ersten Gesetze gibt, so liegt darin durchaus etwas Objektives, wobei dessen Wesen sich dem Wissbaren entzieht. Dieses Objektive kommt zudem erst im Durchgang durch das Subjektive zum Tragen.

In diesem Zusammenhang ist es notwendig, nicht nur die Grenzen des Wissens aufzuzeigen, die zum Überstieg einladen, sondern auch auf den Rest, der nach der Bildung von Vorstellungen, von Körper-

6 Vgl. dazu I. Kant, *Kritik der reinen Vernunft*, S. 529-535.

7 Vgl. dazu Nelly Naumann, *Die Mythen des alten Japan*. München: Beck 1996.

bildern nicht aufgeht. Dieser Rest ist ein Indikator des Objektiven, ein Zeichen für die Unzulänglichkeit der subjektiven Produktionen. Tatsächlich ist dieser Rest immer wieder spürbar, erfahrbar, wenn vom Göttlichen, von Gerechtigkeit, von Liebe, von Vollkommenheit usf. gesprochen wird. Alles was zur Sphäre des Subjektiven gehört, ist mit Endlichkeit geschlagen, die sich gerade an ihren Grenzen zeigt, im Überstieg zum Unendlichen, dessen Ausprägung sie ist.

Kommen wir nochmals auf den Zusammenhang von symbolischer Ordnung und Signifikanten zu sprechen, und fügen wir die Aspekte, die die Libido mit sich bringt, mit ein.

Die symbolische Ordnung nimmt die Dimension der Signifikanten, die den reflexiven Bezug des Subjekts zu sich selbst möglich machen, auf, außerdem den sinnlichen Bezug zu Objekten, in denen die libidinösen Bezüge lokalisiert sind. Die Libido fügt der Sprache eine inhaltliche Komponente bei, die vergleichbar ist der Form des Körperbildes. Es handelt sich dabei um die erotische Dimension; Sprache kann erotisiert werden, obwohl das Gerüst der Signifikanten quer steht zur Libido.

Auch die symbolische Ordnung geht – wie die Signifikanten – dem Subjekt voraus, ist ihm an sich gegeben und für andere da. Sie zeigt ihre Wirksamkeit darin, dass das Subjekt zunächst für den Andern selber zum Symbol wird; es wird Träger von Erwartungen, Phantasmen, die schon vor seiner Geburt ein Gewebe bilden, in das es hineingeboren wird, ohne dass es dies zunächst zu reflektieren vermag. Die signifikante Dimension im Symbolischen, die Möglichkeit, sich Andern zuzuwenden, die Reflexion seiner selbst als eines Mängelwesens, ermöglicht das Aufbrechen dieser dem Subjekt gleichsam eingeschriebenen Symbolik.

An dieser Stelle denke ich nochmals an das Beispiel des schizophrenen Jungen mit den zwei Stimmen, die er wiedergab. Ich habe in diesem Zusammenhang von Signifikanten gesprochen, was mich zur Schwierigkeit geführt hat, dass dieser Ausdruck auf zwei sehr verschiedene Weisen verwendet wurde: Zum einen hatte ich die Signifikanten mit der Möglichkeit der Reflexion des Subjekts in einen Zusammenhang gebracht; zum anderen zeigte dieses Beispiel, dass der Junge nicht wusste, was er aufführte, als die Stimmen in ihm durchbrachen; ist es dann berechtigt, von Signifikanten zu sprechen? Auf eine einfache Formel gebracht: Sind die Signifikanten an die Repräsentation des Subjekts gebunden oder nicht? Eine Antwort lässt sich nur geben, wenn es gelingt, dieses Entweder-Oder-Denken zu überwinden. Zwar trifft es zu, dass der schizophrene Junge sich nicht als Subjekt darstellen konnte, der auf das Ereignis nach seiner Geburt zurückzublicken vermochte. Andererseits wurde er von Stimmen durchquert, die von andern kamen, deren Elemente aus Signifikanten des Anderen zusammengesetzt waren. Für den Jungen waren dies unverständliche Laute, weil er sie nicht symbolisieren konnte. Man könnte sagen: Es waren Signifikanten des Anderen ohne symbolischen Gehalt. Erst die Therapeutin konnte sie, stellvertretend für den Jungen, symbolisieren.

Man kann also, wenn man von Signifikanten spricht, von vorreflexiven und reflektierten sprechen. Die vorreflexiven hatten gleichsam ein eigenes Leben in der Psyche des Jungen, er wusste nicht, wie ihm geschah. Durch die Intervention der Therapeutin wurden diese vorreflexiven Signifikanten, die dem Jungen unsinnig erschienen, weil er völlig darin eingetaucht blieb, symbolisiert. Im Durchgang durch die Symbolisierung konnte er sie anschließend reflektieren, jedoch nur eine kurze Zeit, da sie bald der Verdrängung anheim fielen. Ihr Status wurde dadurch ein anderer: Aus vorreflexiven Signifikanten wurden sie in die symbolische Ordnung integriert, die wiederum die Grundlage bildeten für seine Reflexion als Subjekt, das nun ein Verhältnis zur Geschichte bekam, zu *seiner* Geschichte. Man sieht daraus, dass die symbolische Ordnung gleichsam der Durchgangsort ist zwischen den Signifikanten an sich, also den Signifikanten, die für das Subjekt noch keinen Sinn *haben* (es ist wichtig, den Habensbezug zu betonen, der erst dann möglich wird, wenn die Signifikanten nicht mehr identisch mit dem Sinn *sind,* in den es eingetaucht war) und den Signifikanten, die gleichsam als Überschuss über die symbolische Ordnung keinen Sinn mehr haben, weil sie die Leere, das Nicht-Sein des Subjekts repräsentieren und damit der symbolischen Ordnung einen Ort zuweisen, in dem der Habensbezug in der Realität gelebt wird.

Das Beispiel des schizophrenen Jungen, das unter vielen Gesichtspunkten diskutiert werden kann, was es so reichhaltig macht, beinhaltet auch das Verhältnis der Schrift zum Subjekt. Es waren zwar Stimmen, die aus ihm herausbrachen, jedoch waren zuvor diese Stimmen irgendwie in ihm drin, und wie sollte man das anders denken denn als Aufzeichnung, als Schrift, als Erinnerung, die irgendwie in seinem Gedächtnis, oder sogar in ihm als ihrem Gedächtnis eingeschrieben waren? Diesen Aspekten wollen wir uns nun zuwenden.

Wir unterscheiden zunächst einen menschheitsgeschichtlichen, phylogenetischen von einem individuellen, ontogenetischen Aspekt. Die Unterteilung drängt sich darum auf, weil einerseits die Schrift etwas ist, das jeder individuellen Existenz vorausgeht; andererseits prägt die Schrift jedes einzelne Subjekt in jeder Generation. Dabei zeigen sich unterschiedliche Fragestellungen. Beginnen wir beim menschheitsgeschichtlichen Aspekt.

Setzt man das Primat der mündlichen Sprache voraus, so kann man sagen, dass sich in den Schriftzeichen, seien dies Buchstaben, Kanas, Kanjis, Hieroglyphen oder welche auch immer, die Erfahrungen früherer Gesellschaften sedimentieren. Schrift lässt sich auffassen als Schauplatz der Erfahrungen der Subjekte, wobei in die Zeichen die Dimensionen der Körperbilder miteinfließen, die diese Erfahrungen andererseits mitkonstituieren.

Versuchen wir, die Zusammenhänge zwischen Schrift und der äußeren Realität so zu denken, dass wir zunächst die Bezüge zwischen Subjekt und Außenwelt fokussieren, ohne sogleich die Schrift miteinzubeziehen:

Die Außenwelt metaphorisiert das eigene, vermeintlich verlorene Sein. Man kann dabei von einem Erkenntnismotiv sprechen. Der Bezug zur Außenwelt wird beeinflusst durch subjektive Interessen, die auf den Mangel als Bedingung der Zuwendung zur äußeren Realität verweisen.

Damit in engem Zusammenhang steht die Außenwelt als Ort des Austausches von Gütern, Ideen, um eine zweite Natur zu schaffen, die für den Menschen notwendig ist. Es geht dabei weniger um Erkenntnisinteressen als vielmehr um praktische Bezüge: Die Realität dient der menschlichen Subsistenz; die subjektive Dimension fließt mit hinein, insofern es dabei um Befriedigung von Triebansprüchen geht.

Davon zu unterscheiden sind die Tendenzen und Absichten, andere Subjekte oder Gesellschaften zu unterwerfen, sich dienstbar zu machen. Machtmotive erweisen sich dabei als wirksam. Es geht dabei weniger um eine Vernichtung der andern, als vielmehr um die Darstellung des eigenen Seins, der die andern im Wege stehen, weshalb sie ausgeschaltet werden müssen.

In die Bezüge zur äußeren Realität und zu den andern fließen nicht nur Motive mit ein, die auf Triebe und Ansprüche hinweisen, sondern auch Kategorien der Erkenntnisse, Kriterien, Maßstäbe, Relationen, die insgesamt abkünftig sind von einem reflektierten Körperbezug. Schritte, Meter, Sekunden, Tage, raum-zeitliche Bestimmungen wie links, rechts, oben, unten, früher, später, erhalten erst im Hinblick auf subjektive Positionen einen Sinn. Man kann dabei von einer instrumentellen Seite der Objektbezüge sprechen. Die menschlichen Instrumente tragen viel dazu bei, das Ansich der fremden Welt in eine symbolische Welt, die vertraut wird, zu verwandeln.

Welche Rolle spielt die Schrift in diesen Relationen zwischen Subjekt und Außenwelt? Die Schriftzeichen haben verschiedene Funktionen: Sie bewirken, dass die Welt, das Außen, besser manipulierbar wird. In sog. schriftlosen Kulturen mussten die Menschen mehr interpretieren, was in den Sternen stand, was der Vogelflug besagte, sie mussten sich den Gegebenheiten anpassen. Die Außenwelt stand in einem direkteren Bezug zu ihrem Sein.

Die Schrift schafft eine intermediäre Ebene zwischen den Menschen und der Welt. Erfahrungen können so nicht nur festgehalten – das ist auch in schriftlosen Kulturen möglich –, sondern allen zugänglich gemacht werden. Aus dem individuellen Gedächtnis, das in schriftlosen Kulturen Engramme speichert, entstehen äußerliche, sichtbare Zeichen, die tendenziell allen zugänglich sind. Sie dienen als artikulierte wie als bildlich vorgestellte als Interpretationsschablonen, die die Objekte beschlagen. Schriftbilder fließen somit in die Wahrnehmung der Subjekte ein, beeinflussen die Art und Weise der Wahrnehmung. Es ist sogar so, dass die Schriftzeichen auch in die Wahrnehmung der inneren Realität der Subjekte miteinfließen; was sich verschriftlichen lässt, unterliegt tendenziell einem Wandel im Vergleich zu einer unartikulierbaren inneren Realität.

Auch in das, was ich zuvor den instrumentellen Aspekt der Schrift genannt habe, die Kategorien der Wahrnehmung, ihre Maßstäbe, Kriterien, fließt Schrift mit ein, insofern sowohl Buchstaben als auch Kanas und Kanjis metaphorisierte Körperbilder enthalten, die allerdings nicht über den visuellen Aspekt, sondern über die Voraussetzungen, die bei ihrer Verwendung in sie eingeflossen sind, wirksam sind. (Erläuterungen zur japanischen Sprache finden sich am Ende des Textteils, S. 181.) Erstens wird in jedem Zeichen, sei es ein Buchstabe, ein Kana oder ein Kanji die Positionalität des Körpers des Subjekts vorausgesetzt (links, rechts, oben unten, Kopf, Fuß usw.), zweitens enthalten sie selber Metaphern des Körperbildes, wobei Buchstaben und Kanas das Unsichtbare, Lautliche sichtbar machen, Kanjis dagegen das Sichtbare hörbar machen. Im ersten Fall könnte man die Formel anwenden, die uns beim Spiegelstadium begegnet ist: I von S, im zweiten Fall S von I.

Bei alldem geht es darum, den Anschein zu durchbrechen, die Schrift, insbesondere die sino-japanischen Zeichen, seien unmittelbarer Ausdruck der Realität, die im Grunde genommen auf das Sprechen verzichten könnte. In mehreren Lehrbüchern habe ich die Auffassung angetroffen, dass die sino-japanischen Zeichen aus Abbildern hervorgehen, die sich angeblich, man weiß nicht warum, in die heutigen Formen verwandelt haben. Damit wird impliziert, auch wenn dies nicht explizit gesagt wird, dass die Zeichen einen Zugang *sui generis* zur Realität haben, anders gesagt: dass sie sich des Sprechens entschlagen können. Die subjektive Dimension, der ich stets das Wort rede, wird damit übergangen, vor allem aber wird der Mangel, der mit dem Sprechen erfahrbar wird, eskamotiert. Er ist jedoch ein wesentlicher Faktor für die Entstehung der Schrift.

Bin ich nicht in einen Widerspruch geraten, wenn ich einerseits sage, dass es schriftlose Kulturen nicht gegeben hat, und wenn ich andererseits von der Entstehung der Schrift spreche? Es kommt eben darauf an, was man der Schrift subsumiert. Eine enge Auffassung betont das Artifizielle der Schrift, die demzufolge als Erfindung gedacht wird, die wahrscheinlich in Babylonien, vielleicht auch in China ihren Anfang genommen hat. Eine weitere Auffassung geht dagegen vom Konzept des Mangels aus, mit der Folge, dass alles, was dieser Erfahrung entgegenwirkt, zur Schrift gehört. Das Gedächtnis erscheint unter dieser erweiterten Perspektive genauso als Ort der Schrift wie die Sternbilder am Himmel, die dem Menschen eine raum-zeitliche Orientierung ermöglichen. Von der Warte dieser zweiten Auffassung aus ist die Schrift im engeren Sinne eine spezielle Art, die sich dadurch auszeichnet, dass sie handhabbar ist und damit eine Stütze der Kultur wird. Es gibt übrigens Zwischenbereiche, in denen Schriften vorkommen, die einerseits artifizielle sind, andererseits weder Bildzeichen noch Buchstaben sind, etwa die Notenschrift in der Musik.

Es lohnt sich, alle diese Auffassungen mit dem Konzept des Körperbildes zu konfrontieren, das einerseits in das wahrgenommene Objekt einfließt, andererseits im Zeichen selber enthalten ist, darin metaphorisiert wird.

Doch sprechen wir zum Abschluss noch vom ontogenetischen Aspekt: Er setzt voraus, dass der Zeichenvorrat schon besteht, für jedes Subjekt an sich gegeben ist. Der ontogenetische Aspekt beleuchtet den Vorgang, wie dieses An-sich der Zeichen zum Für-sich wird, wie die Subjekte sich die Schriftzeichen aneignen und welche Folgen sich dabei ergeben.

Zwei Aspekte lassen sich unterscheiden: Der eine fokussiert die produktive Seite, d.h. er untersucht die Metaphorisierungen des Körperbildes, wie sie sich in freien Zeichnungen, Gestaltungen manifestieren. Ausgehend vom Spiegelbild als Matrix, mit der sich die Subjekte identifizieren, und von der durch die Signifikanten bedingten Reflexivität, die sie mit dem Mangel konfrontieren, kreieren sie Figuren, in denen das Innere äußerlich, das Unsichtbare sichtbar und das Unmittelbare des Körpers vermittelt wird. Dieser Aspekt enthält viel Singuläres, wenngleich das Repräsentiertwerden durch die Signifikanten ein struktureller Effekt ist. Beim anderen Aspekt muss das je Singuläre zurückgenommen werden; es geht für die Subjekte darum, sich den an sich schon vorliegenden Zeichenvorrat der Schrift anzueignen. Gehorsam, Disziplin, Anpassung stehen dabei im Vordergrund. Sie sind jedoch nicht Selbstzweck, sondern dienen dazu, die Kreativität auf eine höhere Ebene zu transformieren. Das geschieht dann, wenn die Subjekte auf eine selbstverständliche Art und Weise über den Zeichenvorrat verfügen, wenn Gehorsam, Disziplin und Anpassung von den Subjekten unbemerkt bleiben. Dann sind auch Kombinationen von freien Zeichnungen und Schriftbildern möglich, so dass die Ausdrücke der Singularität auf eine neue Stufe gebracht werden.

Betrachtet man den Vorgang der Aneignung des Zeichenvorrats näher, so stellt man nicht nur die Notwendigkeit der Anstrengung der Subjekte, sich in vorgegebene Zusammenhänge einzufügen, fest, sondern man erkennt auch, dass zwei Arten von Körperbildern aufeinander treffen. Die schon vorliegenden Zeichen enthalten ja ebenfalls Körperbilder, nämlich solche von Subjekten früherer Generationen. Jedes Subjekt, das die Schriftzeichen lernt, ist gehalten, diese in sich aufzunehmen, was einen Verzicht auf eigene freie Kreationen erfordert. Über die Anpassung hinaus geschieht es somit, dass die Körperbilder früherer Generationen in diejenigen der lernenden Subjekte eingehen, wobei das Unbemerktbleiben dieser Einflüsse nichts an diesem Sachverhalt ändert. Ein konservativer Zug geht mit der Aneignung der Zeichen einher; nicht nur die Formen der Zeichen werden übernommen, sondern mit ihnen auch die Erfahrungen früherer Generationen, die sich in den zeichenhaften Körperbildern sedimentiert haben.

Wenn die Subjekte allzusehr auf ihre Eigenständigkeit pochen und die Schriftzeichen nach ihrem Gusto gestalten würden, analog zu den freien Zeichnungen, würde daraus eine Unverständlichkeit für die andern resultieren, die Zeichen würden unlesbar. Das heißt, dass in der überlieferten Schrift früherer Generationen implizit eine zweite Schrift innewohnt, eine Vor-Schrift, wie denn die Aneignung zu geschehen habe. In der sino-japanischen Schriftkultur weiß man genau, wovon ich spreche, denn selbst die Reihenfolge der Striche, die ein Zeichen konstituieren, ist streng vorgeschrieben; in vielen Lehrbüchern sind die Elemente der Kanjis, die Striche, mit kleinen Zahlen versehen, die keinen Spielraum für freie Gestaltungen offen lassen.

Mit der Aneignung des Zeichenvorrats im Akt des Lernens geschieht noch etwas anderes. Das tote, schon vorliegende Zeichen wird im Akt des Gebrauchs zum lebendigen Ausdruck des Subjekts. Man ist beinahe versucht, von einer fortwährenden Auferstehung zu sprechen. Im Akt des Schreibens wird es erneut, für eine kurze Zeit, lebendig, wiedergeboren, bevor es selber wieder zum Teil des Vorrats wird, der auf seine Leser wartet. Noch viel mehr lässt sich beim Lesen von Wiederauferstehung sprechen; der Unterschied zum Schreiben besteht darin, dass im Akt des Schreibens das Zeichen zerstückelt werden muss, um wieder ganz zu werden, während es im Lesen als ganzes vorliegt.

Mit der Aufnahme der Schriftzeichen setzt das Subjekt die Geschichte früherer Generationen fort. Es schreibt sich in ihre Abfolge ein. Jede Geschichte einer Schrift zeigt, dass dabei Veränderungen entstehen. So wie die Laute sich verändern, finden auch Transformationen der Schriftbilder statt. Einige Veränderungen finden auf einer allgemeinen Ebene statt, setzen sich als neue kulturelle Muster durch, während andere auf der singulären Ebene bleiben und das Interesse von Graphologen auf sich ziehen. Bei aller Anpassung und Befolgung von Regeln, die mit dem Lernen von vorgegebenen Zeichen nötig sind, ist es doch so, dass jedes Subjekt sich in seiner Art, wie es schreibt, sich von andern unterscheidet. Die Singularität manifestiert sich als Schreibstil, wobei es möglich ist, Schreibstile zu klassifizieren. Bei alledem bleibt ein kleiner Rest, der nicht klassifizierbar ist, er drückt das Singuläre eines Subjekts aus.

(Fragen und Antworten sind aus technischen Gründen nicht aufgezeichnet worden.)

VIII.
Sexualität und Körperbild

Dialektik von Seins- und Habensmangel | Privation, symbolische Kastration, Frustration | Der Phallus und die phallischen Objekte Das Ideal der Männlichkeit | Fragen zur weiblichen Position

Wir sind das letzte Mal bis zum Thema Schrift und Körperbild gekommen. Die meisten Fragen sind wohl noch offen geblieben. Gleichwohl möchte ich Sie bitten, sie zurückzustellen, weil ich heute über Sexualität und Körperbild sprechen möchte und dafür viel Zeit benötigen werde. Ich werde aber auf Schrift und Körperbild zurückkommen.

Bis jetzt ist ja die Sexualität im Sinne der Geschlechtertrennung überhaupt nicht aufgetaucht. Wir haben so getan, als ob es nur das Subjekt, das Spiegelbild und die Andersheit der Signifikanten gäbe. Aber das Subjekt ist doch ein geschlechtliches. Man kann sagen, dass die Geschlechtlichkeit eine zweite Durchlöcherung des Narzissmus bedeutet. Wenn Sie sich noch einmal an unser Geviert erinnern, dann war der primäre Narzissmus gleichbedeutend mit dem Spiegelstadium. Das Andere, das zwar vorausgesetzt ist, aber erst in der Reflexion entdeckt wird, hat eine erste Infragestellung des Narzissmus bewirkt. Die Reflexion ist gleichsam ein äußerer Rand des Narzissmus, die zugleich den Vorrang auf das Akustische verschiebt. Die Sexualität stellt den Narzissmus von innen her in Frage.

Ausgangspunkt unserer Überlegungen ist wiederum das Geviert, die Passage vom Spiegelstadium S/I zur Metaphorisierung I/S. Es gibt dabei einen Verlust der Einheit, die zuerst als Trennung vom Spiegelbild empfunden wird. Das Subjekt teilt sich, und die Einheit erscheint nachträglich als eine verlorene. Man muss hier die Nachträglichkeit betonen, denn die Einheit wird zuvor nicht als solche wahrgenommen.

Wir haben das letzte Mal auch von der Libido gesprochen und gesehen, dass der libidinöse Wunsch das Wiedererreichen der Einheit intendiert. Das Subjekt steht am Schnittpunkt dieses Wunsches nach

Wiedererreichen der Einheit und der Ordnung der Signifikanten, die dieser Einheit im Wege steht. Mit der Teilung des Subjekts kann man zwei Dimensionen unterscheiden: eine des Seins und eine des Habens. Die Reflexion führt das Subjekt in den Mangel an Sein ein. Da das Wiedererreichen des Seins, das eine Einheit wäre, unmöglich ist, wird das Subjekt auf die Bahn der Objektbeziehungen geleitet. Was ich die Habens-Beziehung nenne, ist gleichbedeutend mit den Objektbeziehungen. Es gibt nun eine Dialektik der Habens- und der Seinsdimension: Mittels der Objektbeziehungen versucht das Subjekt, das verlorene Sein, die verlorene Einheit wiederzuerlangen. Auf diese Art konstituiert sich das, was in der lacanschen Psychoanalyse symbolische Kastration genannt wird. Sie geht davon aus, dass die Einheit des Seins verloren oder präziser: unmöglich ist. An ihrer Stelle konstituieren sich Objekte des Begehrens.

Wenn man etwas genauer hinschaut, kann man den Registern verschiedene Formen des Wunsches zuordnen. Lacan unterscheidet die symbolische Kastration von der Privation und der Frustration. Aus der symbolischen Kastration geht die Objektbeziehung des Habens hervor. Mittels der Habensbezüge versucht das Subjekt, möglichst wieder eine Vollständigkeit zu erreichen. In der Privation sucht das Subjekt nach einem Wort, das sein Sein definiert. Es ist das, was die Hysteriker bei einem Meister suchen. Die Idee dabei ist, dass es für das eigene Sein *das* treffende Wort gibt. Es gibt schließlich die dritte Form, die Frustration, die den Mangel im Körperlichen sieht; wenn der Körper vollständig wäre, würde nichts fehlen. In der Transsexualität ist etwas davon spürbar, wenn ein Subjekt zum anderen Geschlecht gehören möchte, in der Annahme, dass dann das Physische mit dem Psychischen zur Deckung käme. Unter solchen Voraussetzungen wird der Körper zum Schauplatz des Wunsches. Das gilt auch für alle modernen Formen der Schönheitschirurgie.

In der Psychoanalyse kommen alle drei Formen vor, aber wohl am ehesten die symbolische Kastration und die Privation. Man kann sie auch den drei Formen des Wunsches zuordnen, auf die ich schon einmal zu sprechen gekommen bin. Lacan hat das Begehren (*désir*) vom Anspruch (*demande*) und dem Bedürfnis (*besoin*) unterschieden. Das Begehren wäre Ausdruck der symbolischen Kastration, das Bedürfnis der Frustration und der Anspruch der Privation.

Mit diesen Überlegungen sind wir noch immer nicht bei der Sexuierung. Wir wählen den Weg, der auch einer ist in der Subjektwerdung. Das Schlüsselwort dazu heißt Phallus. Was hat es mit dem Phallus auf sich? Der Phallus konstituiert sich gerade dort, wo die

Teilung in den Seins- und in den Habensbezug des Subjekts stattfindet, d.h. dort, wo der Verlust empfunden und die Einheit als eine verlorene aufgefasst wird. Der Phallus hat genau dort, am Schnittpunkt zwischen diesem Verlust, der empfunden wird, und der Wiederherstellung, seinen Ort. Man muss sagen, dass der Phallus etwas Künstliches ist, d.h. er ist kein natürliches Objekt, sondern verdankt sich der Logik.

Auch mit dem Phallus sind wir noch nicht beim Thema der Geschlechtlichkeit. Aber wir haben eine Vorstufe erreicht, die sehr wichtig ist. Die Künstlichkeit des Phallus ist seit langem bemerkt worden, schon bei den Griechen. Es gab Festspiele, bei denen der Phallus als etwas Artifizielles um den Körper gebunden wurde. In der Mythologie könnte man viele Bezüge zwischen Dionysos und dem Phallus ausfindig machen. Dionysos hatte als Beinamen *Phales*, was auf Phallus verweist. Es gibt sehr viele Studien – vor allem auf dem jungianischen Feld – von diesen Zusammenhängen. Es gibt wunderschöne Illustrationen der Phallus-Thematik, z.B. in Pompej, in der *Villa dei Misteri*. Ein Titelbild der französischen Ausgabe von *Télévision*, einem kleinen Büchlein von Lacan, stellt eine Frau aus den Fresken der *Villa dei Misteri* dar.[1] Um die Sache auf den Punkt zu bringen: Der Phallus in dieser Freskendarstellung ist nichts anderes als ein Kind in der Wiege. In der Antike hat man diese kurzschlüssige Gleichung von Phallus und männlichem Organ nicht durchwegs gemacht. Es gibt sogar Arbeiten, in denen der Phallus als etwas Geistiges aufgefasst wird. Denken Sie an das Wort *Logos spermatikos* – da sind die Spermien und damit die Fruchtbarkeit darin enthalten.

Wir haben vorher von symbolischer Kastration, Privation und Frustration gesprochen. Das, was die symbolische Kastration, die Privation oder die Frustration aufheben würde, wäre der Phallus. Da er jedoch einer Denknotwendigkeit entspricht, nicht jedoch einem empirischen Objekt, wird er in verschiedenen Verkörperungen repräsentiert, vorgestellt, als Kind, als geistige Macht, wie eben der *logos spermatikos*, als vollständiger Körper, der vielleicht sogar als unsterblich gedacht wird. Dass das Konzept des Phallus sich mit dem männlichen Organ verbunden hat, ist eine Frage, der später nachgegangen wird. Zunächst halten wir fest, dass der Phallus kein empirisches Objekt ist, aber er kann mit allen möglichen Figuren verkörpert werden; z.B. ist auch der geflügelte Eros eine solche Figur. Der Phal-

1 Vgl. dazu J. Lacan, *Télévision*. Paris: Ed. du Seuil 1974.

lus ist zugleich Ort des Mangels wie auch der unmöglichen Ganzheit und der Erfüllung. Im Symbolischen ist er Ausdruck des Mangels, da in der symbolischen Ordnung jedes Element mit dem anderen vernetzt ist und es deshalb *die* Bestimmung, *das* Wort, das das Sein definieren würde, nicht geben kann; im Imaginären konstituiert er die Idee der Erfüllung, im Realen diejenige der Vollständigkeit.

Man kann also vom Phallus sagen, dass er im Schnittpunkt von Libido und Signifikanten situiert ist. Da dieses Wiedererlangen der Einheit oder des ganzen Seins unmöglich ist, konstituieren sich die menschlichen Objekte als phallische Objekte. Das Spiegelbild selber kann ein phallisches Objekt werden, wenn sich das Subjekt in es verliebt. Es kann auch sein, dass ein anderer Mensch, z.B. ein Mädchen für einen Jungen zum Phallus wird. Das sind Entdeckungen, die in der Psychoanalyse lange vor Lacan gemacht worden sind. Z.B. hat schon Fenichel von der Gleichung *girl = phallus* gesprochen.[2] Auch Reichtum oder geistiger Besitz kann phallischen Wert annehmen. Wir sehen, dass der Phallus seinen Ort im Schnittpunkt von Sein und Haben, Libido und Signifikanten, Subjekt und Objekt, Mangel und Phantasma hat. Von dieser Form her gedacht, gibt es keine Sexuierung, sind beide biologischen Geschlechter phallische Wesen. Die phallische Phase war Freuds Entdeckung.[3] Es ist ein Konzept, das in einer naturalistischen Theorie überhaupt keinen Platz hat. Sowohl naturalistische, biologistische wie feministische Strömungen haben versucht, das zu umgehen. Einerseits ist der Phallus ein Konstrukt, das aus der Logik der Signifikanten hervorgeht; andererseits wird es libidinös aufgeladen und beansprucht damit Wirklichkeit im Psychischen. Man muss dabei den Phallus von phallischen Objekten unterscheiden, das ist nicht dasselbe. Da es den Phallus empirisch nicht gibt, wird er in phallischen Objekten verkörpert.

Sie sehen, dass wir damit immer noch nicht einen Zugang zur Geschlechtlichkeit gefunden haben. Das ist auch das Problematische bei dieser phallischen Phase, dass sie den anatomischen Gegebenheiten nicht entspricht. Sie entspricht einer Notwendigkeit, aber nicht einer Eigentlichkeit, Substanz der Geschlechter. Dem Ideal, Männlichkeit und Weiblichkeit feststellen zu können, stellen sich verschiedene Hindernisse entgegen:

2 Vgl. dazu Otto Fenichel, „The symbolic equation: girl-phallus". Psychoanal. Quarterly, 18, S. 303.

3 Vgl. dazu S. Freud, „Der Untergang des Ödipuskomplexes". G.W. XIII, S. 396/7.

- Die anatomischen Gegebenheiten sind physisch gegeben, aber ob sie auch unmittelbar in die Psyche einfließen, bleibt unbekannt, da nicht feststellbar. Was unmittelbar gegeben ist, ist nicht dialektisierbar, d.h. der Weg zu den geschlechtlichen Positionen führt über Interpretationen, die vom Anderen her kommen. Sie können sich niemals sicher sein, dass sie etwas zu tun haben mit dem, was jeder Interpretation vorausliegt.
- Die Signifikanten als Form und als Zugangsebene zur Interpretation der anatomischen Gegebenheiten sind selber ungeschlechtlich.
- Die Libido ist ebenfalls ungeschlechtlich. Freud hat sie zwar eine Zeit lang mit dem Männlichen gleichgesetzt, aber da es nicht auch eine weibliche Libido gibt, bleibt die Zuschreibung zu einem Geschlecht doch sehr problematisch. Am Ende hat Freud sie fallengelassen. In seiner späten Theorie ist der Eros weder männlich noch weiblich.

Die symbolische Ordnung ist vermittelnde Instanz zwischen den anatomischen Gegebenheiten und den Signifikanten. Kann sie einen Bezug zum Geschlecht herstellen? Da das Andere der Signifikanten als ungeschlechtliche Instanz mit in die symbolische Ordnung einfließt, kann die inhaltliche Bestimmung dessen, was mit den geschlechtlichen Positionen gemeint ist, weder Gewissheit noch Wahrheit erreichen. Infolgedessen bleibt der Phallus als Bezug bestehen. Für beide Geschlechter bleibt er ein Ausgangspunkt.

In vielen Kulturen, in der westlichen und wohl auch in der japanischen, wird folgender Zugang zu den geschlechtlichen Positionen gewählt. Ausgangspunkt ist die Feststellung des Geschlechtsunterschieds. Wir nehmen an, dass er zur Zeit des Spiegelstadiums noch keine Rolle spielt. Irgendwann kommt der Zeitpunkt, in dem er ein Thema wird. Dann kommt unvermeidlich die Feststellung, dass man einem und nur einem Geschlecht angehört. Der Geschlechtsunterschied zeigt sich zunächst als ein äußerlicher, d.h. in der visuellen Wahrnehmung erscheint er als ein äußerlicher. Das eigene Geschlecht wird dann zu dem, was das andere nicht hat. Es gibt eine Teilung der Menschheit in zwei Lager nach dem Kriterium der Sichtbarkeit der Geschlechtsmerkmale. Im Übergang zur Reflexion des Spiegelbildes, also im Übergang zur Entdeckung der unsichtbaren Seiten des Subjekts wird nun das männliche Geschlecht seiner Sichtbarkeit wegen zum äußerlichen Zeichen der unsichtbaren Signifikanten. Wenn man so denkt, impliziert das, dass die Genitalität nicht einem biologischen Trieb entspricht. Das, was Freud Genitalität genannt hat, verdankt sich oder entsteht aus dieser Konjunktion von Signifikanten, Geschlecht und Libido.

Diese Verknüpfung führt zu einer Reihe von Konsequenzen für beide Geschlechter. Das männliche Geschlecht wird zunächst in einem zweiten Grade als phallisch aufgefasst. Wenn ich also sage „in einem zweiten Grad", so gehe ich von dem aus, was ich vorher versuchte darzustellen. In einem ersten Grad war dieses Aufklaffen der Dimension des Mangels und des Phallus als imaginäres Organ, das diesen Mangel füllt, für beide Geschlechter gleich. Nun bekommt die Sichtbarkeit des männlichen Organs phallischen Wert. Es kann sogar sein, dass das männliche Geschlecht als Inbegriff der Vollständigkeit aufgefasst werden kann. Man könnte hier von genitalem Narzissmus oder sogar von genitalem Autoerotismus sprechen. Eine solche Überzeugung wird begünstigt durch kulturelle Idealisierungen, vermittelt durch Eltern und Repräsentanten der Kultur. Es gibt Kulturen, in denen es wenig zählt, wenn ein Mädchen geboren wird, dagegen gilt es als Inbegriff des Glücks, wenn es ein Junge ist. Da wird die Sichtbarkeit idealisiert, als ob das Unsichtbare nichts gelten würde. Diese Phallizität des männlichen Geschlechts – in einem zweiten Grad – geht jedoch aus mehreren Gründen unter. Was sind das für Gründe? Da gibt es zunächst die Rivalität mit andern. Es gibt eine Zeit im Leben der Jungen und wohl auch der Erwachsenen, in der es viel gilt, phallischer zu sein als der andere. Das kann sich entsprechend in allen Registern zeigen, in denen es Frustration, Kastration und Privation gibt. Im Bereich der Frustration stellt sich die Frage, wer das längere Organ hat, wer potenter ist, wer größere körperliche Kräfte hat, wer eine schönere Frau nach Hause führt. Das sind Rivalitäten, die auf den Bezug zur phallischen Vollständigkeit hinweisen, und so ist schon wichtig, aus dieser Position der Rivalität zumindest ein Stück weit herauszukommen, denn sie steht der Anerkennung des andern im Wege.

Die ödipale Konstellation ist ein zweiter Grund für die Phallizität; auch sie ist dazu da, unterzugehen. Wenn das Kind mit dem Vater um die Gunst der Mutter rivalisiert, ist der Konflikt vorprogrammiert. Es ist ja für den Jungen wichtig, dass er die Position des Vaters anerkennt. Manchmal führt dieser Weg über eine Aggressivität, die in der Analyse wieder belebt wird. Diese ist oft der Beginn einer Trauerarbeit, die zur Erfahrung führt, dass man eben nicht so großartig ist, wie man das gedacht hat.

Ein dritter Grund für den Untergangs der Phallizität ist die Begegnung mit dem anderen Geschlecht. Die Position der Phallizität führt zu Angst; die Andersheit des anderen Geschlechts bedeutet auch ein Nicht-Wissen, was zur Folge hat, dass schon die Vorstellung eines sexuellen Kontaktes an Leistung und mögliches Versagen denken lässt. Auch wenn für den Jungen alle Voraussetzungen da sind, seine geschlechtliche Position einzunehmen, kann er versagen, wenn es darum geht, eine Begegnung mit dem anderen Geschlecht zu haben. Es ist zunächst eine tiefe Unwissenheit da, was es will, was sein Begehren ist. Die Begegnung mit dem anderen Geschlecht, wenn sie über das Triebhafte hinauskommt, kann die phallischen Phantasien entscheidend abschwächen.

Schließlich sind die Signifikanten selber etwas, was bewirkt, dass die phallische Position ins Wanken kommt, weil sie das Subjekt an eine Ordnung ausliefern, in der es sich einfügen muss. Die phallische Position kann sich dann noch in ein Residuum flüchten, in dem die Sprache gemieden wird. Dann werden alle Werte, in denen sie sich nicht manifestieret, möglichst hoch gehalten, also z.B. *bodybuilding*, oder alle Veranstaltungen, in denen nicht gesprochen werden muss; darin kann das Phallische irgendwie weiterleben. Da es aber doch abhängig bleibt von den Signifikanten, hat es keine Wahrheit. Die Rivalität mit andern, die ödipale Konstellation, der Konflikt mit den Eltern, die Angst vor dem anderen Geschlecht, die Wirkung der Signifikanten machen das aus, was man die Kastrationsangst nennt.

Es ist durchaus nicht so, dass ein Kind die Kastrationsangst von Anfang an als eine symbolische auffasst! Es kann wirklich die Angst sein, das Geschlecht zu verlieren, sogar dann, wenn überhaupt keine Bedrohung da ist. Im Gegenteil kann das Gefühl der Bedrohung größer sein, je weniger äußere Bedrohung da ist, z.B. wenn eine Mutter ihren Sohn verhätschelt und ihn vor allen Zumutungen des Lebens schützen will. In Analysen kann man entdecken, dass die Kastrationsangst manchmal eine andere Dimension verdeckt, nämlich einen Kastrationswunsch. Wenn man das aber sagt, muss man sehr aufpassen. Ich meine nicht Kastrationswunsch im Sinne des Geschlechtsverlusts, sondern den Kastrationswunsch im symbolischen Sinne. Er beinhaltet im Grunde genommen, der Phallizität die überwertige Bedeutung zu nehmen, sie mit einem Gesetz zu vermitteln. Es ist also der Wunsch, der idealisierten Bedeutung des menschlichen Geschlechts, der Phallizität eine Wahrheit zu geben. Das ist eben die symbolische Kastration. An dieser Stelle entstehen viele Irrtümer in der Psychoanalyse und in Psychotherapien. Wenn man den Patienten zuhört und wenn sie über Kastrationsangst sprechen, kommt man zuerst als Therapeut auf die Idee, dass unvernünftige Eltern ihnen gedroht hatten, das Geschlecht abzuschneiden. Was für eine Grausamkeit! Als Therapeut kommt man dann in Gefahr, in eine Rivalität mit den Eltern zu geraten, es besser machen zu wollen als sie und den Patienten zu schützen vor solchen Zumutungen – bis man entdeckt, dass es um etwas anderes geht. Gerade dann, wenn z.B. ein Vater überhaupt nie eingreift, kann die Kastrationsangst sehr groß werden. Dann muss sie aber als Kastrationswunsch gehört werden, als Wunsch, die Phallizität in eine symbolische Ordnung zu bringen. Auf diese Art wird die phallische Position des Mannes kultiviert, humanisiert, wobei hier Konflikte immer bestehen bleiben, weil die symbolische Kastration etwas ist, das nie abschließbar ist. Ich kann es vielleicht paradox formulieren: Die symbolische Kastration ist die unablässige Suche nach dieser verlorenen Ganzheit. Man kann daraus nicht eine Pädagogik der symbolischen Kastration machen. Es gibt manchmal unter Analytikern die Redensart: Hast du die symbolische Kastration akzeptiert? Die Erwartung ist da, dass man ein für alle Mal von dieser Position des Nicht-Kastriertseins wegkommt, dass man bis ins Innerste überzeugt ist, unvollständig zu sein, einen Mangel zu haben, mit dem man sich abfinden muss. Ist es nicht eher umgekehrt: Gerade wenn man sich nicht damit abfindet, entspricht das der symbolischen Kastration? Sich nicht abfinden heißt ja nicht, dass man in der allmächtigen Position ist, der Kastration enthoben zu sein, sondern diese konstituiert sich als eine verlorene. In diesem Sinne wird es immer Rivalität, Auseinandersetzungen geben.

Freud hat den Mythos von Totem und Tabu geschrieben.[4] Seine Darstellung entspricht nicht einer tatsächlichen geschichtlichen Begebenheit, sondern einer logischen Notwendigkeit. Er besagt, dass es am Anfang der Geschichte einen omnipotenten Kerl gab, der über alle Frauen verfügte. Er wäre außerhalb der symbolischen Kastration situiert. Auch wenn diese Figur nicht einer geschichtlichen Gestalt entspricht, repräsentiert sie die Position des Mannes im Sinne eines Ideals, das nicht gleichbedeutend mit der Realität ist. Don Juan ist bis zu 1003 gekommen, somit nicht zur Totalität, also war auch bei ihm eine symbolische Kastration am Werk.

Die Phallizität, die sich mit der Sichtbarkeit verknüpft, hat auch noch eine weitere bedeutsame Konsequenz. In der Wissenschaft gilt

4 Vgl. dazu S. Freud, *Totem und Tabu.* G.W. IX.

z.B. ein Ergebnis nur, wenn es sichtbar gemacht werden kann. Deswegen sind wir in der Psychoanalyse in einer schwierigen Position, wenn wir mit dem Sprechen und dem Hören arbeiten und behaupten, wissenschaftlich tätig zu sein. Daraus sind Ideen entstanden, die Psychoanalyse irgendwie sichtbar machen zu wollen. Statt zu hören, was die Patienten sagen, wird dann gefilmt, oder es werden Beobachtungen am Körper gemacht. Am Ende glaubt man noch, das habe etwas mit dem Körperbild zu tun.

Kommen wir auf die Position des weiblichen Geschlechts zu sprechen. Auch hier ist der Ausgangspunkt die phallische Phase. In der Konfrontation mit der Sichtbarkeit des männlichen Geschlechts erhält zuerst die Klitoris einen phallischen Wert. Damit kann der Glaube an die Einheitlichkeit der Menschheit aufrecht erhalten werden, aber das ist eine Phase, die verdrängt wird. Die Konfrontation mit dem Unterschied in den anatomischen Gegebenheiten führt zu Veränderungen bei weiblichen Subjekten. Wenn es diese Verknüpfung zwischen Sichtbarkeit und Geschlecht nicht gibt, welche Wege stehen ihnen dann offen? Beim Mann kann man sagen, dass die Sichtbarkeit *conditio sine qua non* ist, er wird durch das sichtbare Zeichen definiert. Das, was das Weibliche ausmacht, lässt sich jedoch nicht an einem äußeren Merkmal festmachen. Deswegen ist die Frage, welche Wege dem Weiblichen offenstehen, von großer Dringlichkeit. Es gibt einmal die Identifizierung mit dem, was der Mann will: Wenn der Mann ein phallisches Objekt begehrt, um mit der symbolischen Kastration fertig zu werden, so kann die Frau ihm diesen Wunsch erfüllen und selbst zum phallischen Objekt werden. Es gibt hier eine eigenartige Konjunktion von Homosexualität und Heterosexualität. Wenn ein Mann ein hübsches Girl spazierenführt, so tut er dies vielleicht zugleich für die Blicke anderer Männer. In diesem Sinne ist es nicht nur die Zuneigung zum Weiblichen, was ihn zu dieser Beziehung bewegt, sondern zugleich der Blick der gleichgeschlechtlichen andern. Fatal dabei ist, dass das Girl dabei seine Weiblichkeit verliert. Es macht sich ja zum Objekt für den andern, und in diesem Sinne stellt es seine Weiblichkeit zurück.

Eine zweite Möglichkeit ist das Festhalten an der phallischen Position und an der Negierung der Geschlechterdifferenz. Von der Logik her sind beide Geschlechter in der phallischen Position. Wenn kein sichtbares Geschlecht vorhanden ist, kommt ein phallisch-sichtbares Objekt an seine Stelle. Auf diese Art kann ein Kind in eine phallische Position gebracht werden. Ich möchte damit nicht sagen, dass es immer so ist, dass das Kind ein phallisches Objekt für die Mutter ist. Mit einer solchen Behauptung lässt sich jeder Wunsch nach einem Kind pathologisieren. Sicher spielen solche phallischen Motive eine Rolle, aber nur schon die Tatsache, dass sie analysierbar sind, weist auf ein Darüber hinaus hin, auch wenn das, was damit gemeint wird, vage bleibt. Das Phallische zeigt sich ähnlich wie beim Mann, wenn er eine hübsche Frau andern Männern zur Schau stellt; eine Mutter kann das mit ihrem Kind auch tun; es geht ebenfalls darum, die Anerkennung, die Bewunderung der andern zu erhalten.

Es bleibt schließlich die dritte Möglichkeit, die Feminität nicht als eine Substanz aufzufassen, die zu entdecken ist. Wenn man in der Symmetrie bleibt zwischen Mann und Frau, müsste man annehmen, es müsste auch ein bestimmtes Merkmal der Feminität geben. Aber es ist auch möglich, Weiblichkeit als Offenheit oder als Ort der Kreativität und Reflexivität zu begreifen. Ich glaube, dass gerade die Reflexion für die Feminität etwas Wichtiges ist. Ich bin sogar versucht zu sagen, dass die Vernunft eher dem Weiblichen und der Verstand eher dem Männlichen zugehört, weil der erste Repräsentant des Andern zuerst die Mutter ist. Wenn die Beziehung zum Kind nur eine phallische ist, dann gibt es etwas wie eine dyadische Dimension. Aber in einer dyadischen Situation wird das Dritte, die Signifikanten des Andern, verdrängt. Wenn eine Mutter ihre Weiblichkeit akzeptiert, ist es möglich, dass das Kind mehr ist als ein phallisches Objekt. Durch die Reflexion gibt es eine Distanz dazu, die auch eine Trennung möglich macht. In diesem Sinne könnte man sagen, dass die Signifikanten als Vernunft eher im Weiblichen inkarniert sind.

Die Frauen haben den Vorteil, dass sie nicht so sehr der Kastrationsangst ausgesetzt sind. Man kann aber deswegen nicht sagen, dass sie nichts zu verlieren haben. Sie haben auch etwas zu verlieren, nämlich die Anerkennung oder das Geliebt-Werden. Gleichwohl gibt ihnen die fehlende Kastrationsangst eine größere Freiheit. Sie ist manchmal mit einem Weniger an Engagement verbunden, weil die Kastrationsangst auch der Motor zu großen Leistungen sein kann. Von daher gibt es Frauen, die sich, wie Freud gesagt hat, mit der Suppenlogik begnügen. Umgekehrt kann die Kastrationsangst zu massiven Phobien führen.

In der Psychotherapie und in Psychoanalysen haben wir es viel mehr mit Frauen zu tun – jedenfalls in der westlichen Welt. (Einwurf: „In Japan auch".) Dass viele Männer nichts wissen wollen von allem, was in ihnen vorgeht, was psychisch ist, hängt genau mit dieser Betonung der Sichtbarkeit zusammen. Die Wertschätzung des Sprechens ist beim weiblichen Geschlecht ungleich größer.

Schließlich noch ein Wort zum sexuellen Bezug der Geschlechter. Wegen der Nicht-Komplementarität gibt es das berühmte lacansche Wort: *„Il n'y a pas de rapport sexuel*", „Es gibt kein sexuelles Verhältnis".[5] Gemeint ist nicht, dass Mann und Frau nichts miteinander anfangen können, es besagt vielmehr, dass es nicht so zugeht, wie wir dies bei Tieren annehmen, wo quasi ein Instinktprogramm den sexuellen Bezug regelt. Mit anderen Worten heißt das, dass sich das sexuelle Verhältnis nicht schreiben lässt, da es keine mathematisch festgelegte Zuordnung, z.B. ein Verhältnis von Eins zu Eins gibt. Das eine Geschlecht hat ein Merkmal, das es definiert, das andere nicht. Dieses Kein-Verhältnis muss man nicht beklagen, denn es ist die Voraussetzung dafür, dass man miteinander sprechen muss.

Frage: „Ich habe einen Patienten in Therapie, der sich stets mit andern vergleicht. Es ist auffallend, dass er immer wieder um etwas bittet, was ich ihm geben soll. Am Ende der Sitzung sagt er, es habe alles keinen Sinn. Aber es gibt immer kleine Fortschritte. Er bezieht das auf die Nicht-Erfüllung, von der Sie gesprochen haben. "

Antwort: Ich glaube, dass hier die Angst eine wichtige Rolle spielt, die Angst vor dem eigenen Begehren. Das Begehren hat ja etwas, was man selber verantworten muss, wo man ungeschützt ist. Es ist in einem gewissen Sinn immer leichter, sich zu einem Objekt zu machen als Subjekt zu sein. Ein Extrembeispiel dafür wäre eine Form von Perversion – der Masochismus. Der Masochist fragt sich: Was kann ich für den andern sein? Er selber hat kein Begehren, oder sein Begehren reduziert sich darauf, das Begehren des andern zu erfüllen, und in diesem Sinne macht er sich zu einer Sache für den andern. Bei Ihrem Patienten kann man vielleicht nicht von Masochismus sprechen, aber es geht schon in diese Richtung. Er will, dass Sie ein Begehren für ihn haben, so dass er nicht allein ist mit seinem Begehren. Dann muss er auch die Leere oder die Frage: Was begehre *ich* überhaupt? nicht empfinden. Er hat dann stets eine Orientierung am Begehren des andern, und am Ende spielt er mit Ihrem Begehren und prüft es. Wenn er Sie kritisiert, will er prüfen, ob Sie standhaft sind in Ihrem Begehren. Wenn Sie auf die Idee kämen – was Sie ja nicht getan haben –, ihn zu fragen, wie Sie ihm dienlich sein können, wür-

5 Vgl. dazu J. Lacan, *Das Seminar XX,* Quadriga 1986, 3. Sitzung.

den Sie dasselbe machen wie er. Er will mit seiner Kritik nicht sagen, dass etwas ungenügend war, sondern eher Ihr Begehren testen. Offenbar ist es Ihnen gelungen, die Kritik zu ertragen, sonst wären die Fortschritte nicht möglich. In diesem Sinne könnte man sagen, wenn man noch einmal die Unterscheidung von symbolischer Kastration, Privation, Frustration aufnimmt, dass er Sie immer wieder mit der Kritik prüft, ob Sie den Zustand der Privation ertragen, d.h. ob Sie in der Lage sind, für sich allein eine Position einnehmen, ohne von einem Objekt abhängig zu sein.

Wir werden das nächste Mal über das Partialobjekt sprechen – das ist sehr bedeutsam für das Körperbild.

IX.
Die Tücken der Partialobjekte. Schrift und Körperbild

Weiblichkeit und Mütterlichkeit | Die Reihe der Partialobjekte Ihre Beziehung zum Spiegelstadium | Verstandeskategorien und Partialobjekte | Thesen zu Schrift und Körperbild

Drei Punkte stehen heute auf dem Programm:

1. Es gibt noch ein paar Nachträge zum Thema der Sexuierung,
2. das Partialobjekt und seine Bedeutung wird thematisiert,
3. möchte ich etwas über die Beziehung der Kanjis zum Körperbild sagen.

Zunächst zu ein paar Nachträgen zur Sexuierung:

Wir haben gehört, welch große Bedeutung der phallische Signifikant für beide Geschlechter hat. Die Position der Weiblichkeit ist jedoch ein wenig anders als diejenige der Männlichkeit. Es ist aber nicht so, dass es zwei unterschiedliche Substanzen gibt, die Positionen sind asymmetrisch. Es gibt das Wort von Lacan: „*La femme n'existe pas*, die Frau existiert nicht". Ich verweise dazu vor allem auf das Seminar XX *Encore*.[1] Dort finden Sie das berühmte Tableau der Sexuierung. Es ist jedoch für unser Seminar zu speziell. Mit dem Thema des Existierens, mit der Aussage, die Frau existiert nicht, meint Lacan nicht eine Abwertung der Frauen, sondern er weist darauf hin, dass sie kein empirisches Merkmal haben, das sie definiert. Beim Mann gibt es die Verknüpfung des phallischen Signifikanten mit dem Körper. Man kann den Mann so definieren, dass er nicht ohne das Organ ist („*il n' est pas sans l'avoir*")[2] Bei der Frau fehlt ein sie definierendes Merkmal. Deswegen ist sie auch nicht ganz im Phallischen positioniert. Lacan spricht in diesem Zusammenhang von einem supplementären Genießen. Die Frau ist auch im phallischen Diskurs, jedoch nicht ganz. Es gibt zum Beispiel die Teilung in Müt-

1 Vgl. dazu die 6. Sitzung ebd.

2 Vgl. dazu *Le Séminaire VIII*, S. 274. Paris: Ed. du Seuil 1991.

terlichkeit und Weiblichkeit. Die Mütterlichkeit ist definiert durch die Phallizität, die Mutter ist nicht ohne Kind. Bei der Weiblichkeit gibt es Offenheit. Ich habe sie mit der Position der Reflexion in Verbindung gebracht.

Ein weiterer Gedanke schließt hier an: Wenn es so ist, dass die weibliche Position nicht von der Phallizität ausgeht, sondern vom Nicht-Definierten, so gilt ihr Begehren dem Andern, der sie definiert. Man könnte es mit einer Bewegung ausgehend von *a* in Richtung auf A kennzeichnen. Die Frau will vom Andern eine Antwort auf ihre Frage nach ihrem Sein bekommen. Damit ergibt sich die Relation zu einem Meister. Dabei kann jede Antwort nur ungenügend sein, weil dieses S1 ja niemals das Unerreichbare, Abwesende von *a* definieren kann. Von da weg gibt es die Bewegung, die man von der Hysterie kennt: „Das ist es nicht, und das ist es nicht." Die Position des Mannes geht eher umgekehrt vom Subjekt in Richtung Objekt. Der Mann erfährt die Wirkung der Signifikanten dadurch, dass ein Interesse an den phallischen Objekten da ist, die dazu da sind, den Mangel zu füllen. Aber auch diese Schließung, diese Füllung des Mangels kann nicht gelingen, weil sich das Objekt *a* letztlich entzieht und eben nicht einholbar ist. An seine Stelle kommen Phantasmen. Es gäbe darüber sicher noch viel zu sagen, aber ich denke, wir gehen nun zum nächsten Punkt, dem Partialobjekt, das durch diesen letzten Nachtrag schon ein wenig eingeführt worden ist.

Wir sehen, dass die Sexuierung einem Loch im Narzissmus gleichkommt. Im Zusammenhang mit dem Geviert, das ich ja wiederholt an die Tafel gezeichnet habe, stellte sich immer wieder die Frage, was den Narzissmus übersteige oder durchbreche. Die Geschlechtertrennung ist sicher etwas, was die Ordnung des Narzissmus durchbricht. Die Positionen sind nicht aufeinander beziehbar, weshalb Lacan sagt, es gäbe kein sexuelles Verhältnis. Der Zugang zu den Partialobjekten eröffnet sich über die symbolische Kastration, das heißt dann, wenn sich das Subjekt, ausgehend vom Spiegelstadium, als unsichtbar und als gespalten erfährt. Wie gehören nun Libido, - *phi*, Objekt *a* und Phallus im Symbolischen zusammen? Gehen wir von der Libido aus, sie ist etwas Negatives, das immer schon entflohen ist und nun im Andern inkarniert wird, ein Entzug. Zugleich ist das Subjekt der Signifikanten da, das sich als Mangel, als Frage erfährt. Das Objekt *a* hat die Funktion, eine Positivität herzustellen, dem Entzug entgegenzuwirken. In diesem Zusammenhang spricht man vom Partialobjekt.

Beim Wort Partialität muss man sehr vorsichtig sein. Die Partialität konstituiert sich nämlich erst nachträglich. Nehmen wir das Beispiel der Brust als Partialobjekt. Anfänglich empfindet sie das Kind als Teil des eigenen Körpers, dabei kann man eigentlich nicht vom eigenen Körper sprechen, da er ja nicht als abgegrenzter erfahren wird. Gegeben ist eine unabgegrenzte, diffuse Einheit mit der Brust. Die Wirkung der Signifikanten bewirkt eine Trennung, bei der man sogar von der Empfindung einer Verstümmelung des Subjekts sprechen kann. Zugleich eröffnet diese Wirkung der Signifikanten andere Möglichkeiten von Objektbezügen. Erst in diesem Zusammenhang konstituiert sich die Brust als partielles Objekt. Wir sehen, dass der phallische Signifikant im Symbolischen am Ursprung der Nachträglichkeit steht. Er bewirkt eine Trennung, deren Schließung die imaginäre Dimension des Phallus intendiert. Die Reihe der Objekte steht für den Versuch, diese Kluft, die in Körperöffnungen lokalisiert werden, zu schließen. Die Objekte sind die klassischen drei, die Freud genannt hat: Brust, Kot und Blick; dazu kommt die Stimme. Freud hat selber immer mit der Stimme als Objekt gearbeitet, aber er hat sie nie als solches thematisiert. Sie wissen ja, dass die Stimme auch eine besondere Bedeutung bei Freud hatte; er litt unter Kehlkopfkrebs. Die Objekte sind Formationen dessen, was dic im Spiegelstadium verlorene Ganzheit kompensiert. Gehen wir sie der Reihe nach durch:

Die Brust ist das Objekt, das am nächsten beim Realen ist, eingebettet in Natur. Man kann ja den Menschen auch als Säugetier definieren. Durch die trennende Wirkung der Signifikanten wird sie ein partielles Objekt. Durch diesen Verlust der Ganzheit wird sie zum Sinnbild von Geborgenheit, Wärme, Nahrung, Gabe. Unter dem Einfluss des phallischen Signifikanten bekommt die Brust auch eine andere Funktion. Man sieht das daran, welche Bedeutung sie für die weibliche Schönheit hat. Dabei kommen andere Qualitäten als Geborgenheit und Nahrung ins Spiel.

Der Kot taucht dann als Objekt auf, wenn der Einfluss des Andern vom kindlichen Subjekt bemerkt wird. Oder anders gesagt, wenn das Kind wahrnimmt, dass der Andere ein Begehren hat, das sich an es richtet. Damit eröffnet sich auch die konfliktreiche Problematik des Gehorsams. Für das Kind stellt sich die Frage, ob es dem Begehren entsprechen soll oder nicht. Es gibt eine intersubjektive und eine intrasubjektive Dimension der Analität. In der intersubjektiven Dimension geht es um Erfüllung des Gehorsams oder nicht. Aber es gibt diese Konflikte auch im Verhältnis zum eigenen Körper. Der eigene Körper verliert in der Analität seine Unmittelbarkeit. Das Kind hat ein Verhältnis zum Körper, er wird ein Objekt. Nun stellt sich die Frage nach seiner Beherrschung oder nach dem Ausgeliefertsein an ihn. Diese Problematik zeigt sich zum Beispiel, wenn das Kind, das in einem Alter ist, in dem es schon gehen kann, hinfällt. Das ist weniger ein Problem des Schmerzes, als vielmehr der Kränkung, nicht über den Körper zu verfügen. Und natürlich zeigt sich das Problem in der ganzen Reinlichkeitserziehung. In diesem Zusammenhang wird der Kot zur Gabe oder zum Zeichen der Liebe. Wenn das Kind gehorsam ist, aufs Töpfchen geht und ein schönes Caca macht, haben die Eltern Freude. Zur Analität gehört aber auch, dass es dies eben nicht tun will.

Gehen wir weiter zum Blick. Der Blick ist sehr an das Reflexive gebunden. Einerseits erhält er die Bedeutung dadurch, dass das Subjekt mit dem Schauen überhaupt erst die Realität erfährt. Wir haben ja vorher vom Existieren oder Nicht-Existieren gesprochen; das Kriterium, ob etwas existiert oder nicht, richtet sich danach, ob es gesehen werden kann oder nicht. Der zweite wichtige Punkt ist, dass das eigene Schauen nicht gesehen werden kann. Ich kann meinen Blick nicht selber sehen, aber der andere kann ihn sehen. Von da weg wird der andere zum Träger eines Wissens, das ich nicht habe. Ich kann dann von ihm eine Antwort auf meine Frage nach meinem Sein erwarten. In diesem Zusammenhang ist das Setting der freudschen Analyse bedeutsam, das ja gerade den Blickkontakt ausschaltet. Man muss aber nicht glauben, dass deswegen der Blick keine Rolle mehr spielt. Ganz im Gegenteil, der vorgestellte Blick, wie der andere mich sieht, im weiteren Sinn, was der andere denkt, wird noch wichtiger, wenn ich ihm nicht gegenüber sitze. Die Bedeutung des Blickes zeigt sich in der Pathologie nirgends so stark wie in der Paranoia: Die Bäume im Wald haben Augen, im Nebel sind Augen, überall sind Augen da, die das Subjekt sehen. Da können wir an das denken, worüber wir früher gesprochen haben, an diese primitiven Anthropomorphisierungen, die sich eben dadurch auszeichnen, dass noch keine Abgrenzung zwischen dem Subjekt, das sieht, und dem Objekt das gesehen wird, besteht. In diesem Sinne ist dieses Stadium, in dem der andere zum Träger meiner Erwartungen wird, dass er mich sieht, nie ganz überwindbar. Lacan stellt mehrmals fest, dass das Verfehlen zum Blick gehört.[3] Es gibt zwar eine Intimität des Blickes, dabei ist

3 Vgl. dazu J. Lacan, *Das Seminar XI*, 6. und 7. Sitzung.

aber nicht gesagt, dass der eine den andern im Blick auch wirklich wahrnehmen kann.

Kommen wir noch zur Stimme. Die Stimme ist Träger der sprachlichen Repräsentation. Wo zeigt sich ihre phallische Dimension, wenn es doch so ist, dass die Objekte phallische Objekte sind? Z.B. im Schrei, wenn ein großes Erstaunen da ist. Die Oper spielt mit der phallischen Dimension der Stimme. Man kann sowohl an weibliche wie an männliche Stimmen denken. Die Stimme ist insofern ein besonderes Objekt, als sie ja Träger des psychoanalytischen Gesprächs ist. Einerseits kommt sie vom Subjekt, aber das, was die Stimme mitteilt, kommt vom Anderen her. Die Dimension der Anerkennung ist sehr stark verknüpft mit der Stimme. Wenn ich zu jemandem spreche, so ist das eine Anerkennung meines Gegenübers, seines Subjekt-Seins. Man darf die Stimme jedoch nicht idealisieren. Sie kann auch sehr hässliche Worte sagen oder gar Vernichtungen befehlen. Man muss nur daran denken, wie z.B. in totalitären Staaten Stimmen als Propagandainstrument verwendet werden. Gleichwohl ist zumindest im Moment, in dem sich die Stimme vernehmbar macht, ein friedlicher Zustand da. Wenn der andere auch die Möglichkeit hat, seine Stimme zu erheben, so herrscht Frieden.

Bei allen vier Objekten spielen die Körperöffnungen eine große Rolle, wobei der Mund besonders wichtig ist, weil er die Öffnung für zwei Objekte ist, für die Nahrung und für die Stimme. Das zeigt, dass der Mangel sinnlich empfunden wird, er ist nicht einfach etwas Abstraktes. In diesem Sinne könnte man den Körper mit dem Signifikanten parallelisieren. Der Signifikant führt den Mangel ein, aber die Körperöffnungen stehen ebenfalls für den Mangel. Es geht darum, Objekte zu finden, die diesen Mangel wieder füllen. Die Körperöffnungen erfahren wir erst durch Vermittlungen der Signifikanten, das gilt sogar für die Augen, die im Schauen etwas Unmittelbares zu haben scheinen. Es kann erst thematisiert werden, wenn eine Reflexion da ist, die selber nicht visuell ist.

Zu den Objekten gehört zudem die sexuelle Dimension, im freudschen Sinne. Wir kommen damit auf ein schwieriges Gelände. Wenn man von Sexualität spricht, denkt man in erster Linie an die Geschlechterteilung und an die Beziehung der Geschlechter. Was kann denn die Beziehung sein zwischen den Partialobjekten und der Sexualität? In diesem Zwischenbereich, zwischen der Ebene der Signifikanten des Subjekts und den Objekten, gibt es eine libidinöse Spannung. Denken wir z.B. an das Lutschen als eine orale Manifestation, oder auch an das Küssen. Oder denken wir an die Bedeutungen des Schautriebes, der Retention des Stuhls in der Analität. Es ist spürbar, dass das nicht nur Manifestationen des Körpers sind, sondern dass hier etwas Sinnliches vor sich geht, das auf ein Subjekt der Sinnlichkeit verweist. In diesem Sinne sind die Partialobjekte Sexualobjekte. Das Sexuelle ist nicht identisch mit Geschlechtertrennung oder -teilung, sondern bezeichnet auch die Kluft zwischen der Ebene der Signifikanten und dem Körper; beide Geschlechter sind davon betroffen.

Heißt das nun, dass die Geschlechtertrennung, die Teilung der Geschlechter in Männlichkeit und Weiblichkeit, nichts mit diesen Partialobjekten zu tun hat? Eine solche Folgerung wäre voreilig. Über das Konzept des Phallus, des phallischen Signifikanten kommt die Sexuierung doch wieder ins Spiel. Er selbst ist der Signifikant des Mangels schlechthin, an seine Stelle kommen die Objekte. Wenn nun für einen Mann dieser Mangel empfunden wird, bekommt z.B. die weibliche Brust einen erotischen Wert. Es gibt dabei zwei Varianten: Die eine besteht darin, dass eine Frau mit allen ihren Attributen als Phallus gesehen wird; die andere Variante ist dadurch charakterisiert, dass eben ein Partialobjekt den Reiz der Frau ausmacht. Das kann auch der Blick sein, d.h. die Art und Weise, wie sie blickt, oder ihre Stimme. Ein Mann kann in eine Sängerin verliebt sein, weil sie eine wunderschöne Stimme hat. Dann sieht man, dass es zwar eine sexuelle Beziehung zwischen beiden gibt, die aber nicht begründet ist in einem unmittelbaren Bezug der Geschlechter.

Die Partialobjekte verkörpern eigentlich das, was vom phallischen Signifikanten als Mangel aufgerissen wird. Man muss aber immer wieder darauf hinweisen, dass dieses Objekt *a* letztlich unerreichbar, unendlich ist.[4] Warum? Es ist ja der Inbegriff dessen, was eigentlich vor der trennenden Wirkung der Sprache da ist. Den Zustand der Unmittelbarkeit vor der Sprache können wir nicht mehr erreichen; die Objekte sind uneinholbar. An ihre Stelle kommen Phantasmen. Diese geben uns eine Stütze im Sein. Es gibt keinen Anlass, sie abzuwerten, weil wir sie brauchen.

Die vertrackte Beziehung der Partialobjekte zur Sexualität drückt sich in einem lacanschen Wortspiel aus, wenn er sie *a-sexué* nennt.[5]

4 Antonello Sciacchitano hat die Idee der Unendlichkeit des Objekts mittels mathematischer Überlegungen ausgearbeitet. In: *Das Unendliche und das Subjekt. Warum ist es gut die Mathematik zu kennen, wenn man über die Psychoanalyse spricht? Zürcher Gespräche.* RISS-Extra 4. Zürich: RISS-Verlag 2004.

5 Vgl. dazu J. Lacan, *Das Seminar XX,* S. 137.

Das Partialobjekt ist sexuell, aber nicht sexuiert, ist darüber hinaus dennoch konstitutiv für die Beziehung der Geschlechter, auch wenn diese glauben, ihre Beziehung sei in biologischen Relationen gegründet.

Nun habe ich vorhin von der Reihe der Objekte gesprochen, ausgehend von der Oralität über die Analität, zum Blick und zur Stimme. Das machen ja alle die Entwicklungs- und Reifungstheorien auch. Es gibt so viele Theorien, die von der Prägenitalität ausgehen, dann von der Phallizität sprechen und schließlich zur Genitalität übergehen. Gibt es denn einen Unterschied zu meiner Darstellung, und wenn ja, worin zeigt er sich? Tatsächlich geht es hier um eine Strukturtheorie, ausgehend von der Ebene der Signifikanten. Die Triebstadien sind nicht biologisch vorgegebene, sondern schon geschichtliche, strukturiert von der Wirkung der Signifikanten. Das trifft sogar für die Oralität zu. Gewiss kann man am Anfang beim neugeborenen Kind von angeborenen Teilen sprechen; das, was wir Oralität nennen, strukturiert sich jedoch erst ausgehend von der Entwöhnung, wenn der Zustand der Identität, der Unmittelbarkeit, ein verlorener ist. Dann treten tausend Nahrungsmittel als Substitut an die Stelle der verlorenen Einheit.

Sprechen wir noch über die Beziehung der Partialobjekte zum Spiegelstadium. Man könnte auf die Idee kommen, das Spiegelstadium ausgehend vom Partialobjekt zu konzipieren. Zuerst wäre ein Objekt *a* gegeben, das dann irgendwie zum Spiegelstadium führen würde. Das wäre Ausdruck einer Reifungstheorie, die sich darüber hinwegsetzen würde, dass das Subjekt von den Signifikanten, also vom Anderen her strukturiert wird. Auch das Spiegelstadium erhält vom Anderen her seine Bedeutsamkeit. Wir haben ja gesehen, dass es schon die Symbolisierung des Imaginären enthält. Es ist bereits ein erster Ausdruck einer Teilung des Subjekts. Die Phallifizierung des männlichen Organs ist ein Versuch, diese Teilung rückgängig zu machen. Die Frage stellt sich: Warum bleibt man nicht beim Autoerotismus, warum genügt sich der Mann nicht selbst, wenn er sagen kann, sein Organ sei phallisch, er habe keinen Mangel mehr? Selbst, wenn er sich in diesem Narzissmus gefällt, gibt es gleichwohl noch Dimensionen dessen, was verloren ist, z.B. das Ungeteilt-Sein von Innen und Außen oder die Unmöglichkeit, den eigenen Blick einzuholen. Das Partialobjekt muss im Verhältnis zum Spiegelstadium somit nicht als Ursprung gesehen werden, sondern als etwas, das dem Spiegelbild seine besondere Ausprägung gibt, je nachdem, um welches Partialobjekt es geht. Man könnte auch sagen, dass das Spiegelstadium Triebobjekte, ja sogar Triebstadien in sich enthält. Es ist ja nicht ein abstraktes Subjekt, das sich im Spiegelbild sieht, sondern es ist ein Subjekt, das durch die Reflexion auf sich selbst etwas verliert, was es nun wieder haben will.

Was wäre somit die orale Dimension des Spiegelbildes? Vielleicht die, dass man so in sich verliebt ist, dass man mit dem Spiegelbild verschmelzen möchte. Die Erfahrung der Kälte des Bildes ist dann ein Schock. In Ovids Mythos ist etwas von dieser Oralität spürbar. Narcissus ist z.B. nicht auf die Idee gekommen, das Wasser zu trinken, auf dessen Oberfläche er sein Bild gesehen hat. Die Oralität besteht nicht einfach darin, dass man trinken möchte, sondern es gibt einen Wunsch nach dem Wieder-Eintauchen in eine Einheit, die, wenn sie gelingen würde, etwas Tödliches hätte. Es gibt Geschichten von Pathologien, die sich vor dem Spiegel abspielen. Das Subjekt versucht, sich in seinem Spiegelbild selber zu genügen.

Was könnte als anale Dimension des Spiegelstadiums bezeichnet werden? Zu denken wäre an etwas Zerstörerisches, an eine Abwendung von sich, einen Hass. Die Reflexion der Signifikanten ist ja nicht einfach etwas Kraftloses, Blasses, sondern es ist auch ein Sich-Losreißen vom andern. In diesem Zusammenhang will man von seinem eigenen Bild nichts mehr wissen. Wenn man sich sieht, gibt man sich auf die Nerven; es gibt in diesem Sinne sehr wohl auch einen Hass gegen das eigene Bild. Aber die Analität kennt auch die andere Seite, die sie schwer abgrenzbar von Oralität macht: Die Trennung, das Sich-Abstoßen vom Bild erfährt eine Gegenbewegung, die ein erneutes Verlangen nach einer Einheit ausdrückt.

Die blickhafte Dimension des Spiegelbildes ist vielleicht die einleuchtendste oder die erfahrungsnächste, weil sie sich um die Problematik dreht, dass man sich selber nicht sehen kann. Man kann sich vor den Spiegel setzen und in die Augen des Gegenübers sehen. Man hofft dabei, sich selber sehen zu können, und man sieht, wie einem das Gegenüber anblickt. Der andere, der mich sieht, ist aber bloß ein Bild, der keinen eigenen Blick hat, sondern den eigenen objektiviert. Damit entwischt der Akt des Sehens diesseits des Spiegels. Ist das Gegenüber dagegen ein anderes Subjekt, so ist dessen wahrgenommener Blick derjenige eines Andern, ergo sagt er nichts über den Blick aus diesseits des Spiegels. Wie man es immer anstellt, stets bleibt der eigene Blick in seiner realen Dimension einem selbst verborgen. Dagegen sieht man den Blick des Andern, den dieser selber nicht sehen kann. Einerseits drückt der Blick die Quadratur des Zirkels aus, andererseits akzentuiert er die Polarität von Macht und Ohnmacht, weil der Andere stets mehr weiß als das Subjekt angesichts des andern.

Schließlich gibt es eine stimmliche Dimension des Spiegelstadiums. Ovid mit der Figur der Echo hat sie uns vorgeführt. Die Laute folgen in transformierter Form den Gesetzen der Spiegelung. Es gibt die merkwürdige Erfahrung, die eigene Stimme zu hören. Wenn ich mich auf Tonband aufzeichne und mich dann selber höre, dann habe ich den Eindruck von Fremdheit. Die Redensart, die besagt: „Wie man in den Wald ruft, so tönt es zurück“ ist nur bedingt richtig, trifft für den akustischen Bereich jedenfalls nicht zu. Es entsteht sofort ein Wunsch nach Vertrautheit der eigenen Stimme. Hier entsteht aber immer wieder eine Kluft zwischen dem, was in einem unmittelbar drin ist, und dem, was nachher vom Anderen her zurückkommt.

Die knappen Ausführungen über das Verhältnis der Partialobjekte zum Spiegelstadium haben auch deutlich werden lassen, dass das Begehren nach vollständiger Aufhebung der Fremdheit der Partialobjekte etwas mit dem Genießen zu tun hat. Die Unerreichbarkeit der Partialobjekte in ihrer realen Dimension, bedingt durch die trennende und verzeitlichende Wirkung der Signifikanten, bewirkt einen Mangel an Sein. Umgekehrt gesagt: Das vollständige Einholen der Partialobjekte wäre gleichbedeutend mit einem vollen – jedoch tödlichen – Genießen. Das volle Sein, die Unmittelbarkeit, das wäre das volle Genießen. Es ist grundsätzlich verbaut durch die Ebene der Signifikanten, so dass das Subjekt zwischen diesen beiden Polen situiert ist, zwischen dem Nicht-Genießen, Sublimieren und dem Genießen.

Ich füge diesen Gedanken über die Partialobjekte noch etwas bei, was uns wieder zu Kant zurückführt. Sie erinnern sich, wir haben vom Verstand bei Kant gesprochen und von den vier Kategorien des Verstandes: der Quantität, der Qualität, der Relation und der Modalität. Die Quantität bezeichnet das Vereinheitlichende, die Qualität beinhaltet die Möglichkeit der Negation, also etwas zu bejahen oder zu verneinen. Die Relation hat mit Kausalität zu tun und die Modalität mit dem Grad der Wirklichkeit – ist etwas wirklich, möglich oder unwirklich? Nun schlage ich vor, dass wir diese vier Kategorien mit den vier Objekten, bzw. mit den vier Trieben in Beziehung setzen.

Die Oralität erscheint dann als ein anderer Ausdruck für den quantitativen Aspekt. Was macht die Oralität anderes als zu vereinen? Die entsprechende Figur dazu wäre die Begierde im hegelschen Sinn. Man muss dabei den Gegensatz von Begehren und Begierde in

Betracht ziehen. Das Begehren hat kein ihm zugeordnetes Objekt, ist seinem Wesen nach Metonymie. Die Begierde tendiert im Gegensatz dazu, sich etwas einzuverleiben. Genau das trifft für die Oralität zu: Sie will das, was außen, getrennt vom Ich ist, einverleiben und auf diese Weise eine Einheit herstellen – wie die quantifizierende Tätigkeit des Verstandes. Nun geht es nicht in jedem Fall um Einverleibung; auch auf sublimierter Ebene lassen sich Einheiten herstellen. Wenn wir sagen, wir sind uns einig, ist dies zwar kein Kannibalismus, aber doch etwas, was eine Gemeinsamkeit, eine Eins stiftet. Das, was in der Psychoanalyse Kannibalismus genannt wird, wäre dann der brutalste Ausdruck für die Begierde.

Die Analität lässt sich mit dem qualitativen Aspekt in Beziehung bringen. Im Zentrum steht die Negation als Merkmal der Qualität. Negation und Affirmation sind dabei aufeinander angewiesen. Man könnte sagen, die Oralität ist gleichbedeutend mit Bejahung, die Analität setzt mit Verneinung, Negation ein. Das stimmt aber nicht ganz. Man kann erst etwas bejahen, wenn man es auch verneinen kann. Somit ist am Anfang noch ein unmittelbarer Zustand. Ausgehend von der Analität, bekommt die Oralität nachträglich einen anderen Stellenwert. Die Oralität von der Analität her gedacht, nach ihr situiert, ist eine andere, als die Oralität vor der Analität. Erst wenn das Subjekt etwas verneinen kann, kann es auch im vollen Sinn des Wortes etwas bejahen. Die Negation der Analität ermöglicht somit auch die sublimierte Bejahung anstelle der Einverleibung. Zur Analität gehört sodann der Besitz. Er drückt die Abgrenzung gegen andere aus und gibt ihm zugleich ein positives Merkmal, eben Besitz, ein eigenes Territorium zu haben.

Den dritten Aspekt, die Relation, habe ich mit dem Blick in Beziehung gesetzt. In der Tat verbindet der Blick zwei getrennte Elemente. Weil ich mich angeblickt fühle, drehe ich meinen Kopf in Richtung auf die vermutete Herkunft des Blicks. Das Beispiel weist zugleich darauf hin, dass die Kausalität im psychischen Bereich etwas grundsätzlich anderes ist als im physischen Bereich. Wenn ich einen Gegenstand fallen lasse oder wegstoße, kann ich die darin wirksamen Kräfte messen und die Wirkungen berechnen. Im psychischen Bereich ist die Kausalität nicht in diesem Sinne einer Notwendigkeit möglich. Dennoch steht der Mensch nicht außerhalb von kausalen Zusammenhängen. Kant hat das gewusst und versucht, die Schwierigkeit der beiden Kausalitätsauffassungen so zu denken, dass er ein Nebeneinander von Kausalität aus Freiheit – die zum Noumenalen gehört – und Kausalität aus Notwendigkeit – die zum Phänomenalen, Empirischen gehört – behauptet hat.[6] Wir brauchen hier jedoch keine Diskussion über diese kantschen Konzepte zu führen, sondern wir können uns auf die Bedeutung des Blicks hinsichtlich der Kausalität konzentrieren. Im Spiegelstadium zeigt sich dabei eine interessante Besonderheit, denn das Spiegelbild ist ein physikalisches Phänomen, für das exakt die Gesetze der Physik gelten. Nicht so für das abgebildete Subjekt! Seine Beeinflussung durch das Spiegelbild gehorcht nicht physikalischen Gesetzen. Vielmehr entsteht aus der Einwirkung des Spiegelbildes auf das abgebildete Subjekt, auf seinen Eindruck des Angeblicktwerdens vom andern, die Reflexion, die den andern vom Subjekt unterscheidet. Schon im Kontext der Erörterung der Analität zeigte sich die Abwendung des Subjekts vom Bild. Wenn es sich wiederum dem Spiegelbild zuwendet, ist dieses für es ein anderes geworden: nicht mehr ein Ort der Selbstvergessenheit, in dem es sich vermeintlich selber erkannte, sondern ein Ort des Abbildes, *seines* Abbildes. Das Objekt des Blicks setzt somit die trennende Arbeit der Analität fort und bringt sie auf einer höheren Ebene wieder zusammen, wobei das Spiegelbild strikt der physikalischen Kausalität gehorcht, die vom Subjekt gesteuert werden kann – was es tut, tut auch das Spiegelbild –, während das Subjekt dieser deterministischen Kausalität nicht unterworfen ist – das Spiegelbild und seine Bewegungen lassen ihm einen breiten Spielraum, wie es sich dazu verhält.

Kommen wir noch zur Stimme, die ich auf die Modalität zu beziehen versuche. Wie hängen Stimme, Wirklichkeit, Möglichkeit und Unmöglichkeit – die Merkmale der Modalität – zusammen? Sind diese Grade der Realität nicht außerhalb der Stimme, ja, müssten sie nicht vielmehr mit dem Blick in einen Zusammenhang gebracht werden? Auf solche Gedanken kommen wir vielleicht, wenn wir uns mit naturwissenschaftlichen Erfahrungen befassen, wo das Sehen, Feststellen und Aufschreiben eine dominierende Rolle spielt. Im psychischen Bereich ist es anders. Erst wenn ich etwas zur Sprache bringe, wenn ich es artikuliere, erhält es Wirklichkeit. Selbst die Schrift kann das gesprochene Wort nicht ersetzen. In der Artikulation manifestiert sich das Psychische, wird dadurch wirklich. Ausgehend von der Wirklichkeit in ihrem performativen Aspekt konstituiert sich zugleich das Mögliche und das Unmögliche. Alles kann nicht gesagt werden, wenn es denn so ist, dass die Signifikanten das Subjekt repräsentieren. Etwas bleibt ausgeschlossen, was Ursprung des Objekts

6 Vgl. dazu I. Kant, *Kritik der reinen Vernunft*, S. 488-505.

a ist. Andererseits kann nicht alles, was in den Kreis des Sagbaren gehört, gleichzeitig gesagt werden; es bildet den Horizont des Möglichen. Die Stimme als Ausdruck des Subjektiven zeigt sich in einem kleinen Beispiel, das Freud von einem Jungen berichtet: „Tante, wenn du sprichst, wird es heller".[7] Ganz gleich was die Tante sagt, verschafft ihm die Stimme den Eindruck eines Lichtes; sie ist weit mehr als ein physikalisches Phänomen. Die Stimme bringt das Psychische erst zur Wirklichkeit, wobei sie auch substituiert werden kann – selbst ein Bild kann die Stimme eines Malers ausdrücken; und Stummheit ist nicht gleichbedeutend mit Stimmlosigkeit. Die Manifestation der Stimme ist eng mit Angst verknüpft, die nichts Pathologisches hat. Die Stimme erheben heißt, eine Kausalität überhaupt erst herstellen, etwas eine Bedeutung geben; das Subjekt riskiert, exponiert sich in seiner und durch seine Stimme als ein singuläres, das damit angreifbar wird, weil es der blinden Kausalität enthoben ist. Lassen wir es einstweilen damit bewenden.

Ich wollte noch über Schrift und Körperbild sprechen; angesichts der fortgeschrittenen Zeit kann ich vielleicht noch den Zugang dazu skizzieren. Wir sind ja immer wieder von der Verlustthematik ausgegangen. Die phallische Besetzung des Körpers ist ein Versuch, über den Verlust hinwegzukommen. Die vier Triebobjekte haben auch mit seiner Kompensation zu tun. Es gibt eine weitere Dimension, über den Verlust hinwegzukommen, das ist die Schrift. Das Wort ist flüchtig, die Schrift bleibt, das haben schon die Römer gesagt Das Wort ist an einen Sprecher gebunden, die Schrift kann überall verbreitet werden. Das gilt für die Buchstabenschriften wie für die bildhaften Zeichen, nenne man sie Ideogramme oder Piktogramme. In vielen Kulturen gibt es bewegende Dokumente davon, z.B. Zeugnisse aus der Azteken- und Mayazeit. Es ist mir aufgefallen, welch enge Beziehung diese Sprache zum Körper hatte. Z.B. ist die Zahl 20 als ein Kopf dargestellt. Warum 20? Sie haben zwei Hände und zwei Füße. Diese 20 Elemente geben zusammen eine Zwanzig*heit*.

Sodann habe ich an die Zahl 5 im Japanischen gedacht, die *go* heißt, wobei dieses *go* wieder in dem Wort vorhanden ist, das die Japanische Sprache bezeichnet: *nihon-go*. Es ist wiederum die Erfahrung der Hand, die irgendwie miteinfließt in das Verständnis dieser Sprache. Ich habe versucht, diese und weitere Zusammenhänge in Form von Thesen etwas zu systematisieren. Es wird kaum möglich

7 Vgl. dazu S. Freud, *Vorlesungen zur Einführung in die Psychoanalyse*, Stud.ausg. S. 393.

sein, uns darüber zu unterhalten, weil ich in den restlichen Sitzungen die Pathologie des Körperbildes in den Mittelpunkt stellen werde. Das Thema Schrift und Körperbild gehört jedoch zur Grundlage, die überhaupt erst möglich macht, einen Zugang zur Pathologie zu finden. Wie ich zu Beginn des Seminars gesagt habe, hat es Werkstattcharakter; die Thesen beinhalten nicht abgeschlossene Aussagen sondern versuchen, etwas von einem Unterwegssein festzuhalten.

Thesen zum Körperbild und den Kanjis (Erläuterungen zur japanischen Schrift S. 181):

1. Die japanische Schrift, die auf den chinesischen Zeichen (Kanjis) basiert, orientiert sich an ihren Bedeutungen und wird deshalb Bilderschrift genannt. In freudscher Terminologie lässt sich von Sachvorstellungen sprechen, im Gegensatz zu den Wortvorstellungen der europäischen Sprachen.
2. Die Kanjis lassen sich ihrer subjektiven Dimension wegen als unbewusste Körperbilder bezeichnen, die konstitutiv sind für die Realität. Sie bilden in ihrem Verweisungszusammenhang die symbolische Ordnung, die aus der Formgebung eines (allgemeinen) Subjekts und dem referenziellen Bezug zu einem Objekt besteht.
3. Die Verwendung eines Kanjis setzt ein sprechendes (zeichengebrauchendes) Subjekt voraus, das eine Positionalität in Raum und Zeit hat und sich in seiner Unbekanntheit im Kanji metaphorisieren kann.
4. Das Körperbild fließt nicht nur in diejenigen Kanjis ein, die ohnehin seelische oder leibliche Sachverhalte ausdrücken, sondern auch in solche, die materielle und unwirkliche Gegenstände bezeichnen.
5. In jedem Kanji werden metaphorisiert:
   - Raumerfahrungen des Subjekts (Das Kanji *ist* Aufhebung der Positionalität des Körpers des Subjekts; Schrift kann überall sein und reproduziert werden.)
   - Zeiterfahrungen des Subjekts (Das Kanji *ist* Aufhebung der Zeit des Subjekts; es ist über große Zeiträume hinweg lesbar.)
   - Körpererfahrungen des Subjekts (Das Kanji *ist* Verkörperung des raumzeitlichen Körpers des Subjekts. Er wird dadurch metaphorisiert und zweidimensional.)

- Mentale Erfahrungen des Subjekts (Das Kanji *ist* Verkörperung der mentalen Erfahrungen des Subjekts. Unsichtbares, Begriffliches wird dabei vorstellbar und sichtbar.)

6. Die Kanjis verkörpern die Kategorien des Verstandes im Sinne Kants. Die Quantität zeigt sich im Vereinheitlichen der einzelnen Striche; die Qualität im Negieren des Gegenstandes (Anwesenheit des Abwesenden); die Relation im Verbinden von Subjekt und Gegenstand; die Modalität im Konstituieren von Realität durch die Artikulation.
7. Wenn man die Kanjis als unmittelbare, vorsprachliche Abbilder auffasst, begeht man den selben Irrtum wie Freud, der in theoretischen Äußerungen die (unbewussten) Sachvorstellungen als vorsprachlich auffasste.
8. In japanischen Lehrbüchern wird die Auffassung vertreten, dass die Kanjis aus Abbildern des Realen hervorgegangen sind oder sie noch immer abbilden. Damit wird die subjektive Dimension übergangen. Selbst da, wo Sonne, Mond, Wasser, Feuer, Tag, Fluss, Berg usf. als Kanjis dargestellt werden, fließen subjektive Dimensionen mit ein. Die Bewandtnis einer Sache für ein Subjekt ist genau so wichtig wie seine Darstellung.
   Beispiele: Angeblich soll das heutige Zeichen für Sonne oder Tag aus einem Kreis hervorgegangen sein und sich dann in das Zeichen 日 (*nichi*) verwandelt haben. Gibt dieses geteilte Rechteck nicht vielmehr die Erfahrung einer geteilten Einheit wieder, d.h. des Tages als Einheit von Tag und Nacht? Und braucht es nicht ein Subjekt dazu, das dies zu reflektieren vermag, dergestalt, dass die Zeit im Kanji gleichsam angehalten, objektiviert wird? Oder das Beispiel für Wasser, von dem ebenfalls behauptet wird, es gehe auf Abbildliches zurück. Ist es nicht erkennbar, dass seine heutige Form 水 (*mizu*), die man man schon auf Hausfassaden im alten China fand, ein Ziehbrunnen bedeutet, und dass seine Inschrift auf Mauern (aus Holz) in einem Zusammenhang steht mit Brandgefahr, vielleicht auch mit Wasserknappheit? Selbst das Zeichen für einen Fluss 川 (*kawa*) gibt nicht einfach einen abbildlichen Eindruck wieder, oder hat jemand schon drei Wellen gesehen? Ist nicht die Zeitlichkeit mitenthalten, Gegenwart, Vergangenheit und Zukunft, die der Fluss so trefflich metaphorisiert?
9. Die Kanjis repräsentieren das Genießen, insofern sie Signifikate sind und etwas bildlich festhalten, bei dem das Subjekt verweilen kann.

10. Der Zusammenhang von Sachvorstellungen und Kanjis impliziert einen Bezug der Kanjis zum Primärprozess und zum Lustprinzip, den Kennzeichen des freudschen Unbewussten. Die japanischen Subjekte haben deshalb einen ganz anderen Zugang zum Unbewussten, das nicht dem Verdrängten entspricht, sondern der Schrift, deren Zeichen kontextuell definiert und mehrdeutig sind.
11. Die Bildhaftigkeit der Kanjis und der Bezug zu den Sachen, die sie bezeichnen, führen zu einer Sprechvergessenheit, die mit wachsender Vertrautheit zunimmt. Für ein japanisches Subjekt, das gewohnt ist, diese Zeichen zu lesen, erscheinen sie wie Zeichen einer unmittelbaren Realität, abseits der gesprochenen Sprache; die Wortvorstellungen bleiben unbemerkt.
Damit werden sie zu Spiegeln des Anderen, in denen sich die Subjekte unbewusst metaphorisieren. Je mehr sie in den Zeichen vertieft sind, desto mehr verlieren sie die Reflexivität; je mehr sie den Bezug reflektieren, desto mehr erscheint das Subjekt der Leere.
12. Die Kanjis zu lernen, die jedem Subjekt vorausgehen, bedeutet, noch einmal die Erfahrungen zu machen, die die Erfinder der Zeichen schon gemacht haben. Auf diese Art wird aus dem allgemeinen und abstrakt-geschichtlichen Subjekt der Kanjis ein singuläres Subjekt.
13. Als Zugabe noch drei Entdeckungen, die mich verblüfft haben und die mir zeigen, was es in den Kanjis zu entdecken gibt, über das hinaus, was in Lehrbüchern steht. „Elefant" heißt auf Japanisch *zoe*, das Kanji sieht so aus: 象. Das selbe Kanji wird gebraucht, wenn es darum geht, etwas Bildhaftes zu bezeichnen; sogar das japanische Wort für Symbol (es setzt sich aus 2 Kanjis zusammen) enthält den Elefanten, sowohl im Lautbild wie im Zeichen. Mehr noch: das Zeichen für ein Bild eines Menschen sieht so aus: 像. Wie man sieht, hat man zum Zeichen für den Elefanten etwas beigefügt, ein sog. Radikal, das einen Menschen darstellt. Kann man hier anders als an das Titelbild des ersten Seminars Lacans (leider enthält nur die französische Ausgabe Elefantenbilder) denken? Ist es möglich, nicht auf die Bahn der Assoziationen von Elefant-Rüssel-Phallus-Signifikant-Symbol-Sprechen zu geraten? Wer glaubt, das sei alles Einbildung, möge sich auf „Einbildung" im Japanischen einlassen; im Lautbild *so-zo-teki* steckt wiederum der Elefant, wie übrigens auch im Spiegelbild (*kyo-zo*).

Sodann wird das Zeichen für Kanji, das Zeichen für alle Zeichen, wie folgt geschrieben: 漢. Es erweckt den Eindruck eines Menschen; außerdem enthält es zwei Radikale, einen für Pflanzen (horizontaler Strich oben mit zwei Markierungen), und einen für Wasser (drei Tropfen auf der linken Seite). Die Herkunft des Zeichens gilt als rätselhaft, der Name „Kan-ji" wird auf den Han-Fluss in China zurückgeführt, der Region, aus der die frühesten Schrift-Funde stammen. Muss man hier nicht an eine Illustration des Phallus denken, wobei die Radikale auf Fruchtbarkeit bzw. auf Verbreitung hinweisen? Wenn dem so wäre, hätten die alten Chinesen begriffen, dass Schrift das Ergebnis einer geistigen Fruchtbarkeit ist.

X.
Pathologie ausgehend vom beschädigten Körperbild

Die Vermitteltheit des Zugangs zum Körper | Stimme als Ausdruck des Subjektiven | Spiegelstadium und Pathologie | Paranoia und Paraphrenie | Melancholie und das Imaginäre

Wir wollen uns in den restlichen Sitzungen vor allem mit Pathologie beschäftigen. Dieser zweite Teil wird leider etwas kürzer sein als der erste. Das liegt daran, dass es viel Zeit gebraucht hat, die Grundlagen dazu zu erarbeiten. Wir haben viele Selbstverständlichkeiten befragt im Hinblick auf ihre tatsächliche Unmittelbarkeit. Dabei hat sich in vielen Punkten gezeigt, dass der Signifikant eine vermittelnde Instanz ist. Auch dort ist er anwesend, wo er sich nicht explizit manifestiert, also bei den Körpererfahrungen und bei der Erfahrung des Subjekts von sich selbst. Der Körper ist nichts Unmittelbares, keine selbstverständliche Gegebenheit. Wir haben die Vermitteltheit auch bei der raum-zeitlichen Wahrnehmung gesehen, ebenso bei der Wahrnehmung der andern und bei der Verwendung der Schrift. Gerade dort habe ich versucht, den Schein bloßer Unmittelbarkeit zu hinterfragen und die Spuren des Subjektiven ausfindig zu machen. Wenn etwas selbstverständlich ist, sieht es immer so aus, als ob es eine primäre Gegebenheit wäre. Wenn man genauer hinsieht, erkennt man doch die Spuren, den Ausdruck des Subjekts.

Die Signifikanten und das Subjektive sind auch bei der Strukturierung von Objekten anwesend, ebenso bei der Bildung von Phantasmen, und sowieso bei der Reflexion, die wir mit der Vernunft in eine Beziehung gebracht haben. Man könnte sagen: Nichts ist subjektiv, was nicht auch objektiv ist, mit Ausnahme des Subjekts. Darin drückt sich wohl mein Grundanliegen in diesem theoretischen Teil aus, die Spuren des Subjekts deutlich zu machen.

Die Pathologie setzt dort ein, wo das Traumatische der Existenz nicht akzeptiert wird. Das Traumatische haben wir mit den das Subjekt repräsentierenden Signifikanten in einen Zusammenhang gebracht, was auch heißt, dass das Subjekt keine Substanz hat. Man kann die Pathologie grundsätzlich in zwei Felder einteilen, wobei ich wiederum das Schema des Gevierts zu Hilfe nehme. Das eine Feld bezieht sich auf das, was geschieht, wenn das Spiegelstadium nicht erreicht wird oder wieder verloren gegangen ist, der andere Teil auf die Störungen der Metaphorisierung des Subjekts. Wenn das Spiegelstadium nicht erreicht, oder wenn es wieder verworfen wird, sprechen wir von Psychosen. Sie sind dadurch charakterisiert, dass kein Erkennen des eigenen Spiegelbildes möglich ist. Es gibt Zwischenformen zwischen Neurose und Psychose, vor allem die Melancholie. Im Ausgang des Spiegelstadiums konstituieren sich ja auch die Partialobjekte. Wir werden die Melancholie mit dem Fehlen der Partialobjekte in Verbindung bringen. Bei Neurosen und Perversionen kann man davon ausgehen, dass das Spiegelstadium erreicht worden ist, dass jedoch die traumatische Dimension des Existierens nicht umfassend akzeptiert worden ist, so dass Signifikanten verdrängt werden und ein Genießen an ihre Stelle tritt, in dem das Subjekt Zuflucht sucht.

Heute möchte ich von diesem ersten Feld, von den Psychosen sprechen. Wenn man im Zusammenhang mit der lacanschen Psychoanalyse an Psychosen denkt, so fällt einem sofort die Paranoia ein. Etwa vier Fünftel der Ausführungen über Psychose oder noch mehr gelten der Paranoia.[1] Bei Freud ist dieser Anteil vielleicht etwas geringer, aber auch er hat die Paranoia favorisiert. Im Mittelpunkt bei Freud steht natürlich die Patientengeschichte des Senatspräsidenten Schreber.[2] Es war Freud, der schon sehr früh, ich glaube 1894, einen Term vorgeschlagen hat, den er als charakteristisch für die Psychose auffasste, nämlich die Verwerfung.[3] Was wird verworfen? Die Verwerfung gilt – mit Lacan gesprochen – dem symbolischen Anderen. Es ist nicht so, dass in Psychosen keine Sprache da wäre, sondern es ist die Repräsentation der Signifikanten, die verloren gegangen ist. Sie erinnern sich, wir haben in einer der letzten Sitzungen vom Fall eines schizophrenen Jungen gesprochen, der zwei Stimmen reproduzierte, ohne zu wissen, was er sagte. Es gab eine Frage dazu, die genau dieses Thema der Repräsentation anvisierte. Die Stimmen waren eben nicht Repräsentationen des Subjekts, sondern der beiden Frauen; der Junge war mit diesen Stimmen völlig identifiziert, ohne Distanz zu

1 Vgl. dazu J. Lacan, *Das Seminar III,* Quadriga 1997.
2 Vgl. dazu „Psychoanalytische Bemerkungen …“.
3 Vgl. dazu „Die Abwehr-Neuropsychosen …“, S. 72.

ihnen. Es waren also nicht Stimmen nach dem Spiegelstadium, die das Subjekt repräsentieren, sondern solche vor dem Spiegelstadium, die ihren Ort beim andern haben, mit dem das Subjekt unwissentlich identifiziert ist. Das symbolische Andere führt eine Ebene ein, die eine Reflexion, und damit auch Metaphorisierungen, möglich macht. Wenn diese Vermittlung nicht gelingt, so entsteht entweder ein Delirium oder, was wahrscheinlicher ist, ein Wahn. Der Wahn ist nicht die Ursache der Psychose, sondern der Versuch einer Heilung. Man sieht das am Beispiel von Schreber sehr deutlich. Schreber hatte den Wahn, Gottes Weib zu sein,[4] was seine Entmannung zu Folge hatte. Freud dachte dabei an eine unbewusste homosexuelle Problematik. Das Problem war aber eher, dass Schreber die Ebene des symbolischen Anderen verworfen hatte und deswegen keine männliche Position einnehmen konnte. Wenn ich an dieser Stelle von Genitalität spreche, meine ich nicht einen Trieb, sondern den körperlichen Ausdruck der Repräsentation im Symbolischen, die Fähigkeit, sich als geschlechtliches Subjekt im Symbolischen darzustellen. Die Ebene der Signifikanten geht mit der Ebene des Körpers, mit den physischen Gegebenheiten, eine Konjunktion ein. Das gilt am Anfang, während der phallischen Phase, auch für das weibliche Geschlecht, in der es sich ganz wähnt. Das, was man Kastrationsangst nennt, die ja im Grunde ein Begehren nach Anerkennung des Subjekts ausdrückt, hat dann zwei Seiten, eine sprachliche, die mit dem Verlust der Unmittelbarkeit und der sprachlichen Allmacht zurechtkommen muss, und die körperliche, die mit dem Verlust des körperlichen Zeichens konfrontiert wird. Gelingt die Bewältigung der Kastrationsangst nicht, geht die Möglichkeit der Reflexion verloren und kann das Geschlecht nicht signifiziert, d.h. nicht auf die Ebene der Repräsentation gebracht werden, in der es als Zeichen des Unvollkommenen steht.

Erinnern Sie sich, dass wir in der theoretischen Arbeit die Signifikanten mit der Vernunft, wie Kant sie denkt, in eine Beziehung gebracht haben? Die Vernunft ist also das, was dem Subjekt möglich macht, über sich selbst nachzudenken. Das setzt einen doppelten Abstand voraus, einerseits zur Außenwelt und andererseits zu ihm selber. Wie steht es nun um die Vernunft in der Paranoia? Gibt es eine wahnhafte Vernunft? Wenn der Wahn die Restitution ausdrückt, so könnte es sein, dass die Vernunft vom Wahn erfasst wird, ihr Werkzeug wird. Als Illustration dazu gebe ich ein kleines Beispiel aus ei-

4 Vgl. dazu Daniel Paul Schreber, *Denkwürdigkeiten eines Nervenkranken*, Frankfurt a.M.: Syndikat 1985, 4. u. 5. Kapitel.

ner frühen Fallgeschichte Freuds.[5] Eine Frau die paranoid geworden ist und eine inzestuöse Vorgeschichte hat, hört wiederholt einen wahnhaften Kommentar über sich. Wenn sie morgens zur Arbeit geht, befallen sie Stimmen: „Da geht die Frau P., sie sucht Wohnung in der Strasse“. In der Psychiatrie spricht man wohl in diesem Zusammenhang von Beobachtungswahn. D.h. das, was eigentlich nicht integriert, was verworfen ist, kommt wahnhaft zurück. Die Stimme, die sie hört, ist viel stärker als eine innere Stimme. Erkennen wir darin nicht die Reflexion in einer wahnhaften Form?

Es ist interessant, wie in der Paranoia Blick und Stimme wahnhaft erscheinen. Beide sind sowohl in Halluzinationen wie im Wahn vorherrschend. Bei der Paranoia denkt man ohnehin zuerst an den Blick, das Subjekt sieht sich überall beobachtet. Solche Phänomene grenzen am ehesten an Normalität, d.h. es gehört zur Normalität, ein bisschen paranoid zu sein. Auch wenn wir wissen, dass wir allein sind, kann es geschehen, dass wir das Gefühl haben, wir würden beobachtet. Man kann das Gefühl zwar zurückdrängen, oder man pfeift ein Lied dazu. Auf diese Art wird die Stimme zu Hilfe gerufen. Wahnhaft wird es dann, wenn ich das Gefühl habe, es ist tatsächlich jemand da, der blickt. Es muss ja auch für einen Paranoiker sehr quälend sein, dauernd Stimmen zu hören oder Blicke auf sich zu ziehen. Das sagt etwas über das Leiden in der Psychose.

Auf der einen Seite ist die Psychose eine Abwehr gegen die Erfahrung des Traumatischen der Existenz. In Psychosen wird das durch den Anderen Vermittelte unterlaufen. Der Begriff, der sich damit verbindet, ist der des Genießens. Ist es nicht das, was wir immer wieder suchen – ein volles Genießen –, das uns in eine Selbstvergessenheit bringt? Wenn es gelingt, zeigt sich schnell seine Kehrseite: ein sehr großes Leiden, das bestimmt größer ist als bei neurotischen oder generell nicht psychotischen Zuständen. Es ist auch kein Zufall, dass Blick und Stimme bei der Paranoia eine so große Rolle spielen. Wenn Sie noch einmal an diese kantschen vier Kategorien denken, so sind Blick und Stimme die beiden Objekte, die zuletzt genannt werden. D.h. der Blick hat schon eine sehr enge Beziehung zum Spiegelstadium und wohl auch zur Phallizität. Wenn sie verworfen wird, so erscheint das, was im Spiegelstadium als bildliches Gegenüber in Erscheinung tritt, als wahnhaft-lebendiges Gegenüber. So hat z.B. Schreber in der Gestalt Gottes eine Gegenfigur gehabt. Solche Größenphantasien treten auch außerhalb der Psychosen auf, Schreber

5 Vgl. dazu „Weitere Bemerkungen über die Abwehr-Neuropsychosen“. G.W. I, S. 400.

wusste jedoch nicht, dass das Größenphantasien waren, sondern hielt sie für real. Deshalb konnte er die Forderung Gottes, sein Weib zu sein, nicht als Phantasie verstehen, sondern das war für ihn eine Erfahrung des Realen. Das ganze Sinngefüge war in diesen Wahn eingebettet. Der Wahn ist nicht sinnlos, er ist voll von Sinn, und es ginge darum, diesen Sinn zu leeren, was zum Beispiel in einer Therapie geschehen könnte.

Vielleicht noch ein letzter Aspekt zur Paranoia. Das Spiegelstadium ist ja auch die Etappe, die den Weg zu den Partialobjekten ebnet. Ausgehend von der Erfahrung des Mangels im Ausgang des Spiegelstadiums kann sich das Subjekt metaphorisieren. Wenn das Spiegelstadium gar nicht zustande kommt, so kann auch keine Position der Reflexion und der Metaphorisierung zustande kommen, somit auch kein Bezug des Habens, keine phallische Position, die durch den Habensbezug gekennzeichnet ist. Man müsste dann eher davon sprechen, dass der Psychotiker mit dem Phallus eines andern identifiziert ist. Statt dass er Phallus hat – und damit Mangel als Voraussetzung des Habensbezugs – ist er Phallus. Das ist eigentlich nur eine andere Beschreibung der Position des Genießens. Das volle Genießen würde bedeuten, ganz im Sein drin zu sein, mit der Konsequenz, dass das Subjekt verschwinden würde. Der Wahn ist von dieser Position her gesehen ein Versuch, sich eine Kastration zuzufügen. Was ist das aber für eine Kastration? In der Psychose erscheint sie eben nicht als eine symbolische, sondern als reale Kastration. Weil ja das Subjekt nicht auf dieser Ebene des symbolischen Anderen repräsentiert wird, kann es die Kastration in ihrer symbolischen Dimension auch nicht erfahren. Der Körper selber wird von der Kastration betroffen. Vielleicht kann ich das noch mit einer Episode aus einer Fallgeschichte Freuds illustrieren, aus der Geschichte des Wolfsmanns.[6] Dieser Patient Freuds erinnert sich während der Behandlung, dass er einst als Kind mit einem Messer in eine Baumrinde geritzt hat. Dabei ist ihm das Messer entglitten, und er dachte, er hätte sich den kleinen Finger abgeschnitten. Ein unsägliches Gefühl überkam ihn, so dass er nicht wagte hinzuschauen. Er hatte das Gefühl, der kleine Finger hänge nur noch an einem Faden. Er wagte auch nicht, gegenüber einer andern Person – ich glaube es war sein Kindermädchen – von dieser Begebenheit zu erzählen. Als er später hinguckte, sah er, dass gar nichts passiert war. In dieser Episode ist das Psychotische greifbar. Die Kastration betraf seinen Körper, nicht das Sym-

6 Vgl. dazu „Aus der Geschichte einer infantilen Neurose“. G.W. XII, S. 117 f.

bolische. Ein Minimum an Symbolisierung war aber doch noch vorhanden, weil die Verletzung nicht sein Geschlecht sondern seinen kleinen Finger betraf. In diesem Sinne war er auf der Kippe zwischen Psychose und Nicht-Psychose, wie das ja auch für diesen Patienten kennzeichnend war. Er hatte irgendwie das Gefühl, hinter einem Schleier zu leben, gar nicht richtig auf der Welt zu sein.

Kommen wir nun zum zweiten Teil, zur Paraphrenie oder, wie sie eher genannt wird, Schizophrenie.

Die Paraphrenie, Schizophrenie ist in gewissem Sinne das Stiefkind in der Psychoanalyse. Es ist nicht so gehätschelt wie die Paranoia; das hat wohl einen direkten Zusammenhang zu diesen Patienten selber, die oft unter Entbehrungen und Verwahrlosung leiden. Bei der Paranoia hat man es häufig mit Patienten aus so genannt gutem Hause zu tun, Schreber selber ist natürlich ein Paradebeispiel. Er war Senatspräsident, sein Vater war der berühmte Erfinder der Schrebergärten, außerdem eine Art Volksbeglücker, der Bücher über Zimmergymnastik geschrieben hatte. Im Zentrum der Problematik des kranken Senatspräsidenten stand die Vater-Sohn-Beziehung, worin wahrscheinlich auch der Grund liegt, weshalb Freud und Lacan so sehr auf die Paranoia ausgerichtet waren. Die Verwerfung ist über weite Strecken immer wieder mit der Verwerfung des Namens des Vaters in Verbindung gebracht worden, die wiederum auf Störungen im Gefüge der Familie hinweist. Bei Schreber ist z.B. der enge Bezug zum Gesetz auffallend. Wenn jemand mit dem Gesetz berufsmäßig zu tun hat und selber mit den Problemen von Wahrheit und Lüge seine Schwierigkeiten hat, vielleicht als Folge eines väterlichen Erbes, kann das zu schwerwiegenden Auswirkungen führen.

Nun aber zur Paraphrenie, Schizophrenie! Freud wollte die Psychosen in Paranoia und Paraphrenie einteilen. Er bemerkte, dass eine Reihe von Patienten dem Bild der Paranoia nicht entsprachen und doch psychotisch waren. In diesem Zusammenhang ist sein Kontakt mit Eugen Bleuler, dem Direktor der Psychiatrischen Klinik Burghölzli in Zürich wichtig. Es war Bleuler, der in diesem Zusammenhang den Term Schizophrenie vorgeschlagen hatte.[7] Dieser Begriff hat mit Spaltung (griechisch *schize*) zu tun. Da jedoch die Psyche des Menschen auch gespalten ist, löste dieser Ausdruck große Missverständnisse aus, die übrigens bis heute andauern. Wenn man die psychoanalytische Topik betrachtet – ich glaube, das geht quer durch

7 Vgl. dazu E. Bleuler, *Lehrbuch der Psychiatrie.*

alle Richtungen –, ist ihr in vielen Variationen eine Spaltung eingeschrieben, z.B. diejenige in Bewusstes und Unbewusstes. Daraus zu folgern, dass jemand schizophren sei, wenn seine Psyche aufgeteilt ist in Bewusstes und Unbewusstes, wäre wohl völlig verfehlt. Solche Missverständnisse sind nach der Einführung des Begriffs der Schizophrenie tatsächlich entstanden. Noch heute hört man oft in Alltagsgesprächen oder in Zeitungsartikeln, in denen es um einen inneren Konflikt geht, den Ausspruch: Ich bin wohl schizophren. Dabei ist gerade dieses innere Uneinssein ein Kennzeichen für Normalität. Freud hat versucht, gegen diesen Term Schizophrenie vorzugehen.[8] Anstelle dieser Bezeichnung hat er Paraphrenie vorgeschlagen.[9] Somit beruht Freuds Psychose-Konzept auf zwei Pfeilern, der Para-noia und der Para-phrenie.

Wir haben jetzt leider nicht die Zeit, den Weg zu verfolgen, wie Freud doch dazu kam, den Term Paraphrenie wieder zurückzuziehen. Nachdem er ihn aufgegeben hatte, weil er sich in der Psychiatrie und selbst in der Psychoanalyse nicht durchgesetzt hatte, schlug er im Jahre 1913, in der Arbeit „Das Unbewusste", eine Einteilung des Psychischen in Wort- und Sachvorstellungen vor[10]. Mit diesem Dualismus von Wort- und Sachvorstellungen lässt sich m.E. trefflich erklären, worum es Freud bei dieser zweiten Form von Psychose ging, heisse sie nun Paraphrenie oder Schizophrenie.

Was sind Wortvorstellungen? Das sind zunächst Laute bzw. Lautbilder, das was ich ausspreche, auch das, was ich höre, wenn ich nicht auf den Sinn ausgerichtet bin. Wenn ich dies auf die japanische Schrift beziehe, kann ich sagen: Die Silbenschriften Hiragana und Katakana geben Lautbilder wieder, während die Kanjis Sachvorstellungen enthalten. Was sind Sachvorstellungen? Freud hat hier an vorsprachliche Bilder gedacht. Er hat so gedacht wie diejenigen, die glauben, dass die chinesischen Zeichen, die Kanjis, dem Inhalt nach vorsprachlich sind. Die Sachvorstellungen lassen sich im Japanischen sehr gut mit Kanjis gleichsetzen. Wichtig ist zu sehen, dass auch die Sachvorstellungen sprachlich vermittelt sind, dass sie subjektive Erfahrungen wiedergeben; aus ihrer Bildlichkeit lässt sich nicht ableiten, dass sie vorsprachlich sind. Deswegen habe ich versucht, Ihnen dazu ein paar Thesen zu geben.

8 Vgl. dazu S. Freud, „Über einen autobiographisch beschriebenen Fall …". S. 312.
9 Ebd. S. 313.
10 Vgl. dazu S. Freud, „Das Unbewusste". S. 300 f.

Was ist nun die Paraphrenie, die Schizophrenie? Nichts anderes als der Rückzug der Bilder, das Verschwinden des Imaginären. Anders gesagt: In dieser Form von Psychose gibt es nur noch Wortvorstellungen, die besetzt werden. Freud gibt in der erwähnten Arbeit „Das Unbewusste", die ich Ihnen zur Lektüre empfehle, eindrückliche Beispiele dazu. Da ist z.B. eine junge Frau, die in ihrer Liebe enttäuscht worden ist. Sie macht ihrem ehemaligen Geliebten in diesem Zusammenhang Vorwürfe, sie sagt, er habe ihr die Augen verdreht, er sei ein Augenverdreher, und dann nur noch, die Augen seien verdreht.[11] Ihre Artikulation mündet in ein Delirium, das um die Worte „Augen" und „verdreht" kreist. Der sprachliche Syntax, der Satzbau geht dabei verloren. In diesem Zusammenhang ist es besonders interessant, dass die Augen erwähnt werden. Ihnen kommt für den Objektbezug eine hervorragende Rolle zu. Im Wort versucht das Mädchen, noch etwas festzuhalten von dem, was schon verloren ist, was den Augen entschwindet. Am Ende resultiert ein Delirium, in dem die Objektbezüge weggefallen sind. Ich weiß nicht, ob man in diesem Zusammenhang auch von Verwerfung sprechen könnte. Jedenfalls sind nicht die Augen oder das Sehen gestört, sondern der Bezug des Subjekts zu den Objekten.

Wie in der Paranoia gibt es in der Schizophrenie Wahnbildungen als Versuch einer Restitution. Der Wahn zeigt sich oft in Gestalt von Erlöserphantasien; Christus kommt häufig vor oder irgendwelche Heilsverkünder in der Menschheitsgeschichte. Manchmal sprechen Schizophrene vom Besuch anderer Planeten, den sie befreien müssen. Daran erkennt man, wie im Wahn das Imaginäre wiederkommt. Es gibt ein interessantes Beispiel Lacans aus der Fallgeschichte einer Frau, die nur ein Kleid sein wollte, das man irgendwo in eine Garderobe hängen konnte.[12] Lacan hat sonst wenig von Paraphrenie gesprochen. Dieses Kleid, könnte man sagen, besteht aus Wortvorstellungen, statt Text ist es ein Textil. Anders gesagt, die Frau wollte nur eine Hülle ohne Inhalt sein.

Wenn wir Paranoia und Paraphrenie einander gegenüber stellen, sehen wir, dass bei der Paraphrenie alle Objektbezüge aufgegeben werden, es wird nur noch die Sprache selber besetzt. Umgekehrt wird bei der Paranoia das Symbolische verworfen. In beiden Fällen fehlt ein Register, entweder das Symbolische oder das Imaginäre. Das dritte,

11 Ebd., S. 296 f.

12 Vgl. dazu Eric Porge, *Jacques Lacan, un psychanalyste*. Ramonville Saint-Agne: Ed. Erès 2000, S. 37 f.

das verworfene, kommt jeweils als Wahn. Nun ist es auffallend, dass in der Literatur Paranoia und Paraphrenie eigentlich nicht unterschieden werden. Das ist nicht einfach falsch, sondern entspricht einer Erfahrung. Es ist nämlich so, dass wenn ein Register ausfällt, auch die beiden anderen beeinträchtigt werden, so dass eine Paraphrenie in eine Paranoia und eine Paranoia in eine Paraphrenie übergehen kann. In einem fortgeschrittenen Verlauf einer Krankengeschichte gelingt es vielleicht nicht mehr, die beiden auseinanderzuhalten. Aber ich denke, dass es für die Therapie sehr wichtig ist, zu wissen, was am Anfang, beim Ausbruch einer Psychose geschehen ist, welches Register gestört oder ausgefallen ist.

Prof. Kadono: „Ich habe das Gefühl, dass in der Therapie Paranoia schwieriger ist, weil das Symbolische ausfällt. Es ist zwar nicht leicht zu sagen, was schwieriger ist."

Antwort: Ich werde in der übernächsten Sitzung versuchen, etwas über die Therapiemöglichkeiten zu sagen. Freud hat lange Zeit gedacht, dass der Wahn gedeutet werden kann. Genau da liegt das Problem, weil man nicht weiß, an wen adressiert man sich, wenn kein Subjekt da ist. Das kann aber auch bei der Schizophrenie so sein, weil die Worte selber nicht mehr etwas repräsentieren, sondern wie ein Stück des Realen aufgefasst werden. Das bringt unlösbare Probleme für eine klassische psychoanalytische Behandlung. In der letzten Sitzung werde ich versuchen, ein anderes Konzept zu skizzieren, das vielleicht mit diesen Schwierigkeiten besser fertig werden könnte.

Abschließend noch ein paar Gedanken zur Melancholie:

Ich habe schon gesagt, dass sie sich im Zwischenbereich von Neurose und Psychose situiert. Das heißt nicht, dass das für jede Art von Melancholie gilt; es gibt sehr wohl Melancholien, die zur Psychose und andere die zur Neurose gehören – das bedarf einer Erklärung.

Freud geht in seiner Arbeit über Melancholie[13] von der Trauer aus. Die Trauer entsteht, wenn ein Verlust eines geliebten Menschen empfunden wird, sei es, dass er gestorben ist, dass er einen andern Partner, eine andere Partnerin genommen, einen verlassen hat. Der Verlust kann dadurch kompensiert werden, dass eine andere Bezie-

13 S. Freud, „Trauer und Melancholie". G.W. X, S. 428-446.

hung gesucht wird. Vielleicht bleibt ein Rest von Trauer übrig, der in der neuen Beziehung nicht aufgelöst werden kann. Wenn die Trauer nicht sehr gravierend ist, ist es möglich, eine Substitution zustandezubringen. In diesem Sinne kann die Trauerarbeit an der Quelle von neuen Erfahrungen sein. Bei der Melancholie ist es anders, da gelingt die Trauerarbeit nicht. Um das zu verstehen, muss man die Voraussetzungen einer Melancholie in Betracht ziehen. Oft bricht Melancholie gerade dann aus, wenn man von außen gesehen das Gefühl hat, die Beziehung sei doch sehr gut gewesen. Man muss die inneren Geschehnisse mit thematisieren. Die Voraussetzung der Melancholie besteht in einem Festhalten an einer spiegelbildlichen Situation, d.h. das andere Subjekt rückt an die Stelle des Ichs des Melancholikers. Das ist das, was von außen den Anschein einer großen Intimität gibt. In Wirklichkeit gibt es keine Differenz in der Beziehung. Theoretisch gesagt: Es gibt kein Objekt *a*, es gibt keinen Mangel in dieser spiegelbildlichen Beziehung. Der andere repräsentiert das Ideal des einen Subjekts. Wenn dieses Ideal verloren geht, so bedeutet das für das eine Subjekt, dass an dieser Stelle des Verlusts ein schwarzes Loch entsteht. Weil es zwischen beiden keine Abgrenzung gab, ist der Verlust gleichbedeutend mit dem Verlust des eigenen Ichs. Noch anders gesagt: Die Spaltung von Subjekt „ich" (*je*) und „Ich" (*moi*) fehlt bei der Melancholie. Wenn es zwei sprachliche Subjekte gibt, die sich artikulieren, die begehren, geht oft etwas nicht auf, es gibt einen Mangel, auch die Erfahrung, dass die Beziehung besser sein könnte. Es gibt Differenzen, Auseinandersetzungen, die dazu gehören. In der Melancholie herrscht nur Harmonie, es ist jedoch eine Harmonie, die unwahr ist, weil etwas dabei unberücksichtigt bleibt: die Aggressivität. Auch wenn sie nicht bewusst wahrgenommen wird, ist sie doch im Spiel, unbewusst. Wenn nun der eine Teil stirbt oder den Partner verlässt, entsteht an dieser Stelle nicht nur ein schwarzes Loch, sondern auch eine riesige Schuld beim Melancholiker. Die Wahrheit ist eben doch die Wahrheit des Unbewussten, das heißt, dass sich der Melancholiker fragt: „Was habe ich getan, dass mich der andere verlassen hat, dass er gestorben ist?" Der Melancholiker richtet die Aggressionen gegen sich selber, um sich zu bestrafen. Dabei hält er an der Idealisierung des andern, der ihn verlassen hat, fest, und wird damit ihr Opfer. Die Idealisierungen gelten der Vorherrschaft des Imaginären. In ganz schweren Fällen kann sich der Melancholiker nicht mehr am Leben erhalten, weil ihm sein eigenes Ich abhanden gekommen ist, und weil er dazu noch selber daran schuld ist. So kommt es, dass er nichts mehr essen mag oder dass er sich umbringt.

Der Suizid kann ein Versuch sein, der Psychose zu entgehen. Was bei Melancholikern häufig vorkommt, ist der Sturz aus einem Fenster. Das kann man als Suche nach etwas, was das Spiegelbild transzendiert, interpretieren. Das Fenster ist etwas wie ein Spiegel, es hat einen Rahmen wie das Phantasma. Der Durchtritt durch dieses Fenster bedeutet die Suche nach etwas anderem, was bisher noch nicht da war. Häufig endet dieser Fenstersturz tödlich. Es gibt dafür einen Term, den Lacan brauchte: *passage à l'acte*, was vom *acting out* zu unterscheiden ist.[14] Das *acting out*, das man aus Therapien kennt, ist interpretierbar, weil es im Symbolischen drin ist. Der *passage à l'acte* betrifft das Reale.

Für die Klinik ist die Melancholie natürlich eine besondere Herausforderung. Hier stellt sich nicht unbedingt die Frage, mit wem man es zu tun hat, wie bei den Psychosen, sondern eher: Wie kann man in der Therapie jemandem den Lebensmut wieder zurückgeben? Oft werden solche Bemühungen mit einer unglaublichen Aggressivität beantwortet. Sie kann dann ausbrechen, nachdem z.B. in der Beziehung jahre- oder jahrzehntelang die Konflikte unter dem Eis geblieben sind.

Es gibt in diesem Zusammenhang ein berühmtes Wort Freuds aus der erwähnten Arbeit „Trauer und Melancholie“: „Der Schatten des Objekts fällt … auf das Ich“.[15] Der Schatten ist ja ein interessanter Term in der Psychoanalyse. Jung hat dazu viel mehr geschrieben als Freud. Der Schatten steht in einer sehr engen Beziehung zum Körperbild. Es wäre interessant, z.B. in der Literatur nachzusehen, welche Rolle der Schatten spielt. Man muss dabei auch an den Hades, die Unterwelt der griechischen Mythologie denken. Der Schatten bedeutet nicht, dass nichts mehr da ist – etwas Körperloses ist noch da, das an den Tod denken lässt. Der Mörder ist der Melancholiker. Deswegen stellt sich für ihn immer wieder die Frage, ob er weiterleben darf oder nicht.

Es gäbe sicher noch weitere Formen von Psychosen, ich hätte vor allem noch über den Doppelgänger sprechen wollen, eine Variante der Paranoia. Ich glaube aber, dass wir es dabei bewenden lassen müssen.

---

14 Vgl. dazu J. Lacan, *Le Séminaire X*, Sitzung vom 19.12.1962.

15 S. Freud, „Trauer und Melancholie“. S. 435.

XI.
Neurosen und Perversionen in ihrem Bezug zum Körperbild

Wenn die Stimme versagt … | Stimme und Genitalität
Die Triebformationen und die kantschen Verstandeskategorien
Körperbilder der Stimme | Die depressive Position

In der Sitzung vor einer Woche wurde thematisiert, was die Folgen sind, wenn das Körperbild des Spiegelstadiums nicht erreicht oder verworfen wird. Wir haben gesehen, wie das Erreichen des Spiegelstadiums vor allem durch das Begehren des Andern zustandekommt. Es manifestiert sich insbesondere als Blick und als Stimme. Nähren und Pflegen des Kindes reichen nicht aus, um es zum Spiegelstadium zu führen. Erst Blick und Stimme des Andern sind konstitutiv für das Spiegelstadium. Wir haben gesehen, wie sich das Subjekt zunächst äußerlich als Objekt erfasst. Mit diesem Schritt bemerkt es seine Voraussetzung als sprachliches Subjekt noch nicht. Erst mit der Entdeckung seiner Unsichtbarkeit und seiner Körperlichkeit entdeckt es sich als Subjekt, das im Spiegel als Objekt abgebildet ist. Wenn nun das Spiegelstadium nicht realisiert oder wieder verworfen wird, treten diese Manifestationen des Andern, treten Blick und Stimme als Halluzination oder als Wahn auf.

In diesem Zusammenhang lässt sich der Versuch Freuds interpretieren, das Feld der Psychosen in Paranoia und Paraphrenie zu unterteilen, wobei der Ausfall des einen Registers auch die Störung der beiden anderen Register nach sich zieht. Das ist der Grund, weshalb Bleuler nicht Unrecht hat, wenn er sowohl Paranoia wie Paraphrenie, bzw. Schizophrenie in seiner Terminologie, unter das selbe Krankheitsbild der Psychosen subsummiert.

Heute ist unser Hauptthema: Neurosen und Perversionen in ihrem Bezug zum Körperbild; im Anschluss daran werde ich auf Depressionen zu sprechen kommen. Ich beginne meine Ausführungen mit einer These:

Neurosen und Perversionen kennzeichnen sich dadurch, dass in ihnen die Artikulation der Stimme des Subjekts vom Anderen her verleugnet oder verdrängt wird.

Nur die Stimme als Stimme des Anderen, als artikulierte Stimme, kann vom Subjekt verdrängt werden. Die Stimme ist jedoch nicht festgebunden an den Anderen, sie manifestiert sich ja auch in der archaischen Oralität, als Schrei. Wenn sie sich mit dem sprachlichen Anderen verbindet, wenn sie ihn artikuliert, zur Geltung bringt, so wird aus dem mythischen Subjekt das sprachliche Subjekt. Selbst dann, wenn sich die Stimme mit dem Anderen verbunden hat, ist es möglich, dass sie andere Wege geht, als sich zu artikulieren. Die Stimme kann unhörbar bleiben, sie kann sich als innere Phantasie äußern. Oder sie kann sich als Schrei – diesmal nicht vorsprachlich gedacht – bemerkbar machen. Schließlich kann sie sich konvertieren, körperlich werden und dadurch verstummen; dann ließe sich von verkörperter Schrift sprechen. Wir begegnen hier den Symptomen; sie enthalten die Stimme als verdrängte. Das Symptom trägt etwas zur Schau. Es ist für das Auge gemacht, aber man täuscht sich, wenn man glaubt, dass die Bedeutung für das Auge ist. Es geht darum, dass das Symptom artikuliert wird.

Die Stimme kann schließlich untertauchen. Wenn sie nicht mehr da ist, untergetaucht, könnte man wohl von Depressivität sprechen. Ich glaube, dass es hier eine Nähe zu dem gibt, was man Psychosomatik nennt. Auch psychosomatische Patienten haben eine Stimme, sie äußert sich sehr sachbezogen, ohne Ausdruck einer Befindlichkeit. Das Subjekt fühlt sich wie eine Sache.

Wenn das stimmliche Subjekt, das vom Anderen her spricht, diese Position erreicht hat, dass es sich artikulieren kann, so erhalten auch die früheren Triebstufen eine neue Bedeutung. Die frühe Oralität mit dem Schreien ist zu unterscheiden von der artikulierten Oralität. Diese zeigt sich z.B., wenn wir eine Speisekarte lesen und uns das Wasser im Munde zusammenläuft. Das ist eine andere Oralität als die archaische, die nach der Brust verlangt. Auch die Analität erhält eine unterschiedliche Dignität im Vergleich zu ihrem ersten Auftreten. Das gilt ebenfalls für den Blick, der nicht mehr derselbe ist wie im Spiegelstadium, wo noch nicht unterschieden werden kann, wer Subjekt und wer Objekt ist. Wenn die Stimme da ist, die zunächst vom Anderen her kommt, können die beiden Pole auseinander gehalten werden, so dass das Schauen, das Blicken nichts Pathologisches hat. In diesem Sinne impliziert die Stimme eine andere Position des Subjekts im Verhältnis zu den Triebstufen. Man könnte sagen, dass die Triebstufen mit dem Auftreten des stimmlichen Anderen von der Vernunft geleitet werden, weil die Stimme eben auch das Medium ist, das das Subjekt zur Reflexion bringt. Die Stimme macht also ebenfalls eine Metamorphose durch, von einem unmittelbaren Ausdruck, dem Schrei, der schon eine Trennung anzeigt, zum Medium des Anderen. Im Gefolge dieser grundlegenden Verwandlung machen auch die anderen Triebstufen eine Metamorphose durch, sie werden menschliche Objekte.

Nebenbei bemerkt: Wir haben bisher erst dic beiden ersten Objekte, Brust und Kot, innerhalb einer Triebstufe positioniert, d.h. wir haben von Oralität und Analität gesprochen. Nachher haben wir jedoch bloß von Objekten, von Blick und Stimme gesprochen, sie jedoch nicht einer Trieborganisation zugeordnet. Die Frage stellt sich: Welches sind diese Triebstufen? Hier folgt meine zweite These dieses kurzen Exkurses zu Neurosen und Perversionen:

Die Triebstufe des Blicks gehört zur phallischen Phase, die Triebstufe der Stimme zu dem, was man bisher sehr missverständlich Genitalität genannt hat.

In der missverständlichen Auffassung setzt die Genitalität einen biologischen Trieb voraus. Sprechen wir jedoch zunächst von der Phallizität und dem Blick! Wenn man den Blick mit der phallischen Phase zusammenbringt, heißt das, dass Phallizität und der Ausgang des Spiegelstadiums eng miteinander verbunden sind. Wenn das Subjekt sich selber zu reflektieren vermag und dabei ist, den anderen als Nicht-Ich zu entdecken, so möchte es, dass dieser andere sich wie ein Spiegelbild verhält; auf diese Art versucht das sich selber entdeckende Subjekt den Verlust wettzumachen, den es durch die Wendung zu sich selbst erleidet. Der andere wird zwar vom eigenen Ich unterschieden, aber er wird doch zum Träger des Ichs des Subjekts. D.h. wenn der andere, das Gegenüber, sich als ein eigenständiges Subjekt bewegt, so stimmt die Spiegelrelation nicht mehr; dann muss er zerstört oder zumindest unterworfen werden. Das Subjekt der phallischen Phase kann den andern nicht in seiner Eigenständigkeit anerkennen, er wird zum phallischen Objekt, das dem Subjekt möglichst auf eine Art und Weise gehorchen muss, die selbstverständlich ist. Tut der andere jedoch das selbe, versucht auch er, sich den andern gefügig zu machen, resultiert eine Rivalität aus dieser Konstellation.

Der Konflikt zwischen Herr und Knecht hat hier seinen Ursprung, wobei bei dieser Form der hegelschen Darstellung zufolge[1] die Rivalität in eine Hierarchie mündet. Die Rivalität wird nicht zu einem Ende geführt, das vielleicht eine gegenseitige Anerkennung ermöglicht, sondern der eine unterwirft sich dem andern. Wir wollen diese Geschichte aber nicht weiterverfolgen, sondern noch auf die Stimme und die Genitalität zu sprechen kommen.

Es ist die Stimme, die das Subjekt befähigt, den andern, den Nebenmenschen in seiner Andersheit anzuerkennen. Man kann hier an die Bedeutung des Namens als Rufnamen denken. Wenn ich jemanden beim Namen nenne, so anerkenne ich ihn, so appelliere ich an sein Sein. Daran sieht man, dass die Stimme als Objekt auf der Ebene des Anderen nicht einer archaischen Triebstufe entspricht; die Stimme wird Ausdruck der Reflexion, der Vernunft, aber auch des Nicht-Sinns. Die Reflexion ist nichts Substantielles, sondern das, was mir eine Distanz zu etwas verschafft. In diesem Sinne bringt sie nicht ein Mehr an Sinn, sondern ein Weniger. Wir haben früher schon gesehen, dass die Vernunft nicht zu einem Erkenntnisgewinn führt, sondern zur Entdeckung des Begehrens. Dieses hat keine Objekte, die ihm entsprechen; es kann sich gleichwohl nur mittels Objekten aufrecht erhalten, die ihm aber nicht eingeschrieben sind. In bezug auf die Stimme muss man sagen, dass die Stimme auch in der Oralität, in der Analität, in der phallischen Phase vorkommt. Was aber, wenn die Stimme z.B. der Phallizität untersteht? Dann ist sie nicht das Medium der Reflexion, der Vernunft. Wenn sie der Herrschaft des Blicks untersteht, wird sie zum Über-Ich. Deshalb kann Lacan vom Über-Ich sagen, dass es interessiert ist am Genießen.[2] Die Vorherrschaft der Vernunft über die Phallizität beinhaltet kein Genießen in diesem Sinne, obwohl sie auch ein Genießen beinhaltet, jedoch eines mit einer höheren Dignität. Werte sind ihr inhärent wie z.B. Achtung oder Respekt. Beim anderen Genießen, beim Genießen des Triebs ist stets eine Tendenz zum Einheitlichen da. Wenn die Stimme dem Blick untersteht, steht sie im Dienste von Machtinteressen, aus Subjekten werden Objekte.

Wenn Sie noch einmal an die kantschen Kategorien des Verstandes denken, an Quantität, Qualität, Relation, Modalität, so kann man sagen, dass die Triebstufen des Subjekts, also Oralität, Analität, Phallizität, Genitalität, diese logischen Figuren verkörpern.

1 Vgl. dazu G.W.F. Hegel, *Phänomenologie des Geistes*, S. 145 ff.
2 Vgl. dazu J. Lacan, *Das Seminar XX*, 1. Sitzung.

Die Quantität verkörpert sich in der Oralität, was sich darin zeigt, dass sie nach Einheit tendiert. Das Subjekt ist anfänglich noch ganz in der Natur eingelagert; auch in ihrer höheren Form ist die Herstellung von Einheit ihr Ziel.

Die Qualität verkörpert sich in der Analität. Das Einheitliche, das sich zuerst naturnah in der Oralität manifestiert, wird nun negiert; ein Zeichen dafür, dass der Signifikant ins Spiel kommt. Das Subjekt ist im Signifikanten außer sich, das macht seine Verzweiflung aus in der Analität. Es ist in Opposition, im Nein, ohne wirklich zu wissen, was es will. Es geht in der Analität darum, sich aus der Einbettung in die Oralität loszureißen. Später sind sublimere Formen der Negation möglich, wenn die Analität vom Blick und vor allem von der Stimme strukturiert wird.

Was in der Analität getrennt wird – die Signifikanten und die Natur – wird in der Relation wieder zusammengebracht. Es gibt hier eine Stufung von Negationen. Die Analität negiert zunächst die Oralität, die Relation negiert die Negation. Sie bringt das Getrennte wieder zusammen, jedoch auf einer höheren Stufe. Deswegen verkörpert sich die Relation im Blick, und deshalb geht er eine Verbindung ein mit dem Mund: Es gibt den hungrigen Blick, der sich etwas aneignen möchte. Der Blick bringt Natur und Signifikanten wieder zusammen, eben in einer Relation. Das Spiegelstadium kann das exemplarisch zeigen, denn die Relation ist keine andere als diejenige zwischen Subjekt und Objekt. Das zeigt sich im Gleichklang der Bewegungen des Körpers und des Spiegelbildes, sogar im Wunsch, der andere möge sich wie das eigene Ich verhalten.

Auch auf dieser dritten Stufe hat sich das Subjekt noch nicht als solches manifestiert. In der Oralität ist es noch versunken in der Natur, in der Analität ist es Negation der Natur, in der Relation sieht es sich als Objekt, es ist sich selber äußerlich, ohne dies zunächst zu wissen, bevor es dazu kommt, sich diesseits des Spiegels zu erfassen und damit sein Abbild zu erkennen, das der Kausalität unterworfen ist.

Ich habe versucht, das, was Kant über den Verstand gesagt hat, auf das Spiegelstadium zu beziehen. Wenn wir verstehen, sind wir bei einem Gegenstand außerhalb uns selbst, nur wissen wir natürlich um diese Trennung von Subjekt und Objekt. D.h. die Stimme hat schon ihre Wirkung getan. Aber zunächst, wenn wir in dieser Reihe aufsteigen von der Oralität zur Phallizität, so weiß das Subjekt zuerst noch nichts von sich selber. Das Subjekt ist zuerst ganz beim andern, selbstvergessen, aber man kann sagen: es versteht. Hier ist die Gefahr des Verstehens, die darin besteht, dass wir allzusehr beim andern sind. Da liegt wohl auch der Grund, weshalb Lacan stets vor dem Verstehen, vor dem allzu viel Verstehen oder dem allzu schnell Verstehenwollen gewarnt hat.

Die Modalität verkörpert sich in der Stimme. Durch die Stimme des Anderen kommt das Subjekt zu sich, schält es sich heraus. Erst die Stimme gibt den vorangegangenen Triebstufen eine Wirklichkeit als subjektive, präziser noch: als subjektivierte. In einem gewissen Sinne kann man sagen, dass das Subjekt als Subjekt des Anderen zur Artikulation verpflichtet ist. Wir haben eine Schuld der Sprache gegenüber. Diese Schuld ist nichts Pathologisches, sondern die Pathologie setzt dort ein, wo wir nicht bereit sind, diese Schuld auf uns zu nehmen. Wie zeigt sich diese Schuld? Wir haben als Analytiker und Therapeuten eine privilegierte Position, dies zu beurteilen. In der Psychoanalyse gibt es die Grundregel, die besagt, das zu artikulieren, was einem durch den Kopf geht. Wenn jemand sagt: Mir geht nichts durch den Kopf, so nehmen wir an, dass etwas verdrängt wird oder dass eine Verweigerung am Werk ist. Selbst wenn die Grundregel nicht gesetzt wird, erfahren wir, dass uns immer wieder tausend Dinge durch den Kopf gehen. In einem Gespräch, dessen Verlauf nicht vorhersehbar ist, werden wir von einem Thema zum anderen geführt. Man kann also sagen: es spricht. Nicht wir haben die Verfügung über das Sprechen, sondern wir sind das Werkzeug der Sprache. In diesem Sinne hat Heidegger recht, wenn er sagt: Die Sprache spricht.[3] Man muss nur noch dazufügen: mittels des Subjekts, das eben Subjekt der Sprache ist. Damit wird die Stimme von einem Ausdruck der Natur zu einem Ausdruck der Kultur. Die Stimme als Objekt *a* wird im Anderen der Sprache aufgehoben. Die Stimme als Stimme des Anderen wird zum Ort der Vernunft. Sie vermag zu reflektieren, was sie von den Triebstufen, die nun nachträglich andere werden, empfängt. Von dieser Grundlage her stellen sich die Fragen der Ethik als Verhältnis zu den andern und zu sich selbst.

Nun stellt sich die Frage nach dem Zusammenhang zwischen Stimme und Körperbild. Muss man nicht sagen, dass die Stimme das Körperbild auflöst? Wird nicht gerade am Ende des Spiegelstadiums deutlich, dass dem so ist, wenn sich das Subjekt als sprachlich Unsichtbares entdeckt? Hier folgt nun meine dritte These:

3 Vgl. dazu Martin Heidegger, *Unterwegs zur Sprache*. Pfullingen: Neske 1979, S. 12.

Das, was Freud Wortvorstellungen und Sachvorstellungen nannte, sind Körperbilder der Stimme.

Es gibt eine weitreichende Transformation vom Körperbild über das Spiegelstadium zu den Metaphern, Wörtern und Sachvorstellungen. Hier kann ich noch einmal auf die Thesen zu den Kanjis verweisen, die ja ebenfalls Körperbilder sind. Der Signifikant ist zunächst eine Differenz, d.h. er ist im Grunde genommen eine Leere; die Laute, die man in S1 und S2 unterteilen kann, sind Repräsentationen dieser Differenz. Ich denke, dass dies im Kanji für das Tor (*mon*) sehr schön dargestellt ist; es besteht aus zwei Seiten und einer leeren Mitte. Die Leere ist einerseits bedingt durch die beiden Flügel des Tores, aber anderseits sind diese Flügel des Tores auch konstituiert durch diese Leere.

Nun stellt sich die Frage: Wie kommt der Signifikant zu einem Sinn? Von sich aus hat er ja keinen Sinn, er ist das Medium der Reflexion, des Nicht-Sinns. Der Sinn kommt eben von der Sinnlichkeit. Die Sinnlichkeit ist die Sinnlichkeit des Verstandes. Man kann auch sagen, dass die Sinnlichkeit von den Triebstufen kommt, die nun mit der Phallizität und mit dem, was darüber hinaus als Reflexion der archaischen Oralität und Analität möglich ist, zur Grundlage der Kreativität werden. In dieser Auffassung geht es also nicht darum, die Triebe zu überwinden, sondern sie im Gegenteil als Material für die Kreativität zu verwenden.

Sie bleibt keineswegs auf Wort- und Sachvorstellungen beschränkt. Einerseits kann die Stimme verdrängt werden, aber anderseits gibt es auch eine Art Stimme zweiten Grades. Dann ist sie nicht verdrängt, sondern sie wählt ein anderes Medium als die lautliche Artikulation. Die Stimme kann ins Bildhafte einfließen, dann *sagt* uns das Bild etwas, das Bild bekommt eine Stimme, es spricht zum Betrachter. Auch aus der Oralität kann eine Kreativität entstehen. Dies ist ja auch sehr schön im Kanji für Kochen (*riory)* ausgedrückt. Das *ri* ist das Zeichen für die Vernunft. Das Zubereiten von Speisen ist nichts Animalisches, es braucht ein Wissen, ein Überlegen, ein Können. Aus den Signifikanten kann auch eine Schrift werden. Stets geht es darum, dass die Reflexion, die auch den Mangel erzeugt, wiederum gefüllt wird. Mit der Stimme als Ausdruck des Anderen ist man bei dem angelangt, was in jedem Subjekt schon vor der Geburt als Niederschrift von Stimmen eingelagert ist. Die Stimme ist ja schon in der Oralität, ja sogar vor ihr, als passiv aufgenommene da, die das werdende Subjekt schon im Mutterleib hört. Sie wird aufgenommen, registriert, wobei es sie weder lesen noch artikulieren kann. Erst über den Umweg der Triebstufen, des Spiegelstadiums, lernt es das lesen, was schon in ihm angelegt ist.

Kommen wir damit auf die Pathologie zu sprechen, auf Neurosen, Perversionen, Depressionen. Man kann sie als Ausdruck von besonderen Figurationen von Imaginationen oder auch von Erfahrungen mit andern auffassen. Die Erfahrungen des Subjekts mit andern, die Phantasien über sie, die Erinnerungen, sind für den Analytiker bzw. Therapeuten wichtig, um zu sehen, an welchen Stellen sich das Genießen von Neurotikern, Perversen, Depressiven festklammert. Dazu einige Erläuterungen:

Bei den Neurosen ist Angst das vorherrschende Kennzeichen. Es ist Angst vor dem Anderen. Andere werden idealisiert oder dämonisiert. Das Subjekt mit seinen Trieben schämt sich und verharrt gerade dadurch im Genießen. Die Stimme, die die Wahrheit der Triebe ausdrücken könnte, wird verdrängt, an ihre Stelle treten Symptome; vor allem sind es Zwänge und Konversionen. Darin manifestiert sich die Wahrheit entstellt. Entweder bleibt die Stimme in der Phantasie – man macht die Faust im Sack aus Angst vor einem Konflikt – oder die Stimme verkörpert sich als Konversion. Das ist vorwiegend bei der Hysterie der Fall. Es kommt auch vor, dass sich die Stimme an die Kausalität klammert, d.h. sie äußert sich nicht, solange das Subjekt nicht von einer Kausalität überzeugt ist. Vielleicht kann man auf diese Art etwas mit den manchmal bemühenden Zwängen der Zwangsneurose anfangen. Das Subjekt hat Angst, mitzuteilen, was in ihm vorgeht. Stattdessen klammert es sich an eine Kausalität, in der es Schutz vor der Leere sucht. Alles muss für es seinen zwingenden Grund haben, weshalb spontane Äußerungen vermieden werden. Da sehen wir, dass die Kausalität mit der kantschen Kategorie der Relation in einer Beziehung steht. Alles muss seine Ordnung, seine Richtigkeit und seine Berechenbarkeit haben – der Wiederholungszwang ist eine logische Folge davon. Weil diese Kausalität für das Subjekt eben nicht zutrifft, der Zwangsneurotiker sich jedoch daran festklammern möchte, hat er nie genug Ordnung für und um sich. Er muss allem eine Notwendigkeit geben, er muss sich für alles rechtfertigen. Das Schlimmste für ihn ist ein Akt, sich selber für etwas zu legitimieren. In einem solchen Akt würde er sich als Subjekt ohne Kausalität manifestieren. Das darf nicht sein, er muss sich immer als bedingt vom anderen darstellen. Deswegen ist die Position des Zwangsneurotikers so nahe bei derjenigen des Knechts in der Herr- und Knechtkonstellation. Wünsche des Herrn versucht er und Knechtkonstellation. Wünsche des Herrn versucht er als kausalitätsauslösend aufzufassen.

Ich kann vielleicht ein paar Andeutungen zu Hysterie und Zwangsneurose geben. Es gibt bei Lacan ein kurzes Beispiel von einem Pianisten, der nicht mehr Klavier spielen konnte, der Krämpfe in den Fingern hatte.[4] Er war schon bei verschiedenen Analytikern gewesen, und alle hatten versucht, irgendeinen Triebkonflikt ausfindig zu machen. Es zeigte sich dann, dass der Konflikt anders gelagert war. Der betreffende Patient gehörte nämlich zum Islam, sein Vater hatte einen Diebstahl begangen. Sie wissen, dass das Gesetz des Islam einen Diebstahl mit Handabschlagen bestraft. Er war also irgendwie mit seinem Vater, der ein Delikt begangen hatte, identifiziert. Vom Moment an, in dem er dem eine Stimme geben konnte, war es möglich, das Symptom aufzubrechen. Oder denken Sie an die vielen Beispiele von Zwangsneurotikern mit Waschzwang. Da ist der Glaube an Kausalität greifbar; es ist auch die Angst dabei, dass dieser Waschzwang ein Ende haben könnte, weil das Subjekt dann mit sich selbst, mit seiner Leere konfrontiert wäre. Daran erkennt man, dass bei Zwanghaften der Zeitaspekt wichtig ist. Sie haben unendlich viel Zeit, die Zwänge beanspruchen unglaublich viele Stunden und Tage. Es ist, als wären sie unsterblich, aber in Wirklichkeit verlieren sie gerade dadurch ihre Zeit und ängstigen sich umso mehr vor der Endlichkeit und vor ihrem unbewussten Begehren, ein Subjekt zu sein und das Leben außerhalb von deterministischen Kausalitäten zu leben.

In der Hysterie ist die Beziehung der Hysterischen zu einem Meister von entscheidender Bedeutung. Sie exponieren ihre Subjektivität als eine leere. Sie wenden sich an andere, die ihnen auf ihre Frage nach sich selber, auf ihre Seinsfrage antworten sollen, wobei sie diese andern in eine Meisterposition bringen. Versuche einer Antwort stoßen auf Ablehnung. „Das ist es nicht und jenes auch nicht“; auf diese Art und Weise halten die Hysterischen ihr Begehren aufrecht. Die Position des Meisters erweist sich dabei als anfällig für Täuschungen, sofern die Fragen nicht als Fragen sondern als Appelle, die Antworten verlangen, aufgefasst werden.

In Perversionen ist die Angst weniger greifbar. Während es dem Neurotiker nicht gelingt, vor dem Andern zu bestehen und er sich zurückzieht, geht der Perverse den umgekehrten Weg. Der Perverse tut alles für einen Andern, er gibt sich völlig auf für ihn. Er ist der *porte-*

4 Vgl. dazu J. Lacan, *Das Seminar I*, S. 251.

parole eines Andern. Dass der Andere genießt, ist wichtig für ihn, dann kann er genießen, dass der Andere seinetwegen genießt. Dabei stellt er sich den Andern ganz anders vor als der Neurotiker. Der Perverse idealisiert den Andern nicht als Instanz des Guten oder der Überlegenheit, vor der er sich duckt. Es kann sogar sein, dass er ihn als Verkörperung einer üblen Macht oder des Bösen sieht. Wenn es für den Perversen ein Gesetz gibt, so ist es ein perverses Gesetz, d.h., es hat nicht den Sinn einer gerechten Regelung des menschlichen Zusammenlebens, sondern es ist allein Instrument des Genießens. Man muss ihm gehorchen, weil der Andere es so will, weil er sonst böse wird. Man könnte sich Leibwächter als Verkörperung von solchen Figuren vorstellen. Sie dürfen überhaupt keinen eigenen Willen haben. Allerdings liegt in dieser Aussage ein Widerspruch: Wenn man sagt, sie *dürfen* keinen eigenen Willen haben, so sind sie nicht pervers, weil sie etwas haben, was sie nicht haben dürften. Kann man sagen, der Perverse wolle keinen eigenen Willen? Auch das führt nicht aus dem Paradox heraus, denn diese Einstellung wäre immer noch gleichbedeutend mit einer Willensposition. Diese Widersprüche verraten wohl etwas über die unbewusste, verleugnete Seite des Perversen. Was sich bei ihm manifestiert, ist die Absicht, über sich verfügen zu lassen, den andern zum Genießen zu bringen. Beispiele sind der Masochist und der Sadist. Beim Masochismus ist es offensichtlich, dass der Masochist ein Objekt für den Andern sein will. „Du kannst alles mit mir machen, du kannst verfügen über mich, so wie es dir beliebt", ist seine Devise. Der Sadismus ist nicht einfach die Umkehrung des Masochismus; da ist nämlich ein Dritter im Spiel, dem der Quälende Befriedigung verschafft. Derjenige, den man einen Sadisten nennt, bleibt bei seiner Handlung kühl. Es gibt sogar das Ideal der Unbeteiligtheit, der *Ataraxie*. Der Sadismus drückt einen Missbrauch der kantschen Kategorie der Vernunft aus. Kant hat aus der Vernunft, aus der Möglichkeit der Reflexion, einen kategorischen Imperativ abgeleitet.[5] Damit hat er aber auch die Möglichkeit impliziert, diesem nicht zu gehorchen und stattdessen die Position des Bösen einzunehmen. D.h. all das, was im kantschen Gebäude sublimiert wird, wird im sadeschen Dispositiv als Trieb ausgelebt. Der andere wird dann zum Objekt des Genießens, das letztlich einem Dritten gilt. Das ist die Grundlage für eine wichtige Arbeit von Lacan, die, wie ihr Titel sagt, Kant mit Sade in eine Beziehung brachte.[6]

---

5 Vgl. dazu Fußnote 2, S. 70.
6 Vgl. dazu „Kant mit Sade", S. 133-163.

Zu den Perversionen gehören auch Exhibitionismus und Voyeurismus. Bei letzterem ist die Regression oder das Verharren in der phallischen Stufe evident, es geht um den Blick, um das Sehen und Nicht-gesehen-Werden. Dabei kann man aber nicht stehen bleiben. Es geht noch um mehr als um das Nicht-gesehen-werden-Wollen beim Sehen. Eine erste Interpretation behauptet, dass es um die Nicht-Respektierung des Gesetzes, um die Übertretung des Gesetzes geht. Diese Interpretation verengt sich auf die Frage, ob der Voyeur dem Gesetz gehorcht oder nicht. Es geht jedoch viel mehr darum, dass das Geschlecht beim Voyeur vom Andern keine Stimme erhalten hat, nicht versprachlicht worden ist. Die Subjekt-Objekt-Position ist nicht wirklich als eine getrennte etabliert, und das macht gerade das Genießen des Voyeurs aus. Was also im Unbewussten des Voyeurismus viel eher gesucht wird, ist die Stimme und die Sprache, die ihn selbst in seiner Geschlechtlichkeit positioniert.

Beim Exhibitionisten ist es noch einmal anders. Er situiert sich zwar auch in diesem Übergang vom Phallischen zur Genitalität, aber bei ihm geht es eher um die Suche nach der Kastration seiner Phallizität. Er stellt sich so hin, dass er immer wieder erwischt und mit dem Gesetz konfrontiert wird. Ob er dadurch seine Phallizität mit dem Gesetz des Andern in Übereinstimmung bringen kann, ist eine offene Frage. Die Blicke der andern haben für den Exhibitionisten phallischen Wert, er will über sie verfügen, sie durch Überraschung herausfordern, sein Geschlecht in ihnen spiegeln. In diesem Sinne manipuliert er sie wie Objekte, die ihm gehören.

Der Depressive zieht sich vom andern zurück, jedoch nicht aus Angst oder Scham, sondern weil er sich den andern als teilnahmslos vorstellt. Vielleicht hat er ihn auch so erfahren. Die Depression gehört sicher nicht zu den Perversionen, eher zu den Neurosen. Wenn der Neurotiker den andern idealisiert und glaubt, ihm nicht genügen zu können, wenn der Perverse den andern dagegen zu einer Figur degradiert, die Lust haben will, so stellt sich der Depressive den andern eher als teilnahmslos vor. Die gegenwärtige Zeit ist wohl durch Depressivität charakterisiert. Man kann die Depression als eine Figur des Begehrens auffassen. Dem Depressiven gelingt es nicht, was dem Fetischisten besonders ausgeprägt gelingt, nämlich ein Objekt zu haben. Das Begehren hat zwar kein Objekt, es hält sich jedoch mittels Objekten aufrecht. Es ist wichtig, Objekte zu haben, die man privilegiert, die man, um mit Lacan zu sprechen, „zur Würde des Dings erhebt".[7] Das ist es, was dem Depressiven nicht gelingt, er bleibt in der Leere. An dieser Stelle kommt die Depressivität der Melancholie nahe. Die Depressivität ist jedoch eher ein Ausdruck von Beziehungslosigkeit, Beziehungsarmut, die Melancholie dagegen eine Krankheit der Beziehung, zu einem Zeitpunkt, wenn eine Beziehung zu Ende geht.

Warum ist vor allem das weibliche Geschlecht von Depressionen betroffen? Ich glaube, dass die weibliche Position mehr in der Position der Reflexion ist als die männliche, das eher im Phallischen mit seinen Objektbeziehungen situiert ist. Würde das heißen, dass Depression ein Ausdruck von Reflexion wäre? Wenn dies zuträfe, würde die Analyse in Depressivität münden. Das kann man wohl nicht sagen. Depression ist eher Ausdruck einer schwachen Reflexion, eher ein Versinken im Sein, also ein schlechtes Genießen. Depression ist Ausdruck von Nicht-Akzeptieren der Unsagbarkeit des Seins, der Substanzlosigkeit. Der Depressive will gerade nicht aus der Position der Reflexion, aus der Leere etwas Kreatives machen, er will am Schmerz des Sinnlosen festhalten. Vielleicht fällt ihm eine Änderung so schwer, weil er denkt, dass niemand Anteil daran nähme.

Die depressive Position ist jedoch auch für den Mann möglich, wenn er – als Folge seines Seinsmangels – nicht an den Sinn von Objektbeziehungen glaubt. Dann versucht auch er, im Sein zu verharren, alle produktiven Anstöße des Mangels, der Nicht-Identität gehen dann verloren. Bei beiden Geschlechtern ist die Depression beziehungsarm, das Leben wird schwer, die Gegenwart ewig, man empfindet das Leben als Last. Das wäre die Kehrseite dessen, dass der Mangel, die Reflexion nicht als Basis akzeptiert wird. Bei allen Formen, bei den neurotischen, den perversen, den depressiven fällt auf, dass sich das Subjekt nicht als singuläres mit seiner Stimme auf der Ebene des Anderen manifestiert. Entweder verdrängt es seine Stimme aus Scham oder aus Angst, wie in der Neurose, oder es stellt sich in den Dienst eines andern, von dem es sich vorstellt, dass er genießen will – das Beispiel der Perversion; oder es zieht sich zurück in der Überzeugung, dass der andere sich nicht für es interessiert, wie in der Depression. Dieser Rückzug ist nicht nur das Ergebnis einer Erfahrung, sondern er bestätigt diese Erfahrung immer aufs neue. Der Rückzug in die Teilnahmslosigkeit hat tatsächlich das zur Folge, was die Depressiven beklagen, nämlich, dass es sehr wahrscheinlich ist, dass sich niemand für sie interessiert. In diesem Sinne sind Depressi-

7 Vgl. dazu J. Lacan, *Das Seminar VII*, Quadriga 1996, S. 139.

onen Ausdruck der schönen Seele, wie Hegel sagt.[8] Sie tragen nicht bei zur Bekämpfung des Elends und des Leidens auf der Welt, sondern sie bestätigen es mit ihren Klagen.

Vielleicht ist Ihnen im Laufe meiner Ausführungen noch eine Frage aufgestiegen?

Prof. Kadono: „Wie lässt sich der Unterschied zwischen dem Körperausdruck in der Konversion und der Psychosomatik auffassen?"

Antwort: Bei der Hysterie spielt das Unbewusste eine große Rolle; die Vorstellungen im Unbewussten sind da, aber eben verdrängt oder konvertiert. Bei der Psychosomatik fehlt das Subjekt weitgehend. Die Psychosomatik ist eine eigenartige Form, sie ist nahe bei der Psychose und doch von ihr unterschieden. Das Subjekt verdinglicht sich völlig, macht sich zu einer Sache. Wenn der Arzt fragt, wo es weh tut, so zeigen Psychosomatiker auf eine Stelle am Körper; werden sie nach den Umständen des Aufkommens der Schmerzen oder gar nach Vermutungen über deren Bedeutsamkeit gefragt, so können sie nichts dazu sagen, oder sie erklären, der Arzt werde es schon wissen oder durch seine Untersuchungen herausfinden. Bei der Hysterie ist eher eine Theatralik da, aber im Grunde genommen ist es ein Leiden, das irgendwo seine Ursache hat, die verdrängt ist. Es gibt wahrscheinlich sehr viele Patienten, die mit unspezifischen Leiden zu den Allgemein-Medizinern gehen, die nicht sagen können, wann ihr Leiden entstanden ist, was es für einen Sinn haben könnte, die dazu oder über sich selber auch keine Phantasien äußern. Gleichwohl ist es keine Psychose, weil das Subjekt doch irgendwo vorhanden ist. Die Kunst der Behandlung besteht dann darin, dass man die Psychosomatiker zuerst „hysterisiert", d.h. dass man ihnen ein Gespür gibt für sich selber, auch wenn sie nicht wissen, was in ihnen vorgeht. Im günstigsten Fall zeigt sich dann eine Übertragung auf den Arzt, zuvor ist alles bloß eine sachliche Angelegenheit. Die Frage stellt sich, ob die Psychosomatiker nicht das Pendant des medizinischen Diskurses, in dem es kein Subjekt gibt, verkörpern. Sie erfüllen genau die Anforderungen einer objektiven Untersuchung, die nichts vom Subjekt wissen will. Aber so zu denken, heißt im Grunde genommen, dass sie sich schon anpassen, was impliziert, dass das Subjekt doch irgendwo sein muss. Diese Eingefrorenheit des Subjekts irgendwie aufzubre-

8 Vgl. dazu G.W.F. Hegel, *Phänomenologie des Geistes*, S. 464 ff.

chen, auch wenn dies vielleicht vorübergehend mit einem Mehr an Leiden verbunden ist, das wäre schon wichtig.

Prof. Kadono: „Es klingt ein bisschen optimistisch, wenn du sagst, irgendwo muss das Subjekt sein, aber manchmal ist es viel schwieriger."

Antwort: Ich habe noch gedacht, ohne es zu artikulieren, dass die Gefahr dann sehr groß ist, wenn Psychosomatiker spüren, dass sich der Arzt nicht auf eine objektive Untersuchung einlässt; dann kommt es häufig vor, dass sie den Arzt wechseln.

Student: „Sie haben die Transsexualität nicht erwähnt."

Antwort: Das trifft zu, das ist viel zu kurz gekommen. Vielleicht kann ich etwas von der Frage für das nächste Mal mitnehmen.

XII.
Körperbildtherapie

Körperbildtherapie und Psychoanalyse | Exkurs über Transsexualität | Zwei Fallgeschichten | Phobie und Psychosen Syntax und Psyche

Wir werden uns heute mit der Körperbildtherapie beschäftigen. Sie ist nicht identisch mit der Methode der Psychoanalyse. Zur Psychoanalyse gehört unabdingbar das Sprechen, das freie Assoziieren, was für die Körperbildtherapie nicht zutrifft. Sie basiert zwar auf der psychoanalytischen Theorie, hat jedoch eine andere Methode, wobei die Übergänge von Psychoanalyse im klassischen Sinne zu Körpertherapie fließend sind. Ich nenne vor allem zwei Vertreterinnen dieses Konzepts: Gisela Pankow und Françoise Dolto. Bei Françoise Dolto ist die Körperbildtherapie eher mit Psychoanalyse kompatibel, währenddem Gisela Pankow Wert darauf legt zu sagen, dass die Körperbildtherapie etwas eigenes ist. Wir werden vor allem Fallbeispiele von Psychosen hören und diskutieren.

Vom letzen Mal ist noch eine Frage bezüglich Transsexualität stehen geblieben. Ich werde damit beginnen und das Körperbild miteinbeziehen.

Meinen Weg zu einem Verständnis nehme ich über den Transvestismus. Er betrifft vor allem Männer; der zentrale Punkt beim Transvestismus ist die Kastrationsangst. Das, was wir Genitalität genannt haben, was vom Andern strukturiert wird, bleibt verdrängt; die Männlichkeit wird hinter der Maske der Weiblichkeit versteckt. Es ist ein So-tun-als-Ob das männliche Subjekt weiblich wäre. Der Zweck davon ist, auf diese Art und Weise die Drohung der Kastration abzuwehren. Dabei ist die Rolle des Andern von zentraler Bedeutung, sein Blick. In ihm wird die Gefahr gesehen – der Andere darf nicht sehen, dass das Subjekt ein Zeichen der Männlichkeit hat. Man sieht daran, dass die Weiblichkeit dazu dient, der Kastrationsdrohung zu entgehen.

Gibt es nicht eine weibliche Variante des Transvestismus? Es kann deshalb keine symmetrische Entsprechung geben, weil die Frauen ein anderes Verhältnis zur Kastrationsangst haben. Da sie nicht durch ein bestimmtes Merkmal definiert sind, wie das beim Mann der Fall ist, ist die Angst, dieses Zeichen zu verlieren, nur unter der Bedingung vorgängiger Identifizierung mit einem Mann gegeben. In diesem Sinne macht die Rede von einem weiblichen Transvestismus keinen Sinn, das Phallische wird ja eher begehrt, dazu gehören auch Blicke von Männern.

Dem Transvestismus kann man nun die Transsexualität entgegenstellen. Dann sieht man sofort den Kontrast. Die Transsexuellen, die in einem männlichen Körper sind, wollen ein weibliches Geschlecht haben, wollen weiblich sein. Es gibt auch das Umgekehrte, dass die Transsexuellen, die in einem weiblichen Körper sind, einen männlichen Körper haben wollen. Es ist also nicht eine verdrängte Genitalität da wie beim Transvestismus, sondern es gibt eine unerschütterliche Überzeugung, dass das Geschlecht geändert werden muss. Darin liegt etwas beschlossen, was man eine erste Wahrheit der Transsexualität nennen könnte: Es ist für die Transsexuellen ganz klar, dass es eine Sexuierung im Psychischen und eine Sexuierung im Physischen gibt, wobei sie glauben, dass ihr körperliches Geschlecht nicht zu ihrer geschlechtlichen Position im Psychischen passt – eben diese Diskrepanz sollte geändert werden. Eine zweite Wahrheit der Transsexualität liegt darin, dass sie dem Psychischen das Primat geben. Sie sagen also nicht: Ich habe einen männlichen bzw. einen weiblichen Körper, also ist es Aufgabe des Psychischen, mich dieser Gegebenheit anzupassen, sondern sie sagen: Ich bin psychisch so und so – männlich oder weiblich – und der Körper muss sich nach der Vorgabe des Psychischen ändern. Eine dritte Wahrheit des Transsexuellen liegt in der Bedeutung des Andern und seines Begehrens. Es geht beim Transsexuellen darum, dass er das Begehren eines Andern erfüllt. Deshalb muss sein Körper verändert werden. Die Transsexuellen stellen sich einen Andern vor, der für sie bedeutsam ist, der sie anders sehen will als sie sind. Vielleicht gehört noch ein vierter Punkt dazu, der wichtig ist, es ist jedoch schwierig, hier zu urteilen. Ich meine damit, dass mit der Vorstellung der Änderung des Geschlechts die Betonung der Machbarkeit verbunden ist. An die Chirurgie werden höchste Anforderungen gestellt. Je mehr die plastische Chirurgie leistet, desto mehr können sich die Transsexuellen in ihren Wünschen bestärkt fühlen. Ich würde aber nicht so weit gehen und sagen, dass der Fortschritt der plastischen Chirurgie die Ursache solcher Wünsche ist. Man darf aber die Rolle der plastischen Chirurgie und generell des Glaubens an die Machbarkeit, was sich in der Schönheitschirurgie zeigt, nicht unterschätzen. Das zeigt sich in allen Darstellungen und Diskussionen um Schönheit, Lifting, Brustveränderung, Fettentnahme. Die Schönheitschirurgie ist wie der kleine Bruder oder die kleine Schwester derjenigen Chirurgie, die das Geschlecht umwandelt.

Die Transsexualität gibt uns viele Probleme auf. Wir fragen uns immer wieder: Was heißt es, im Psychischen männlich oder weiblich zu sein? Ist nicht das Psychische für beide Geschlechter gleich oder schwer definierbar? Für die Transsexuellen scheint diese Frage kein Problem zu sein. Die einen fühlen sich männlich in einem weiblichen Körper, die andern weiblich in einem männlichen Körper; sie lassen keine Zweifel daran, dass das für sie unveränderliche Züge sind, von denen aus der Körper angepasst werden soll. Viele Therapeuten, die mit Transsexuellen gearbeitet haben, haben erfahren müssen, dass es keinen Sinn macht, sie von ihren Wünschen abbringen zu wollen. Sie halten an ihrer Überzeugung fest, die ähnlich ist wie bei Psychosen, sie sind unverrückbar. Das Tragische dabei ist, dass sich nach der Umwandlung doch keine Befriedigung einstellt. Da kann man sich fragen: Warum sind sie doch nicht zufrieden, wenn das Geschlecht geändert worden ist? Es gibt sogar Subjekte, die wieder zum früheren Geschlecht zurückkehren wollen. Man muss annehmen, dass die tatsächliche Umwandlung des Geschlechts die Transsexuellen mit dem Phantasma konfrontiert, das nach der Operation seinen Wert verloren hat. Sie erkennen dann, dass es dem Andern gleichgültig ist oder dass er die Geschlechtsumwandlung gar nicht gewünscht hat, wie sich das die Transsexuellen vorgestellt hatten. Ein zweiter Punkt kommt dazu, dass bei allem Fortschritt der Chirurgie das Geschlecht etwas Künstliches ist. Es gibt Entbehrungen, die es zuvor nicht gab und die die Transsexuellen mit der Realität konfrontieren, dass es doch nicht möglich ist, zum anderen Geschlecht zu gehören. So viel noch zur Frage der Transsexualität.

Kommen wir nun zur Körperbildtherapie bei Psychosen. Ich erzähle Ihnen vor allem zwei Fallgeschichten; eine, die von Françoise Dolto und eine, die von Gisela Pankow dargestellt worden ist. Wir werden daran anschließend über die Methodik der Körperbildtherapie sprechen.

Zuerst der Fall eines schizophrenen Jungen: Ich habe ihn bereits in der sechsten Sitzung vorgestellt und seither ist er noch zweimal in unseren Diskussionen aufgetaucht.[1] Im Zentrum der damaligen Betrachtung standen die zwei Stimmen, die aus dem Jungen herausbrachen, ohne dass er wusste, wie ihm geschah und was sie bedeuteten. In unserem damaligen Kontext versuchten wir, die Bedeutung der Stimmen hinsichtlich der Unterscheidung von Signifikant und Symbol zu erörtern – Sie erinnern sich wahrscheinlich an die diesbezügliche Frage von Herrn Kadono. Diese Fallgeschichte ist auch insofern aufschlussreich, als die therapeutische Arbeit, die der Manifestation der Stimmen voranging, darin bestand, das Körperbild der Therapeutin von demjenigen des Jungen zu unterscheiden; der „schizophrene Junge", wie ihn Dolto nannte, hatte nämlich ausgeprägte phobische Züge, die aggressiven Impulsen galten. Er hatte z.B. eine fürchterliche Angst vor Scheren. Ein zweites Symptom war seine Schlaflosigkeit. Er fand in der ganzen Zeit seines bisherigen Lebens nie richtigen Schlaf über mehrere Stunden, sondern konnte nur in kleinen Abschnitten schlafen. Françoise Dolto ging so vor, dass sie ihm Plastilin zum Modellieren gab. Sie brachte es dann zustande, dass er es wagte, ihre Hand mit einem Plasticmeßer, das zum Modellieren gebraucht wird, zu berühren. Weil sie sah, dass er so große Angst hatte, aggressiv zu sein, streckte sie ihm die Hand hin und sagte: „Kannst du auf meiner Hand so etwas mit dem Messer machen?" Sie mit dem Messer zu berühren und Druck auf die Handfläche auszuüben, ängstigte ihn sehr, auch wenn die Druckeinwirkungen sofort wieder verschwanden. Die Angst, ihre Hand zu berühren war so groß, wie wenn er selber berührt worden wäre. Man erkennt hier diese Nicht-Unterscheidung des einen vom andern, die wir im Spiegelstadium angetroffen haben, also in einer Phase, in der man sich zuerst im andern sieht. Auch haben wir gesehen, dass erst die Reflexion, die Stimme, die Artikulation eine Differenzierung zwischen Außen und Innen bringt. Genau das hatte gefehlt. Der Körper der Therapeutin war nicht abgegrenzt von seinem eigenen, was sich in einfachen Dialogen zeigte, die an Schlichtheit nicht zu überbieten sind. Er sagte z.B., wenn er sie berührt hatte und sah, dass nichts passierte: „*C'est ça?*"/ „Ist es das?", und sie sagte: „*Oui, c'est ça*!"/„Ja, das ist es!" Ein kleines Hin und Her ähnlich einem Echo; die Stimme, die eine Differenzierung unterstützte, war beteiligt. Die Therapeutin berührte dann auch seine Hand und zwickte ihn dabei ein wenig. Es war in diesem Moment, als die zwei Stimmen aus dem Jungen herausbrachen, die er wiedergab, ohne überhaupt etwas davon zu verstehen – davon haben

1 Vgl. dazu Fußnote 4, S. 87.

wir bereits gesprochen. Die eine Stimme war schrill, hoch und bittend, die andere schwer und autoritär. Diese Stimme verbot anscheinend irgend etwas. Dolto erkannte darin Worte, die auf einen Streit um den Besitz von irgend etwas hinwiesen. Tatsächlich ging es um eine Auseinandersetzung zwischen Mutter und Großmutter, wer das Kind behalten könne. In dieser Sitzung wurde aber überhaupt nicht klar, welche Bewandtnis dieser Streit, diese Darstellung des Jungen hatte.

Halten wir fest, dass das elementare Modellieren mit Plastilin und das dazu begleitende Sprechen zu einer Abgrenzung des Körperbildes des Jungen gegenüber demjenigen der Therapeutin beitrug. Das war wohl die Voraussetzung dafür, dass die Stimmen, mit denen der Junge identifiziert war, ausbrechen und damit – vor allem durch die Interpretation ihres Sinns – in eine Distanz zu ihm als Subjekt kommen konnten. Wie ging die Geschichte weiter?

Am Tag nach dieser Sitzung kam ein Telefonanruf der Mutter des Jungen. Sie meldete erstaunliche Fortschritte des Jungen, vor allem, dass er seinen Schlaf wieder gefunden hätte, und zwar zum ersten Mal seit seiner allerfrühesten Kindheit, auch, dass er sehr ruhig und zufrieden sei. Die Therapeutin war sehr verwundert und verstand überhaupt nichts. Sie lud dann die Mutter zu einem Gespräch ein, in dem sich zeigte, dass diese Frau nicht die leibliche Mutter des kleinen Schizophrenen war. Es war die Geschichte einer heimlichen Adoption, weil die leibliche Mutter den Kleinen nicht hatte behalten können. Das war ein sehr gut gehütetes Geheimnis. Es war so, dass dieser kleine Junge aus einer Verbindung der Mutter, die damals erst 15- oder 16-jährig war, mit einem verheirateten Lehrer entstand. Dieser verheiratete Lehrer hatte selber schon vier Kinder. Er anerkannte seine Vaterschaft, da war nicht das Problem. Die Mutter dieser jungen Mutter war aber strikt dagegen, dass sie das Kind aufziehen würde. Schließlich brachte die Mutter der jungen Mutter sie dazu, auf das Kind zu verzichten und es zur Adoption freizugeben. Nach der Geburt machte die junge Mutter einen letzten Versuch, das Kind doch noch behalten zu können. Es gab im Spital eine Auseinandersetzung zwischen der Mutter und ihrer eigenen Mutter. Diese Stimmen und diese Worte waren es, die der Junge wiedergab. Sie waren ihm auf eine archaische Art gleichsam eingeschrieben, man könnte sagen, sie waren gespeichert. Er war identifiziert damit, ohne Distanz dazu. D.h. die Stimmen waren nicht auf der Ebene der Repräsentation und der Objekte des Habens-Bezugs. Man sieht daran, dass diese Stimmen nicht sinnlos waren, sondern zuviel an Sinn hatten. Der

Sinn war so total, dass der Junge gar keine Distanz dazu hatte. Er war komplett identifiziert damit. Das Resultat war, dass er nicht wagte, wirklich ins Leben zu treten, wirklich geboren zu werden.

Es ging somit in dieser Körperbildtherapie darum, dass der Sinn partiell wurde. Bevor dies geschah, schwebte er in einem unwirklichen Zustand zwischen Lebendig- und Totsein. Die Intervention der Therapeutin, die seine Inschrift lesen und hören konnte, nahm die Schwere und die Totalität des Sinns weg. Es gab eine interessante Konsequenz: eine Öffnung auf das Leben hin. Zuvor hatte es keine Spaltung zwischen Subjekt und Ich im Sinne des *moi* gegeben. Mit der Intervention der Therapeutin erfolgte die Spaltung zwischen Subjekt und Ich. Das heißt zugleich, dass das, was ihm eingeschrieben war, ihm entfremdet wurde. Als die Therapeutin den Jungen ein paar Wochen nachher mit dem, was er stimmlich aufgeführt hatte, konfrontierte, wusste er nichts mehr davon. Dagegen konnte er nun ohne Schwierigkeiten modellieren. Er war nicht mehr schreckhaft und konnte nachts schlafen; außerdem entschloss er sich, der sich so vor Scheren gefürchtet hatte, einen Beruf zu ergreifen – Schneider wollte er werden.

Der Fall ist in mehrerer Hinsicht interessant. Man sieht hier eine enge Relation zwischen Schizophrenie und Phobie. Die Phobie erscheint ja gewöhnlich als Neurose in den Klassifikationen. Hier war aber der Ausfall des Andern doch in dem Sinne gegeben, dass man von einer Psychose sprechen kann, wobei die Kennzeichnung als Schizophrenie nicht zwingend erscheint. Geht es um einen Ausfall des Imaginären? Haben wir es nicht vielmehr mit einem Ausfall des Subjekts zu tun, das sich nicht auf der Ebene des Andern manifestieren kann? Aber wir wissen ja auch, dass der Ausdruck Schizophrenie annähernd mit Psychose gleichgesetzt wird.

Wenn man die Triebformationen Oralität, Analität, Phallizität als Maßstab nimmt, erkennt man, wie die Fixierung in der phallischen Phase erfolgt ist. Zur phallischen Phase gehört ja der Blick, aber er ist nicht imstande, eine Differenzierung zwischen dem Subjekt und dem andern zustande zu bringen. Wer wirklich blickt, wer angeblickt wird, das bleibt unklar. Deshalb braucht es die Stimme als Medium der Reflexion. Gleichzeitig entsteht Angst, sich vom andern zu trennen, die vermeintliche Ganzheit zu verlieren. Genau in dem Zeitpunkt, als die Therapeutin es zustande brachte, mit diesem Sichgegenseitig-an-der Hand-Zwicken, eine erste Differenzierung herzustellen, brachen die Stimmen aus ihm heraus. D.h. sein unmittelbares Sein, in dem die Stimmen zuvor eingeschrieben waren, wurde nun hinfällig. Damit war die Grundlage geschaffen, dass die Identifizierung mit den Stimmen aufgebrochen werden und seine eigene Stimme sich auf der Ebene des Anderen äußern konnte.

Vielleicht kann man hier auch noch etwas, das im Seminar zu kurz gekommen ist, betonen, nämlich die Bedeutung des Namens des Vaters, verstanden als Reflexion, als Ausdruck einer Differenz. Vor allem muss man an etwas denken, was mehr als ein Wortspiel ist: „*Nom du père*“ im Französischen klingt genau gleich wie „*Non du père*“, das Nein des Vaters. Sie werden vielleicht sagen: Frau Dolto hat doch gar nie nein gesagt! Das trifft zwar zu, aber die Negation ist gleichwohl vorhanden, insofern die Versprachlichung den Zustand der Unmittelbarkeit negiert. Die Artikulation ist schon eine Negation der Unmittelbarkeit. Dadurch, dass ich etwas ausspreche, hebe ich es in ein anderes Medium. Das ist die Funktion sowohl des „*Nom du père*“ wie des „*Non du Père*“; beide sind Instanz des Anderen. Wir können hier diese Instanz, die für die Psychosen so wichtig ist, weil sie just darin fehlt, mit der Reflexion in einen Zusammenhang bringen, die ohne sie nicht möglich wäre. Weshalb kommt der Vater darin vor? Diese Funktion ist nicht an den leiblichen Vater gebunden. Der Vater ist der Repräsentant des Andern, der eine Differenzierung der Dyade von Mutter und Kind ermöglicht. Wobei der Dritte nicht additiv zu Mutter und Kind hinzukommt, sondern von Anfang an da ist, aber vom Kind noch nicht als der Dritte begriffen wird. Der Dritte ist schon in der Sprache, im Verhalten, in der Fürsorge der Mutter da, wenn sie dafür sorgt, dass ihr Kind gedeiht, sich ablöst von ihr; sie tut dies im Namen eines Dritten, der die trennende Wirkung der Signifikanten repräsentiert. Auf der Ebene des Anderen, in der symbolischen Ordnung wird sich das Kind repräsentieren und damit sein Subjektsein verandern. Die Kunst der Körperbildtherapie geht dahin, diese Veranderung zu ermöglichen, eine Repräsentation des Subjekts zustande zu bringen. Die Stimmen zuvor repräsentierten ja noch nicht den symbolischen Andern der Sprache, sondern sie waren Ausdruck der zwei Mütter, mit deren Stimmen der Junge identifiziert war. Die Körperbildtherapie brachte somit eine Passage vom realen Andern zum symbolischen Andern zustande, vom Eingetauchtsein in eine Sinn-Totalität zu einem partialen Sinn.

Kommen wir nun zur zweiten Fallgeschichte. Sie stammt aus Gisela Pankows Buch *Gesprengte Fesseln der Psychose.*[2] Ich finde den Ti-

2 Vgl. dazu G. Pankow, *Gesprengte Fesseln der Psychose*, S. 48-55.

tel nicht sehr glücklich, er ist etwas reißerisch. Der Psychotiker ist ja nicht ein Gefangener, der in der Therapie seine Fesseln sprengt. Solche Kunststücke können wir auf dem Jahrmarkt sehen, aber nicht in der therapeutischen Arbeit. Es ist zum Glück das einzige Buch von ihr, das einen solchen Titel trägt. Ich bin auch nicht sicher, ob er wirklich von ihr ist, das Buch ist ursprünglich nicht in Deutsch geschrieben worden. Es enthält aber sehr interessante Fallgeschichten; von einer werde ich jetzt sprechen.

Pankows Ansatz ist ähnlich wie derjenige von Dolto; sie betont noch mehr die Eigenständigkeit der Körperbildtherapie. Sie geht in ihrem Ansatz davon aus, dass im Wahn oft der eigene Leib verlassen wird, und zwar deswegen, weil der eigene Leib der Ort von unerträglichen Konflikten ist. Dann wird ein anderer Leib aufgesucht. Tatsächlich findet man dies oft bei Psychotikern, dass sie irgendwelche Erlöserfiguren repräsentieren. Wenn das Bewohnen eines anderen imaginären Körpers gelingt, so sieht es zunächst aus, als ob dies eine Erleichterung bringen würde. Auf die Dauer kann das aber nicht gut gehen, denn im ganzen Raum-Zeit-Gefüge gibt es Verschiebungen, die Wahnbildungen erforderlich machen. Es ist vielleicht vorstellbar, wenn wir an eine bestimmte Art von Filmen denken, bei denen ein Darsteller eine andere Person spielen muss, die er zuvor nicht gekannt hatte, wenn er also eine fremde Identität verkörpern muss, was z.B. in Spionagefilmen vorkommt. Dann lernt der Protagonist natürlich den ganzen Lebenslauf der andern Figur, die er darstellen soll, alles das, was über diese Person bekannt ist. Es kommt dann regelmäßig zu Situationen, in denen er etwas gefragt wird, was er nicht weiß. Dann muss er etwas erfinden. Nur ist das natürlich kein Wahn, weil er weiß, dass er es erfindet. Bei den Psychotikern geschieht dieser Wahn jedoch auf eine Art und Weise, dass er nicht darum weiß. Jemand stellt z.B. eine Vateridentifizierung dar, aber es stellt sich heraus, dass er einen Vater hatte, der gar nie seinen Platz eingenommen hatte, die Identifizierung ist deshalb eine wahnhafte.

Bleiben wir bei diesem Ausgangspunkt, dass der Kranke seinen Leib als Gefäss verlassen hat, wie z.B. in Lacans Fallgeschichte einer Frau namens Brigitte, die ein Kleid sein wollte – ich habe schon darüber gesprochen.[3] Frau Pankow erzählt von einem 30-jährigen Mann, der schizophren war. Er hatte versucht, ein Noviziat in einem Kloster zu beginnen. Nach einem halben Jahr im Kloster verfiel er in einen schweren halluzinatorischen Zustand. Der Patient hatte schon als 8-

3 Vgl. dazu Fußnote 12, S. 146.

bis 10-jähriger Stimmen wie Echos gehört, und im Kloster sah er Schlangen aus den Wänden kommen. Man machte eine Elektroschockkur mit ihm, die erfolglos war. Dann kam er zu Gisela Pankow in Behandlung. Sie arbeitete viermal wöchentlich mit ihm, also sehr intensiv. Das war bei ihr nicht unbedingt die Regel, es gab auch Fälle, bei denen die Behandlung nach zehn Sitzungen abgeschlossen wurde, abgeschlossen in dem Sinne, dass ein Zustand von Neurose erreicht wurde, der dann nicht mehr mit Körperbildtherapie angegangen werden konnte, sondern z.B. mit Psychoanalyse. Beim vorliegenden Fall hatte sie den Eindruck, dass eine ganz intensive Arbeit nötig wäre. Tatsächlich brachte sie es zustande, dass der Patient nach sieben Wochen wieder arbeiten konnte. Nach zwei Jahren lernte er ein Mädchen kennen. Der Patient war das jüngste Kind einer Adelsfamilie. Auch dort, in der Oberschicht, bleibt man nicht verschont von Psychosen. Der Patient hatte berufliche Misserfolge, er hatte z.B. die Matura nicht bestanden, so dass er ins Militär ging. Dort lernte er einen Ordensmann kennen, der schon in einem Kloster gewesen war, und schloss sich ihm an. Der Patient beschäftigte sich mit Astrologie und war der Überzeugung, dass er eigentlich schon hätte sterben müssen. Er sagte von sich, er habe zwei Gesichter, und er kenne die Gedanken der Menschen. Auch hatte er Größenphantasien und sagte z.B., dass er die Gedanken des französischen Präsidenten beeinflussen könne.

Die erste Abbildung zeigt dieses Doppelgesicht (s. Abbildung 8). Man sieht auch einen Bogen über dem Gesicht, der an einen Spiegel erinnert. Diese Doppelexistenz hat etwas mit seiner gestörten Geschlechtlichkeit zu tun. Er betrachtete sich oft in weiblicher Unterwäsche im Spiegel und glaubte dann, zugleich Mann und Frau zu sein. Das wäre weder Transvestismus noch Transsexualität.

Nach einer Behandlung von drei Wochen zeichnete er einen Ausschnitt aus einer Klosterzelle, in der er während der Behandlung Zuflucht gefunden hatte (s. Abbildung 9).

An der Wand sieht man den Kopf des Abtes, den er halluzinierte. Auf dem Boden sieht man einen blutigen Arm vor dem Tisch. Der Patient sagte dazu, er habe diesen Arm wegen seiner Onanie opfern müssen. Er sprach auch von Stimmen des Abtes, die er hörte und die ihn des Vatermordes beschuldigten.

Abbildungen 8 und 9

Nach zwei Monaten Behandlung drückten die Echostimmen die Stimme des Vaters aus. Wir treffen auch auf der Ebene des Akustischen immer wieder diese Spiegelgeschichten an, wie bei Echo und Narziss in Ovids *Metamorphosen*.

Nach sechs Monaten formte der Patient dieses Gesicht, das Sie als Abbildung 10 sehen.

Pankow spricht hier von einem eingemauerten Gesicht. Meine Idee war eher eine andere. Ich finde es eindrücklich, dass er hier eine Kirche auf seinen Kopf gezeichnet hat. Man sieht hier wieder die Bedeutung des Namens des Vaters. Das Kreuz verweist ja auch auf den Tod, zugleich aber auf das Leben. Ich habe selten eine eindrücklichere Illustration des Namens des Vaters gesehen. Mich hat es auch ein wenig an das Kloster St. Michel in der Normandie erinnert. Das was oben gezeichnet ist, drückt das Geistige aus, das ihm eine Reflexion ermöglichte.

Einen Monat später erfolgte erstmals eine Zeichnung, auf der eine Frau dargestellt wurde (s. Abbildung 11).

Abbildungen 10 und 11

Die nächste Abbildung zeigt einen vollständigen Körper, aber auch das Schloss im Hintergrund.

Abbildung 12

Sie sehen hier diesen Lebensbaum, der etwas Phallisches ist – das ist ja unübersehbar – und im Hintergrund das Schloss, das auf seine Familiengeschichte verweist. Das Bild lässt sich auf verschiedene Arten interpretieren, man kann z.B. sagen, dass er von diesem Baum durchlöchert worden ist. Ebenso kann man aber sagen, dass aus seinem Körper etwas wächst. Ich würde eher zu dieser zweiten Interpretation neigen, was sich auch in der Sonne, die ja das Leben verkörpert, und im Schloss zeigt. Man sieht hier, wenn man die erste Zeichnung mit der hier vergleicht, welch große Fortschritte der Patient gemacht hat. Man darf nicht vergessen, dass es doch eine massive Psychose war.

Nach vier Jahren Behandlung gab es keine Halluzinationen mehr. Der Patient hatte den Wunsch zu heiraten, und er hatte eine Arbeit gefunden. Er hatte noch leichte Formen von Beziehungsideen. Das ist ja auch etwas, das ein Stück weit zur Normalität gehört, dass man alles Mögliche, was passiert, immer wieder mit einem selber in Beziehung bringt. Das wird sogar als Erziehungsmittel angewendet, etwa wenn man den Kindern sagt: Wenn du nicht brav bist, wird es morgen regnen. Bei ihm erreichten seine Beziehungsideen jedoch ein höheres Ausmaß als in der Normalität. Gisela Pankow sagt, wenn die Arbeit nicht aus organisatorischen Gründen nach vier Jahren beendet worden wäre, wäre noch mehr möglich gewesen.

Es wäre nun der Moment, Fragen zu stellen, wenn Sie welche haben, sonst könnte ich noch ein paar Gedanken zur Methodik anfügen.

Studentin: „Im ersten Fall von Dolto haben Sie gesagt, dass der Andere eingetreten ist. Was heißt das für diesen Fall genau? Geht es um die Stimme?"

Antwort: Der Andere ist in diesem Fall der Ort der Reflexion; durch ihn wird die Unmittelbarkeit der Stimmen mittelbar, das Subjekt kommt in einen Bezug zu ihnen, sie werden partial. Man kann zwei Ebenen der Stimme unterscheiden, diejenige der Unmittelbarkeit – das ist die Stimme, die von Anfang an da war, unverstanden – und diejenige der Mittelbarkeit, der Reflexion, die vom Andern her nach dem Sinn fragt. Zur weiteren Erläuterung zeichne ich – das habe ich, glaube ich, noch nicht gemacht in diesem Seminar – das Z-Schema, das im Seminar vor drei Jahren wiederholt eine Rolle gespielt und das Lacan oft verwendet hat:

Abbildung 13

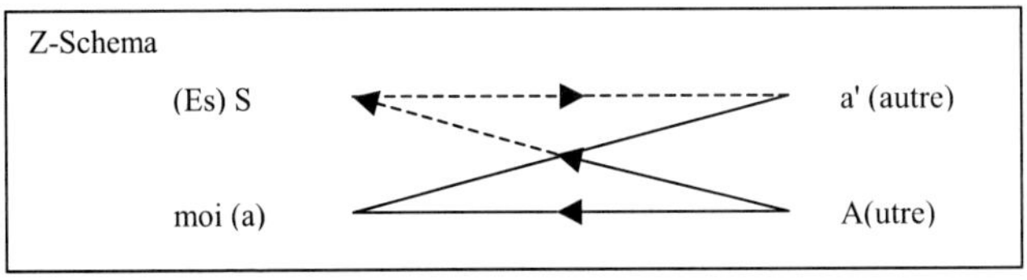

Dieses einfache Schema finde ich sehr illustrativ. Wenn das Subjekt spricht, spricht es vom Anderen (A) aus; dabei kann es nicht anders als über die Achse des Imaginären gehen, die zwischen a und a‘ liegt; dies sind Abkürzungen für den andern oder auch für das Ich (*moi*), das den Körper des Subjekts (a‘) abbildet. In der Psychose nehmen wir an, dass der Ort des Andern nicht zugänglich ist, womit die Ebene der Repräsentation, auf der sich das Subjekt darstellt, verfehlt wird. Wenn dies geschieht, wenn sich das Subjekt nicht darstellen kann im Medium der Sprache, dann bleibt ihm nur die Möglichkeit, sich auf der imaginären Achse auszudrücken. Aber das ist leichter gesagt als getan, denn wenn es nur diese Achse des Imaginären gibt, wenn die Distanz dazu, die vom Andern kommt, fehlt, kann das Subjekt nicht wissen, auf welcher Seite es ist, dann weiß es nicht, ob es bei a' oder bei a ist. Erst der Ort des Andern – aufgefasst als Ebene der Reflexion – macht eine Differenzierung möglich.

Der schizophrene Junge war mit seiner Phobie völlig auf der imaginären Achse situiert. Wenn ihm Dolto ihre Hand hingestreckt hat, hat er nicht gewusst, ob es seine Hand oder ihre Hand war. Es ging also darum, einen Ort der Distanz einzuführen, von dem aus eine Differenzierung möglich war. Die Worte: „Das ist deine Hand, das ist meine Hand; das tut mir weh, das tut dir weh“ führen auf eine schlichte Art und Weise die Unterscheidung des Subjekts vom andern ein. Der Preis dafür besteht darin, dass die Unmittelbarkeit, die Identität, die vorher da war, aufgebrochen wird. Das Andere ist zunächst einmal der Ort der Sprache, aber er muss irgendwo auch durch eine Person, einen Repräsentanten des Andern, verkörpert sein. Erst dadurch wird das Andere wirksam, schafft eine Distanz zwischen den Subjekten, ihren Körpern und Körperbildern. Wenn Dolto nur ein Echo gewesen wäre, so wäre diese Differenzierung nicht erfolgt. Das Distanz-Nehmen ist Ausdruck des Namens des Vaters, der ein Nein zur Unmittelbarkeit einführt. Es braucht also einerseits die Körpernähe in der Therapie bei Psychosen, andererseits auch das Sprechen, die Körperferne, während wir bei Neurosen davon ausgehen können, dass die Dimension des Sprechens genügt, weil die Differenzierung zwischen Ich und Du, zwischen Subjekt und den andern schon gemacht worden ist.

Zu den Ausführungen von Dolto und Pankow kann man hinzufügen, dass die Struktur des Satzes eigentlich schon mit dem Zeichnen oder Kneten da ist. Die Spaltung von averbal und verbal trägt hier überhaupt nicht weit. Wenn ein Subjekt etwas in der Hand hat und formt oder etwas zeichnet, so wird das zu einem Teil von ihm. Man kann sagen, dass dann eine Beziehung zwischen dem Subjekt, das etwas herstellt, und dem, was es hergestellt hat, entsteht. Aber das Umgekehrte gilt auch: Das, was das Subjekt hergestellt hat, wirkt auf es als produzierendes zurück. Deswegen meine ich, dass diese Körperbildtherapie, die mit der Hand geschieht, in gewissem Sinne eine Syntax im Realen produziert. Das Subjekt definiert sich über das Objekt, das Objekt gibt dem Subjekt rückwirkend eine Bestimmung. Das geschieht jedoch nur, wenn dazu gesprochen wird. Die Körperbildtherapie ist keine Ergotherapie, aber das *ergon*, die Arbeit, die Tätigkeit ist schon von großer Bedeutung. Es geht darum, das Körperbild zu restrukturieren, was zunächst im Realen geschieht, als Tätigkeit der Hände, die etwas formen, zeichnen oder spielen, z.B. in einem Sandkasten. Das begleitende Sprechen führt zu einem Sublimieren, d.h. es ermöglicht eine Transformation von dem, was mit der Hand produziert wird, zur Sprache. Wenn das Subjekt Sätze bilden kann, hat es die Sublimierung des Körperbildes erreicht, denn jeder Satz lässt sich als Körperbild im Symbolischen auffassen. Wir haben im Satz ein grammatisches Subjekt, ein Prädikat und ein Objekt. Die drei Teile gehören zusammen, bilden eine Einheit, wie der Körper und die Glieder –, auch ein Satz ist gegliedert. Das grammatische Subjekt repräsentiert wiederum das leibliche Subjekt. In der Therapie ist es von entscheidender Bedeutung, dass diese Transformation gelingt, dass sich das signifikante Material verwandelt.

Bei Psychotikern sieht man oft abgebrochene Sätze. Bei Schreber gibt es eine ganze Sequenz davon: „Nun will ich mich …, Sie sollen nämlich…, Das will ich mir…“.[4] Der Syntax bleibt unvollständig, weil dem Subjekt die Repräsentation, Sublimierung seines Körperbildes nicht gelingt. Die Kunst der Körperbildtherapie – es ist sicher keine exakte Wissenschaft – besteht darin, diese Einheit der Sätze zustande zu bringen.

4 Vgl. dazu D.P. Schreber, *Denkwürdigkeiten eines Nervenkranken*, S. 150.

Man müsste hier sicher auch noch von der Übertragung sprechen. Es scheint, dass in der Körperbildtherapie das Körperliche von elementarer Bedeutung ist. Denken Sie noch einmal an das Beispiel mit der Hand bei Dolto. Ihr Körper war hier ganz wichtig, sie hat ihn auf eine zugleich raffinierte und schlichte Weise ins Spiel gebracht und dadurch vermieden, dass das Sprechen über Phobie blass blieb. Gleichwohl brauchte es ihre Erfahrung, ihre Intuition, um das Rätsel der Stimmen zu lösen – die vorrangige Dimension der Übertragung betrifft diejenige der Therapeutin zu ihrem Patienten. Ich gebe Ihnen noch ein anderes Beispiel, in dem die Ebene des Körpers weniger von Bedeutung ist.[5] Es geht um einen Jungen, der adoptiert worden ist, wobei bei der Adoption sein Name gewechselt worden war. Die Adoptiveltern fanden, wenn sie ihn schon adoptierten, so wollten sie ihm auch einen eigenen Namen geben. In der Folge lernte dieses Kind weder lesen noch schreiben. Es war aber fasziniert von einem Buchstaben, nämlich dem Anfangsbuchstaben seines früheren Namens. Die Therapeutin konfrontierte ihn mit diesem früheren Namen, nannte ihn. Das blieb merkwürdigerweise ohne Wirkung. Dolto kam nun auf die Idee, seinen Namen zu rufen, als ob sie hinter einer Bühne, im *Off*, wie sie sagt, wäre. Der Name kam von irgendwo auf diesen Jungen zu – man sieht hier eine weitestgehende Entkörperlichung der Präsenz der Therapeutin. Das war es, was wirkte. Durch das Hören seines früheren Namens aus dem Nirgendwo und Überall wurde dieses Loch, mit dem der Junge gelebt hatte, seit ihn niemand mehr mit diesem Namen aufgerufen hatte, aufgefüllt. In diesem Beispiel ging es gerade nicht um die körperliche Präsenz der Therapeutin, sondern sie verkörperte, als sie diesen Namen von irgendwo her rief, den anonymen Andern. Es ging just um diese Anonymität, um das Gefühl des Jungen, nicht bloß eine wohlmeinende Person, sondern jedermann nenne ihn mit seinem ursprünglichen Namen, der an der Wiege seiner Subjektwerdung stand.

Vielleicht gibt es zum Abschluss noch eine Frage?

Studentin: „Im Fall des psychotischen Patienten wie im Fall von Schreber hat der Patient sein Körperbild fragmentiert und es dabei als weiblich assoziiert. Was ist die Bedeutung des Weiblichen in dem Fall? Und was ist die Beziehung dieses weiblichen Körperbildes zum durchgestrichenen Subjekt?"

5 Vgl. dazu F. Dolto, *Das unbewusste Bild des Körpers*, S. 42 f.

Antwort: Ich glaube, dass es bei der Weiblichkeit in diesen erwähnten Fällen um den Ausdruck einer Verschiebung der Register in Bezug auf die Kastrationsproblematik geht. Die Kastrationsproblematik erscheint hier im Realen, als den Körper betreffend, und nicht im Symbolischen. Die eigentliche, humane Form der Kastrationsproblematik geschieht ja im Symbolischen; die symbolische Kastration meint dabei die Begrenzung des Wissens, die Unmöglichkeit, alles zu sagen, die Unzugänglichkeit des Todes, die Endlichkeit des Subjekts, die Unvollkommenheit des Geschlechts und anderes mehr. Es geht um Grenzen der Existenz. Man kann diese Erfahrungen, die vielleicht nie wirklich akzeptierbar sind, auch so ausdrücken, dass man sagt, dass es um eine Bejahung der Unvollkommenheiten geht. Das Sich-Einrichten im Phallus-Sein wäre z.B. ein Versuch, den Unvollkommenheiten zu entgehen, indem man wähnt, den Andern vollständig zu machen. Die Kastrationsproblematik kommt vom Anderen her, es ist die Instanz, die sie einführt. Wenn aber dieses Andere – und damit der Mangel an Sein – nicht bejaht werden kann, so zeigt sich die Kastrationsproblematik im Körper, der zum Phallus eines Andern wird. Man sieht hier die Verknüpfung von Genitalität und dem Anderen. Die Genitalität geht in der Psychose verloren; deshalb sprach Schreber von Entmannung. Entmannt sein ist jedoch nicht dasselbe wie weiblich sein; lediglich in einem phantasmatischen Sinne ist es möglich, Entmannung und Weiblichkeit gleichzusetzen.

Anhang

Erläuterungen zur japanischen Schrift

Die japanische Schrift hat ihren Ursprung in China. Die sog. Kanjis sind bildhafte Zeichen, die aus China stammen; teilweise wurden japanische Wörter damit bezeichnet, teilweise wurden auch chinesische Wörter eingeführt und japanisiert.

Aus den Kanjis entwickelten sich zwei zusätzliche Silbenschriften, Hiragana und Katakana; jede von ihnen hat 50 Silben. Mit ihnen werden Flexionen geschrieben, auch Wörter, für die es keine Kanjis gibt. Die Katakanas dienen insbesondere dazu, ausländische Wörter, die oft verwendet werden, zu japanisieren.

Während die Kanjis die Bedeutungen der Zeichen wiedergeben, sind die Hiraganas und Katakanas lautorientiert, wie die westeuropäischen Sprachen. Grundsätzlich kann man mit den Hiraganas und den Katakanas alles Gesprochene im Japanischen schreiben. Die Japaner halten dennoch an ihrer Zeichenordnung fest, die aus etwa 2000 Kanjis besteht, wobei die Kombination von Zeichen zu neuen Bedeutungen führt. Das schnelle Schreiben des Gesprochenen erfordert große Anstrengungen, die sich bei fortgesetzter Übung verringern.

Die Kanjis sind strukturiert; ein Teil von ihnen, die sog. Radikale, sind Sinnträger. Ein auf der linken Seite des Zeichens angebrachter vertikaler Strich und ein schräg daraufgesetzter Strich bilden z.B. das Radikal „Mensch", das darauf hinweist, dass das betreffende Zeichen etwas mit Menschen zu tun hat. Oder ein Quadrat weist auf „Mund" bzw. „Öffnung" hin – jedes Zeichen, dem dieses Radikal beigegeben ist, verweist darauf. Radikale werden in Lexika verwendet, um Kanjis zu finden. Weitere Kriterien zum Finden von Kanjis resultieren aus der Anzahl der Striche für ein Zeichen oder aus ihrer Schreibweise in Hiragana, Katakana oder Romaji (lateinische Umschrift).

Verzeichnis der Seminartage

13.10.2004	Repräsentation und Körperbild
20.10.2004	Das Subjekt im Spiegel
03.11.2004	Die Fallen des Narzissmus
10.11.2004	Epistemologisches zum Ich
17.11.2004	Kant mit Lacan
24.11.2004	Psychose und Reflexion
01.12.2004	Sprechen, Mangel, Schrift
08.12.2004	Sexualität und Körperbild
22.12.2004	Die Tücken der Partialobjekte; Schrift und Körperbild
05.01.2005	Pathologie ausgehend vom beschädigten Körperbild
12.01.2005	Neurosen und Perversionen in ihrem Bezug zum Körperbild
19.01.2005	Körperbildtherapie

Literatur

Baltrusaitis, Jurgis: *Imaginäre Realitäten. Fiktion und Illusion als produktive Kraft.* Köln: DuMont 1984

Baudrillard, Jean: *Agonie des Realen.* Berlin: Merve 1978

Bichsel, Peter: „Ein Tisch ist ein Tisch". In: *Kindergeschichten.* Darmstadt und Neuwied: Luchterhand 1977, S. 18-27

Bleuler, Eugen: *Lehrbuch der Psychiatrie.* Berlin, Heidelberg, New York: Springer 1979, 14. Aufl.

Descartes, René: *Meditationes de prima philosophia.* Hamburg: Meiner 1959

de Saussure, Ferdinand: *Grundfragen der allgemeinen Sprachwissenschaft.* Berlin: De Gruyter 1967, 2. Aufl.

Dolto, Françoise: *L'image inconsciente du corps.* Paris: Ed. du Seuil 1984; dt.: *Das unbewusste Bild des Körpers.* Übers. von Elisabeth Widmer, Weinheim und Berlin: Quadriga 1987

— „Heures et jours qui suivent l'accouchement. Conférence à la maternité de l'hôpital Saint-Vincent de-Paul". Paris, 18. 6. 1977 (unveröffentl.)

Dombrady, Geza S.: „Das ‚Schweigen' in der japanischen Kultur". In: *Japan. Ein Lesebuch.* Konkursbuch 16/17, Tübingen: C. Gehrke 1986

Federn, Paul: *Ichpsychologie und die Psychosen.* Frankfurt a.M.: Suhrkamp 1998

Fenichel, Otto: „The symbolic equation: girl-phallus". Psychoanal. Quarterly, 18, S. 303

Feuerbach, Anselm: *Das Wesen des Christentums.* Stuttgart: P. Reclam jun.

Fichte, Johann Gottlieb: *Die Bestimmung des Menschen.* Stuttgart: P. Reclam jun.

Freud, Sigmund: „Die Abwehr-Neuropsychosen. Versuch einer psychologischen Theorie der akquirierten Hysterie, vieler Phobien und Zwangsvorstellungen und gewisser halluzinatorischer Psychosen". G.W. I

— „Über die Berechtigung von der Aktualneurose einen Symptomkomplex als ‚Angstneurose' abzutrennen". G.W. I

— „Studien über Hysterie". G.W. I

— „Weitere Bemerkungen über die Abwehr-Neuropsychosen". G.W. I

— *Die Traumdeutung.* G.W. II/III u. Stud.ausg. Bd. II

— *Der Witz und seine Beziehungen zum Unbewussten.* G.W. VI

— „Analyse der Phobie eines fünfjährigen Knaben". G.W. VII

— „Psychoanalytische Bemerkungen über einen autobiographisch beschriebenen Fall von Paranoia (Dementia paranoides)". G.W. VIII
— *Totem und Tabu.* G.W. IX
— „Zur Einführung des Narzissmus". G.W. X
— „Die Verdrängung". G.W. X
— „Das Unbewusste". G.W. X
— „Trauer und Melancholie". G.W. X
— *Vorlesungen zur Einführung in die Psychoanalyse.* G.W. XI (Stud.ausg. Bd. 1)
— „Aus der Geschichte einer infantilen Neurose". G.W. XII
— „Jenseits des Lustprinzips". G.W. XIII
— „Das Ich und das Es". G.W. XIII
— „Der Untergang des Ödipuskomplexes". G.W. XIII
— „Die Zukunft einer Illusion". G.W. XIV
Gondek, Hans-Dieter: *Angst Einbildungskraft Sprache. Kant Freud Lacan.* München: Boer 1990
Hegel, Georg Wilhelm Friedrich: *Phänomenologie des Geistes*. Frankfurt a.M.: Suhrkamp 1970
Heidegger, Martin: *Sein und Zeit.* Tübingen: Niemeyer 1967
— *Unterwegs zur Sprache*. Pfullingen: Neske 1979.
Henshall, Kenneth G.: *A guide to remembering Japanese characters.* Boston, Rutland (Vermont), Tokyo: Tuttle Publishing 1998
Kant, Immanuel: *Kritik der reinen Vernunft.* In: *Werke*, Bd. 3 u. 4. Darmstadt: Wiss. Buchgesellschaft, Sonderausgabe 1983
Klein, Melanie: „Die Bedeutung der Symbolbildung für die Ichentwicklung". In: *Gesammelte Schriften I.* Stuttgart: Frommann-Holzboog
Kleist, Heinrich von: *Sämtliche Werke und Briefe*. München: dtv 2001
Lacan, Jacques: *Ecrits*. Paris: Ed. du Seuil 1966; deutsche Teilübersetzung in 3 Bänden (*Schriften I, II, III*), Weinheim und Berlin: Walter und Quadriga
— „Das Spiegelstadium als Bildner der Ichfunktion". In: *Schriften I*, Weinheim und Berlin: Walter und Quadriga, S. 61-70
— „Subversion des Subjekts und Dialektik des Begehrens". In: *Schriften II*, Weinheim und Berlin: Walter und Quadriga, S. 165-204
— „Kant mit Sade". In: *Schriften II*, Weinheim und Berlin: Walter und Quadriga, S. 133-163

— *Le Séminaire I, Les écrits techniques de Freud.* Paris: Ed. du Seuil 1975; dt.: *Das Seminar I, Freuds technische Schriften.* Walter und Quadriga
— *Le Séminaire II, Le moi dans la théorie de Freud et dans la technique de la psychanalyse.* Paris: Ed. du Seuil 1978; dt.: *Das Seminar II, Das Ich in der Theorie Freuds und in der Technik der Psychoanalyse.* Walter und Quadriga
— *Le Séminaire III, Les psychoses.* Paris: Ed. du Seuil 1981; dt.: *Das Seminar III, Die Psychosen.* Quadriga 1997
— *Le Séminaire V, Les formations de l'inconscient.* Paris: Ed. du Seuil 1998
— *Le Séminaire VII, L'éthique de la psychanalyse.* Paris: Ed du Seuil 1986; dt.: *Das Seminar VII, Die Ethik der Psychoanalyse.* Quadriga 1996
— *Le Séminaire VIII, Le transfert.* Paris: Ed. du Seuil 1991
— *Le Séminaire X, L'Angoisse.* Paris: Ed. du Seuil 2004
— *Le Séminaire XI, Les quatre concepts fondamentaux de la psychanalyse.* Paris: Ed. du Seuil 1973; dt.: *Das Seminar XI, Die vier Grundbegriffe der Psychoanalyse.* Quadriga 1978
— *Le Séminaire XVII, L'envers de la psychanalyse.* Paris: Ed. du Seuil 1991
— *Le Séminaire XX, Encore.* Paris: Ed. du Seuil 1975; dt.: *Das Seminar XX, Encore.* Quadriga 1986
— *Télévision.* Paris: Ed. du Seuil 1974
Maaser, Rudolf: *Über das Körperbild bei Anorexie nervosa. Eine klinische Studie zur tiefenpsychologischen Hypothesenbildung.* Würzburg, 1982 (unveröffentl. Diss.)
Mannoni, Maud: *Das zurückgebliebene Kind und seine Mutter.* Olten: Walter 1972
Marx, Karl: „Thesen über Feuerbach". In: Karl Marx, Friedrich Engels, *Werke, Band 3,* Berlin: Dietz 1969, S. 5 f.
Merleau-Ponty, Maurice: *Phänomenologie der Wahrnehmung.* Berlin: de Gruyter
Milner, Jean-Claude: *Les noms indistincts.* Paris: Ed. du Seuil 1983
Naumann, Nelly: *Die Mythen des alten Japan*, München: Beck 1996
Ovid: *Metamorphosen.* München: Goldmann
Pankow, Gisela: *Gesprengte Fesseln der Psychose.* Frankfurt a.M.: Fischer TB 1984
— *Schizophrenie und Dasein. Beiträge zur analytischen Psychotherapie der Psychosen.* Stuttgart-Bad Cannstatt: Frommann-Holzboog 1990

Piaget, Jean: *Sprechen und Denken des Kindes.* Düsseldorf: Schwann 1972

Porge, Eric: *Jacques Lacan, un psychanalyste.* Ramonville Saint-Agne: Ed. Erès 2000

Schilder, Paul: *Das Körperschema. Ein Beitrag zur Lehre vom Bewusstsein des eigenen Körpers.* Berlin: J. Springer 1923

Schreber, Daniel Paul: *Denkwürdigkeiten eines Nervenkranken.* Frankfurt a.M.: Syndikat 1985

Sciacchitano, Antonello: *Das Unendliche und das Subjekt. Warum ist es gut die Mathematik zu kennen, wenn man über die Psychoanalyse spricht? Zürcher Gespräche.* Aus dem Italienischen von René Scheu. RISS-Extra 4. Zürich: RISS-Verlag 2004

Shakespeare, William: *Hamlet.* Stuttgart: P. Reclam jun.

Stirner, Max: *Der Einzige und sein Eigentum.* Stuttgart: P. Reclam jun.

Tomatis, Alfred: *Der Klang des Lebens.* Reinbek bei Hamburg: Rowohlt Taschenbuch 1990

Widmer, Peter: *Angst. Erläuterungen zu Lacans Seminar X.* transcript: Bielefeld 2004

— „Wandlungen in Freuds Libido-Konzept“. In: André Michels, Peter Müller, Achim Perner (Hrsg.), *Psychoanalyse nach 100 Jahren.* München, Basel: E. Reinhardt 1997

Wygotski, Lew S.: *Denken und Sprechen.* Berlin: Akademie 1964

Namenregister

Begriffsregister

Weitere Titel zum Thema »Psychoanalyse«

Peter Widmer
Metamorphosen des Signifikanten
Zur Bedeutung des Körperbilds für die Realität des Subjekts
April 2006, 194 Seiten,
kart., 23,80 €,
ISBN: 3-89942-467-0

Karl-Josef Pazzini,
Susanne Gottlob (Hg.)
Einführungen in die Psychoanalyse II
Setting, Traumdeutung, Sublimierung, Angst, Lehren, Norm, Wirksamkeit
März 2006, 170 Seiten,
kart., 17,80 €,
ISBN: 3-89942-391-7

Tanja Jankowiak,
Karl-Josef Pazzini,
Claus-Dieter Rath (Hg.)
Von Freud und Lacan aus: Literatur, Medien, Übersetzen
Zur »Rücksicht auf Darstellbarkeit« in der Psychoanalyse
Januar 2006, 286 Seiten,
kart., 26,80 €,
ISBN: 3-89942-466-2

Erik Porath
Gedächtnis des Unerinnerbaren
Philosophische und medientheoretische Untersuchungen zur Freudschen Psychoanalyse
2005, 542 Seiten,
kart., 34,80 €,
ISBN: 3-89942-386-0

Karl-Josef Pazzini,
Susanne Gottlob (Hg.)
Einführungen in die Psychoanalyse I
Einfühlen, Unbewußtes, Symptom, Hysterie, Sexualität, Übertragung, Perversion
2005, 160 Seiten,
kart., 16,80 €,
ISBN: 3-89942-348-8

Karl-Josef Pazzini,
Marianne Schuller,
Michael Wimmer (Hg.)
(unter Mitarbeit von Jeannie Moser)
Wahn – Wissen – Institution
Undisziplinierbare Näherungen
2005, 376 Seiten,
kart., 29,80 €,
ISBN: 3-89942-284-8

Leseproben und weitere Informationen finden Sie unter:
www.transcript-verlag.de